INTELLIGENT FUTURE

# 智能化未来

## “暴力计算”开创的奇迹

谢耘 / 著

机械工业出版社
CHINA MACHINE PRESS

本书是全面深入剖析智能化信息技术的著作。作者将历史文明视角、哲学思考、科学与技术分析、创新思维等内容有机结合在一起，既高屋建瓴又深入本质，论之有据、语言风趣易懂而又不失严谨，对信息技术提出了独特的、系统的、深刻的理念与看法，揭示出了信息技术发展的客观本质规律与趋势，以及对人类文明的颠覆性影响。本书适合高校师生、科技与社科学术研究人员、信息技术相关产业从业人员以及政府产业主管部门相关人员阅读。

**图书在版编目（CIP）数据**

智能化未来：“暴力计算”开创的奇迹 / 谢耘著. —北京：机械工业出版社，2018.6

ISBN 978-7-111-60062-6

Ⅰ. ①智… Ⅱ. ①谢… Ⅲ. ①信息产业－产业发展－研究 Ⅳ. ①F49

中国版本图书馆 CIP 数据核字（2018）第 107712 号

机械工业出版社（北京市百万庄大街 22 号　邮政编码 100037）
策划编辑：张淑谦　　责任编辑：张淑谦　王海霞
责任校对：张艳霞　　责任印制：张　博

三河市国英印务有限公司印刷

2018 年 6 月第 1 版 · 第 1 次印刷
169mm×239mm · 22 印张 · 252 千字
0001— 4000册
标准书号：ISBN 978-7-111-60062-6
定价：79.00 元

凡购本书，如有缺页、倒页、脱页，由本社发行部调换

电话服务
服务咨询热线：（010）88361066
读者购书热线：（010）68326294
（010）88379203

网络服务
机 工 官 网：www.cmpbook.com
机 工 官 博：weibo.com/cmp1952
教育服务网：www.cmpedu.com
金 书 网：www.golden-book.com

# 序

preface

我很喜欢拜读我二位师弟的大作，这两位一位叫吴军，他所著的《数学之美》，让我如痴如醉；一位就是谢耘，他的这本《智能化未来："暴力计算"开创的奇迹》，让我掩卷沉思，深深感慨。

我的这二位清华大学师弟，都文采飞扬，但风格各异。吴军像一位史学家，对计算机科学发展的命脉把握深刻。而谢耘则更像一个哲人，把计算机科学与技术的发展，置于人类文明与社会进步的大格局下来思考、探索其对人类未来的影响和自身的进化逻辑。所以，这本书可以说是他的一本思想的笔记。

思想的笔记要写好不容易。首先，可以表达的思想必须要有内容，而内容来自知识与经历。谢耘清华大学自动化系毕业，科班出身，而后，从业于 IT 界数十年，成为中国 IT 排头企业的技术领军人物。从神州数码到今天的海航科技，谢耘实战于中国 IT 发展的第一线。不仅要在飞速发展的中国 IT 服务业中冲锋陷阵，更要在世界 IT 发展的大舞台上开疆拓土。这样的经历和学识，造就了一位有谋有勇的战将。而谋略恰恰是要有真知灼见作为基础的，这样的真知灼见在本书中比比皆是。例如，在谈到 IT 工业的发展中，他对业界普遍痴迷的服务业做了深刻的剖析，写出了"繁荣来自服务，强大植根于技术与产品"这样的精辟断言。没有丰富的业界经历和对产业的深刻思考，这样深刻的论断是不可能想出的。又如，在书中，作者对原创性研究作了热情洋溢的推崇。而难能可贵的是，作者用一句简单明了的总结提出了原创的真谛："原始创新的重大意义不在于它的直接结果的复杂性，而在于它从无到有的开拓性与未来广泛应用的有效性，再复杂的锦上添花也不能与粗糙简陋的原始创新媲美”。读到此处，我深感痛快。中国的进步，发展到了今天，已经不能再满足于自己的广阔市场与人口红利，只通过对外来技术的锦上添花，对商业模式的中国特色化来赢得成功。中国必须进入技术原始创新的历史阶段，这才无愧于一个有五千年文明的伟大民族在人类文明的历史长河中的地位和荣耀，而这样的历史阶段的到来，除了作者提到的教育的重要性、环境的作用之外，更重要的一点是我们科学家、工程师要建立自己独立的、有内容的思想，谢耘这本书，为我们在这点上作了一个很好的诠释。

有内容是第一步，但光有内容还是不够的。一个好的思想笔记还要有高度的抽象与总结，这又是这本书的一个特色。什么叫抽象，抽象不仅仅是归纳，寻找事物中的普遍规律，更重要的是通过这样的归纳和提炼来获得远见卓识的判断。在书中，谢耘以很大的篇幅来阐述信息。不同于一般对于信息的技术或科普论述，作者把信息作为智能的基础，提出了以主体为中心来实现信息融合的基本思路。这是作者对于自己长期从事的信息融合工作的一个完整的归纳总结。作者在神州数码的岁月里，所取得的一个很重要的成就，就是提出并实施了智慧城市的整体化数据融合，也就是以城市为主体的信息融合。通过这样的整体化的对城市数据的融合，他建立了一个多维的虚拟城市空间。城市的各种信息应用，成为信息在这个空间的不同维度上的投影的函数。而作者最钟情的一个工作就是个人信息的完整管理。他把这样的管理称为建立“个人的虚拟映像”，并把它作为智能系统的起点。他指出，这样的以人为主体的虚拟映像“正是人的智能的体现，也是智能的产物，还是智能活动赖以存在的基础”，这是一个充满远见的归纳。作为人理解自己的智能的一个行之有效的方式，不一定是在于剖析产生智能的大脑。相反，理解我们每个人的生活方式，每一个行为的因果、每一个决策的优劣，也许是我们理解人的智慧的捷径。而这样的理解，也许会使我们不断地运用我们“无中生有的自觉与主动”去追求系统级的创新，而这样的创新所创造的智能，会在每一个我们期望的方向上超越我们，而这样的超越所导致的“机器智能”是我们所期望的，是我们能力的延伸。

有活力的思想必须具有批判性。在这本有关计算机与智能的思想笔记中，批判的思辨又是一个鲜明的特征，从对量子计算的阐述到对深度学习的前景的质疑，作者体现出了一个思想者固有的批判性。这在中国学术界、工程界是不多见的。我们喜欢硅谷吹来的每一股清风，美国人对形容词的市场化把握很对我们中许多人的胃口。于是，计算云了，数据大了，学习深了。但是，这一切来临之时，我们缺乏的正是对其本质的洞察，以至于我们真的认为相关可以取代因果，神经网络就是通向奇点的道路。作为营销，这样的忽悠也许可以理解，但作为科学家、从业者，没有一个认真的思考、没有一个客观的判断，那就不仅是一个不负责任的问题，而是一种可怕的无知。这本书虽然不是一本专业技术书，但书中对于技术的判断性论述，不乏金句。如作者把深度神经网络描述为“都不过是某种（由选取的网络形式决定的）非线性函数对一个未知函数的在有限样本数据上映射关系的拟合。在科学原理层面上，它并不具有超出一般意义上的非线性函数映射之外的智能。对于训练后的网络，我们也无法准确预测它在训练样本之外的数据上的表现，我们仅仅可以做一些定性的推断”。这是我看到的国内著作中对深度神经网络少有的精炼而准确的描述。进而言之，作者指出：“这样的工具，在其价值与其名称给我们的暗示之间，显然有很大的落差，这样说当然不是贬低这样的工具的价值，而是说我们要避免望文生义而用想象去理解它的功能”，这样的论述，贯穿在书中，成为本书的一个亮点。对于计算机科学这个高速发展的前导性学科来说，这样的批判性思维是我们真正需要的。

最后，一种吸引人的思想是要有情怀的。情怀不仅仅是产生思想的主观动力，也是思想得以传播的介质。作者写这本书是有大情怀的，这里有对人类的情怀，认为智能化的将来是一个人类新文明的开始。从书的开始，对信息文明满怀期盼的呼唤，到结尾对信息文明下自由发展的生活方式的渴望及疑虑，作者的人文情怀跃然笔端。

同时，作者也有对民族的情怀。在书中对中国 IT 的发展在思维方式、方法论和发展战略上的局限性和失误，作者坦陈己见。对于建立自己的思想体系和话语权表述了殷切的期盼。这样的情怀下的文字又是这本书的一个很大的特点。

我对谢兄书中的主要观点是很认同的，以智能化为特征的信息文明正在向我们走来。如果说我和作者对这个文明的发展进程的思考有什么不同的话，我觉得催生这个文明的不仅仅是计算机和数据，互联网是一个非常重要的关键。互联网使人类第一次体验了零距离。用作者的语言来讲，互联网是一种系统的创新，而这种系统的创新对人类社会组织结构有着革命性的影响，成为信息文明的一个基础。我对于人工智能的哲学思考可能也和谢兄不同，我非常赞成谢兄用机器智能这个说法来表述机器体现的智力，但我不能断言机器的智能能否如我们的智能一样可以自主、主动地进化。这点我们应当可以好好思考、认真辩论。

读这本书是在读一个中国资深 IT 人的思想笔记。所以，在读的时候，我们也要有思想，这本书不是为了教你什么，也不是为了让你遵循什么，而是为了和你谈谈他的真实的想法，让你也和他一起思想，得出自己的结论。我觉得这本书的最大意义就在于此。希望在读它时让你真正地体会到“我思故我在”的美妙感觉。

郭毅可

英国帝国理工学院终身教授

英国帝国理工学院数据科学研究所所长

上海大学计算机科学学院院长

2018.5.28 于 阿姆斯特丹

# 前言

preface

在人类科技发展史上，有些事情我们最初相信假以时日人类肯定能够做到，随后却发现比登天还难。人工智能当年的预期——制造具有与人一样的智能、甚至是超过人的智能的机器，便是这样一种想象；有些事情我们从来没有想过，甚至认定那是不可能的，但随后有人竟然把它创造了出来，“区块链”便是这样一个奇迹。

现代电子计算机在20世纪40年代刚刚诞生时，体积庞大、可靠性差、价格昂贵又难以使用。那时，它就是作为一个帮助人们更快地完成数字计算任务的工具而存在的。只有一些如国防军工那样的“高端”用户才会对它感兴趣。以至于业内有一个传言，即IBM公司的创始人、董事长兼当时的首席执行官Thomas Watson曾说过:“我想世界计算机市场可能只需要五台计算机。”

不论这个传言是真还是假，它在很长时间里确实代表了人们对计算机的看法：它虽然高档，但是却用途有限。虽然计算机在几十年中顽强地拓展着数字计算的应用空间，但是在21世纪初，当那一轮互联网泡沫破灭后，人们开始认真地讨论下一轮推动社会经济发展的技术在哪里。当时被看好的是生物科技。显然以计算机为核心的信息技术已经被认为即将成为明日黄花，信息技术不过是在现有的社会条件下做锦上添花似的“数字化”或“信息化”罢了。

但世事难料。21世纪进入第二个十年，“摩尔定律”几十年的作用终于产生了质变，计算机拥有了超乎想象的“暴力计算”能力。强大而廉价的计算能力出现在社会的各个角落。而“暴力计算”让看上去颇为“笨拙”的“数值计算方法”拥有了几乎所向披靡的“神功”。人工智能也乘势焕发了第二春，利用“大数据”开始在许多具体应用上超越人类。一时间，人们发现原来有太多的事情可以用“计算”来解决，可能会有许多如“区块链”那样的“不可能”将被信息技术不断创造出来，甚至人们开始担心自己是否会被“智能”机器所统治和主宰。信息技术给了人类不曾预料的巨大震撼。

以计算机为核心的信息技术在积累了几十年之后，以“智能”为利器，终于显示出其翻天覆地的巨大能量。这一切是如何发生的？它背后的逻辑是什么？智能化的信息技术的“可能”与“不可能”的边界在哪里？人类社会将被它重塑成何种模样？让我们从现代电子计算机的诞生开始，来逐步层层剖析，寻找信息技术发展的规律，以及它正在对人类产生的空前的历史性影响。

本书的内容是作者在多年工作中积累而成的，在这个过程中，中科院计算技术研究所原所长、中国工程院李国杰院士，中国人工智能学会原理事长、发展中国家工程技术科学院钟义信院士，国税总局电子税务管理中心原副主任陈梦林，以及其他同事与朋友给予了许多宝贵的支持、帮助与鼓励。在写作过程中，机械工业出版社编辑张淑谦给予了许多宝贵的建议。在此，对大家的支持与帮助表示诚挚的感谢。

# 目录

Contents

# 第 1 章

## 智能 DNA：生而“智能”的计算机

能看透多远的历史，就能看清多远的未来。

大约在七万至五万年前，拥有智慧自觉性的人类开始逐步脱离动物界，走出蒙昧状态，开启了延续至今的人类文明之旅。自此，人类的进化超越了生物自然进化的缓慢自发状态，进入了以智慧为主导的主动自觉发展阶段，成为万物之灵。而人类文明进步最重要的标志，便是工具的形态。人类使用的工具，从石器起步，到金属工具，再到后来工业革命创造了有动力的工具。在 20 世纪 40 年代，人类的工具再次发生了一次质的飞跃，计算机的出现让人类的工具从单纯辅助人类的体能，跃升为辅助人的智能。时至今日，以计算机为基础的智能化工具正在全面地改变着人类文明。人类工具的进步，推动我们从采集狩猎文明形态起步，随后经历了农耕文明、工业文明，到今天正跨入信息文明。今天信息技术常常以无形的方式，极大地改变着人类的个人与社会生活的方方面面，并且这种改变还在持续向更为广泛的规模和更加深入的程度发展。

现代数字信息技术具有三个核心与基础的能力：信息处理能力、信息存储能力与信息传送能力。其中，信息的处理能力又最为核心与关键。本章将首先集中讨论信息技术中以计算机（处理器）为代表的信息处理能力及其应用的本质与演变过程，探讨信息技术发展的基本规律，以期为全面深入认识与理解信息技术未来的发展主线奠定一个基础。

## 1.1 工具：从体能到智能的飞跃

人类作为拥有智慧的生物，与其他物种最大的区别，便是能够制造并利用各种工具。人类最初使用的工具——石器，是证明远古人类文明存在的最主要的标志之一。

所谓工具，就是只有在人类这个有自觉性的主体驱使下，才能完成某种人类预期功能的物品。

在人类开启文明之后，一直到工业革命完成，人类的工具主要是加强和延伸人类的体能，也就是说，在机械力和时间空间方面对人的自然能力进行拓展。这些工具可以分为很多种类，其中一种分类方法是分为有动力的工具与无动力的工具。不过，这些细分结果并不影响本书后面的讨论，所以这里还是将它们统称为机械性加强和延伸体能的工具，或简称为机械性辅助与延伸体能的工具，见图1-1。

图1-1　机械性辅助与延伸体能的工具

计算机的出现，使人类创造的工具有了本质的飞跃。它让人类的工具由“体能”进入“智能”的范畴，尽管直到今天我们也无法对“智能”下一个准确的定义。

体能工具与智能工具之间的本质差别在于，传统的体能工具对人类提供的帮助在本质上都是利用了自然界自然存在的并且在不断发生的物质性而非生命类过程。人类制造的工具，只是把这些过程有效地转化为对人类更为有意义的一种形式。而这种形式，依然是物质的、具体的、客观的，也是非生命的，比如汽车和飞机等交通工具。

智能工具的核心——“现代电子数字计算机”则完全不同。尽管计算机的运转依然是依赖于自然界存在的机械物理过程而非生命过程，但就计算机表现出来的最基本的也是最核心的功能——“计算”来说，它在本质上是按照人的意愿再现人类意识的某些过程,而非自然存在的物质性过程。因为一般意义上的“计算”只存在于人类的思维当中，而不存在于客观世界之中。尽管客观世界中的许多现象可以被人为地解释为具有特定的计算意义，但是它却无论如何不等同于人类思维中一般性的计算过程。

再从结果的角度来看，计算机直接输出的信息处理的结果，并不具有直接的客观物质存在层面的意义。其意义完全是局限在人类独有的精神意识范畴内的（详见本书第 4 章第 4.1 节）。脱离了人的存在，计算机的直接输出结果对客观世界不会产生影响。

所以，正是在这个意义上，不论如何理解“智能”的含义，现代计算机的出现使人类的工具从辅助加强人类的物质化体能，跃变为辅助加强人类的精神化智能。从这个意义上来说，现代计算机是介入人类智能活动或过程的辅助加强人类智能的工具，见图 1-2。

可以毫不夸张地讲，现代计算机最核心的 DNA 便是“智能”。

当然，在现代计算机出现之前，人类也有介入智能的工具，比如笔和纸、算盘、机械计算机等。但是这些工具与现代计算机有着本质的差别。它们由于能力的局限，对智能的介入仅仅局限在智能过程的外表层面——记录、表达，最多是极为简单十分有限的智能过程，如机械计算机所能做的简单计算工作。因此这些工具在现代计算机出现之前，虽然对人类文明的发展起到了极为重要的促进作用，但是由于后来被淹没在了大量出现的机械性辅助与延伸体能的工具之中尽管现在依然对人类有很重要的作用。

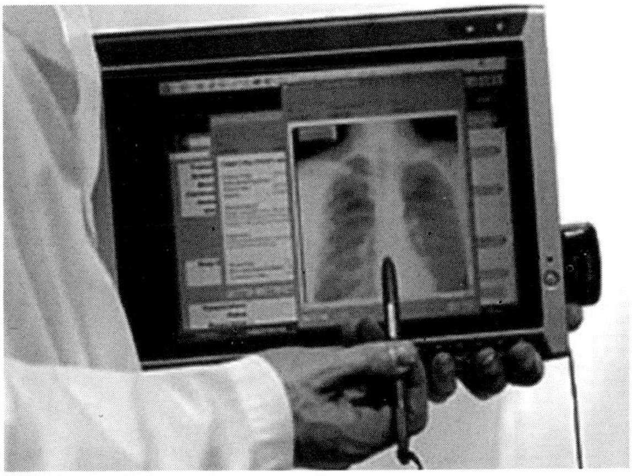

图 1-2　计算机作为辅助与延伸智能的工具

从这个角度上来看，人类文明进程中的第一次信息革命的标志应该是文字的出现。第二次信息革命的标志是纸张/印刷术的出现。然后就是一段漫长的静默，直到现代计算机的出现。现代计算机的出现标志了人类文明史上的第三次“信息革命”。而这期间，最耀眼的是带动力的机械性辅助与延伸体能类工具的出现，带动力的机械性工具深刻地改变了人与自然的关系，将人类的生存状态从农耕文明的“靠天吃饭”提升到了工业文明的“自主生存”。

以现代计算机为代表的信息技术之所以引发了第三次信息革命，不在于它可以被动地表达、记录存储信息，而在于它可以“神奇”地利用信息去“主动”地完成各种任务，极大地辅助与延伸了人的智能（详见本书第4章第4.1节）。

以现代计算机为代表的信息技术引发的第三次信息革命，从辅助人类作逻辑数值计算开始，迅速燃起了人们对全面实现人的智能的希望，然后转到了数据/信息分析处理层面。数据/信息，是人类创造的借助机械物理过程（非生命过程）实现的辅助与延伸智能的工具——现代计算机最初的起点，也可能是它的终点。而计算机实现的智能过程，必须有一个人工提供的基本数据/信息/知识作为基础来支撑。人类迄今还无法找到抽象的、独立与数据/信息的"智能"，以其作为起点来构建有效的应用系统。

这与计算机是辅助延伸智能的工具这个特性并不相悖。因为数据/信息一方面是智能活动的产物[1]，同时也是智能活动主要的及必不可少的起点与支撑[2]。

从图 1-3[2]可以看到，人类的智能活动过程以数据/信息为起点，且从始至终都离不开数据/信息。现代计算机之所以对人类社会产生了广泛而深刻的影响，就是因为计算机从数值计算开始，逐步进入数据/信息分析处理的领域，从而广泛地参与和深刻地改变了人类的智能活动过程，由此影响了人类社会的方方面面。随着信息技术产业的不断进步，作为辅助与延伸智能的工具，其对人类智能的辅助与延伸作用也将始终围绕对数据/信息的更广泛而有效的管理、加工与应用而展开。

从另外一个角度来看图 1-3，可以说任何基于数据/信息的应用，或者是人类某种智能活动的复制，或者是人类智能活动的拓展与延伸。所以，从这个意义上讲，任何计算机应用都是"智能"类应用。也正因为此，可以说计算机是辅助与延伸人类智能的工具。在本书的第 4 章将通过对"信息"的本质的分析来对"智能"的界定做进一步深入的讨论。

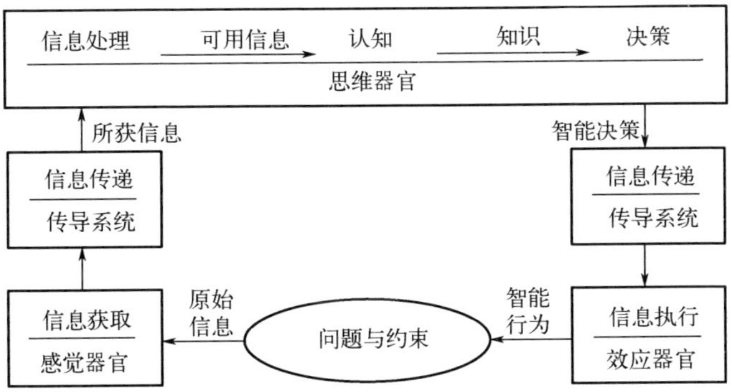


图 1-3　人类智能系统的基本模型

当然，图 1-3 所揭示的人类的智能活动过程都还属于人类显意识过程中的理性逻辑过程（详见本章第 1.5 节），而不能概括人的智能活动的全部。

人类工具的每一次革命性质变，都带来人类文明形态的跃升。以现代计算机为代表的人类辅助与延伸智能的工具的出现与逐步成熟，正在推动人类进入一个全新的文明形态——信息文明。它让人类从工业文明的"自主生存"状态跨越到了"自由发展"的阶段。人类自脱离动物界后，正在历史性摆脱生存的困扰，获得了魂牵梦绕万年之久的"自由"。当然，"自由"也会给人们带来新的困扰与空前的挑战。

## 1.2　艾伦·图灵的天才与现代计算机的本质

随着现代计算机实现的应用越来越惊人，在人们、甚至许多"专业人士"的心中，"计算机到底是什么"反倒成为一个问题。其实，计算机的本质从其诞生伊始至今从未改变，也相当简单。

人类创造的任何工具，都只能在人类的驱使下按照人的意愿去完成特定的事情，计算机也不例外。否则就不能称之为人的工具，而成为哲学意义上具有主体自觉性的独立存在。

就现代计算机而言，人类驱使计算机所做的底层的对人类具有直接现实意义的事情，便是有限字长的二进制数字的算数与逻辑运算以及对它们的存储。算数运算最基本的是加法，减、乘和除法都可以用加法来实现。但在讨论中把它们都作为基本计算并不会失去一般性。二进制逻辑运算就是与、或、非和异或。这些运算简称为"基本计算"。换句话说，人类通过自己智能的设计，使得计算机具有了对有限字长二进制数字的基本计算能力及相应的存储能力。这是计算机底层内置和预置的、对人类具有基础性现实意义的、大众化的、可理解的能力。

在此基础上，人类可以通过更复杂的硬件功能，特别是软件程序将更多上层的功能预置在计算机内，进一步驱使计算机做更为复杂的事情，使得计算机表现出更复杂的、对人类有直接可理解意义的功能，比如字符处理、函数计算、图像识别、分析决策以及其他更为复杂的信息处理功能等。但是，在计算机内部，在它的底层，计算机所具有的、人类在一般意义上可理解的能力，其实仅仅是有限字长二进制数字的基本计算能力以及存储能力。

作为人类辅助与延伸智能的工具，有限字长二进制数字的基本计算和存储能力，是计算机介入人类智能活动的第一层，同时也是计算机更进一步介入人类智能活动的基础。因此可以方便地将其作为起点与基础，来分析计算机能够对人类智能活动介入的深度和范围。这就是现代计算机生而具有的智能 DNA，它是人们理解计算机能做什么与不能做什么的核心与关键。而为了实现计算等功能，在计算机内部发生的更为底层的操作过程和物理过程，对人们来说并不重要。这些活动与人类的智能活动没有直接的联系。而将分析建立在计算机更上层的功能之上，则有可能失去计算机的本质内涵。

这也是艾伦·图灵（1912—1954，数学家、逻辑学家和密码学家，英国剑桥大学任职）在1936年设计图灵机（一个实现计算的逻辑模型）的初衷。图灵机不关心如何用具体的技术手段实现计算能力，只是在纯逻辑层面描述如何实现最基本的计算过程。尽管图灵原始描述的过程比前面说的基本计算更为基本，但本质是一样的。在现实中，为了实现这个过程而需要发生的物质变化过程，不在图灵机考虑范围之内。图灵机的意义就在于用这些基本的功能来分析哪些问题是可以通过图灵机解决的。而现代计算机可以解释为抽象的图灵机的一种具体实现形式。

艾伦·图灵的天才表现在于，迄今为止，人类机械物理性（非生命性）工具介入人类智能活动的第一步，也是最基本的一步，始终是有限字长二进制数字的基本计算，并没有找到其他不同的或更为基本的起点，因此也就没有超越图灵当年建立的模型。这或许是图灵的远见，或许只是巧合。不过，有重大意义的巧合其实也是一种天才的表现。所以，图灵机至今依然被认为是现代计算机的“科学原理”，而迄今为止，人们都将艾伦·图灵作为人类现代辅助与延伸智能类工具的鼻祖。

现代计算机的这种基本计算能力——智能 DNA，是人类智力“物化”（或称为“外化”）的结果，或者说是人类智力设计的结果。人类今天外化了更多的智力过程（比如各种不同的软件），但是都是建立在计算机的基本计算能力这个基础上的。

人类之所以可以物化数字的基本计算过程，是因为数字的基本计算是人类精神智力活动中有着严格无歧义、确定性、逻辑化操作的过程。这个属性与宏观物质世界中的机械物理类运动规律的基本特性高度一致。所以，对数字的基本计算成为人类可以用机械物理类运动来实现的一种基本的智能化活动，而且是迄今为止人类最为基础的智力活动中唯一可以有效地被物化的。

数字的基本计算所具有的严格的无歧义、确定性、逻辑化操作特性，在一般意义上构成了计算机可以解决的问题的基本特征。这是判断哪些问题可以用计算机来解决的一个重要依据。

物质世界的运动规律并不都符合基本数字计算的上述特征。微观的量子活动，就具有不确定性和多义性。许多人猜测，人类的智能基础可能是带有统计特征、具有不确定性的量子过程。量子过程是否会构成另外一类的人类智力活动被物化的基础目前尚未可知。如果量子计算与人类智能活动的结合点依然是基本的数字计算的话，那量子计算带来的无非是计算性能的强化，并没有本质的改变；如果借助量子效应，量子计算能够找到基本数字计算之外的与人的基本智能活动新的结合点，并且这个结合点能够支撑基本数字计算无法实现的其他类型的人类智能活动的话，那量子计算将引发人类创造的辅助与延伸智能类工具的革命性变化。假如未来造出这样的计算机，那它的理论基础将不再是以图灵机为代表的现在的这些计算机科学理论了。

如果上述讨论过于学术化的话，那么用更通俗的语言来描述计算机的本质：计算机就是一种可编程的做逻辑数字计算的机器。在理论上，任何问题，只要能够把它变成一个有限的可计算问题，计算机就可以解决。反之，计算机将无能为力。

## 1.3 冯·诺依曼结构与“量子神话”

如何用技术手段造出一个可以实际使用的通用计算机，是一个工程实现问题。而艾伦·图灵在1936年提出的图灵机，只是一个在科学意义上计算的抽象理论逻辑模型，并不是计算机的工程原理设计。就好比热力学提供了现代发动机的科学原理，但是它并没有告诉人们如何设计一台能用的发动机。

现实可用的现代电子数字计算机出现于20世纪40年代。在这个过程中，大家通常认为冯·诺依曼（1903—1957，数学家，计算机科学家，普林斯顿大学任职）起到了关键的作用，因此尊其为现代电子数字计算机在工程实现意义上的鼻祖，尽管事实上其他人在同时期也做出了基本相同的工作成果（艾伦·图灵被认为是计算机科学，也就是计算机理论上的奠基人）。冯·诺依曼之所以获得了这个殊荣，除开他在计算机结构领域的实际贡献之外，很重要的一点是他比其他做出类似贡献的人有更多的在其他科学领域的建树。下面来简单地回顾一下现代电子计算机诞生的那段时光。

德国的朱赛在1941年最先采用电气元件制造计算机。他制成的全自动继电器计算机Z-3，已具备浮点记数、二进制运算、数字存储地址的指令形式等现代计算机的特征。

美国在1940—1947年期间也相继研制成了继电器计算机MARK-1、MARK-2、Model-1、Model-5等。继电器属于电控机械开关，而不是纯电子开关。继电器的开关速度大约为百分之一秒，这使这些计算机的运算速度受到很大的限制，寿命与可靠性也不理想。

真正用纯电子器件做计算的计算机的开拓过程，经历了从制作部件到整机、从专用机到通用机、从“外加式程序”到“存储程序”的演变。

1938 年，美籍保加利亚学者阿塔纳索夫首先制成了电子计算机的运算部件。1943 年，英国外交部通信处制成了“巨人”电子计算机。这是一种专用的密码分析机，在第二次世界大战中得到了应用。

1946 年 2 月，美国宾夕法尼亚大学莫尔学院制成的大型电子数字积分计算机（ENIAC），最初也专门用于火炮弹道计算，后经多次改进而成为能进行各种科学计算的通用计算机（见图 1-4）。这台完全采用电子线路执行算术运算、逻辑运算和信息存储的计算机，运算速度比继电器计算机快 1000 倍。当时还没有出现晶体管，所以它使用的是真空电子管。这就是人们常常提到的世界上第一台电子数字计算机。但是，这种计算机的程序仍然是外加式的，存储容量也太小，尚未完全具备现代计算机的主要特征。

图 1-4　第一台电子数字积分计算机 ENIAC

1945年3月，数学家冯·诺依曼领导的设计小组发表了一个全新的存储程序式通用电子计算机方案——电子离散变量自动计算机（EDVAC）。随后于1946年6月，冯·诺依曼等人提出了更为完善的设计报告《电子计算机装置逻辑结构初探》。同年7～8月间，他们又在莫尔学院为美国和英国二十多个机构的专家讲授了专门课程《电子计算机设计的理论和技术》，推动了存储程序式计算机的设计与制造。

1949年，英国剑桥大学数学实验室研制成功电子离散时序自动计算机（EDSAC）；美国则于1950年研制成功了东部标准自动计算机（SFAC）等。至此，电子数字计算机发展的萌芽时期结束，开始了现代计算机的发展时期。

冯·诺依曼的贡献在于提出了一个清晰的、可存储程序的通用计算机可实现的原理性结构（见图1-5）。如前所述，尽管事实上也有其他人在冯·诺依曼之前就提出基本同样的创意，但由于冯·诺依曼在众多的科学领域内取得了杰出成就，人们还是选择用他的名字来命名这个设计，称之为“冯·诺依曼结构”。

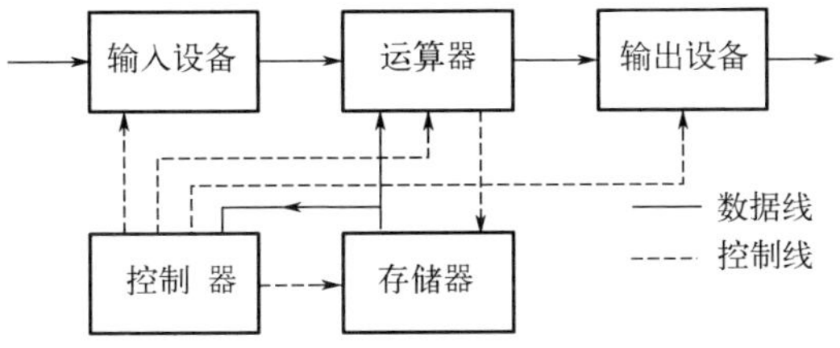


图1-5　冯·诺依曼结构示意图

前面花费相当篇幅介绍计算机诞生初期的历史，是为了更好地理解冯·诺依曼结构的本质。在计算机发展的历史进程中，冯·诺依曼结构的本质可以用三句话来概括：计算机的数制采用二进制；计算机按照程序顺序执行操作；程序存储在计算机存储器内。

在他提出的结构中，数据与程序是放在同一个存储器中的。所以后来有人把数据与程序分开存储的结构称为"哈佛结构"。其实，在更本质的意义上，哈佛结构应该被看成是冯·诺依曼结构的一个变形，而不是一个独立于冯·诺依曼结构之外的全新设计。所以现在人们普遍认为，现代计算机采用的都是冯·诺依曼结构，或者说都是以这个结构为基础的，尽管现代计算机在冯·诺依曼原始设计基础上存在许多不同的局部改变或上层组合。

在计算机的发展历史上，一直有人试图突破冯·诺依曼结构，也不断有人声称做到了这一点。以数据驱动计算代替程序驱动计算曾经是许多人的梦想。但事实上冯·诺依曼结构的地位至今依然无人能够撼动。有人误以为这是具体技术手段的局限所导致的，其实真正的原因在于人类至今无法在理论上提出一个有效的、不同于冯·诺依曼结构的计算机系统结构的原理性设计，可以替代冯·诺依曼结构实现通用可编程计算。这是一个"系统原理"性理论问题，而不是技术手段问题。至于实现特定算法的专用计算结构，则有很多不同的可行设计，比如在 1990 年前后昙花一现、实现特定并行算法的"systolic"阵列结构。之所以昙花一现，就是因为它不具有通用的可编程计算能力，所以不具有普适应用的意义。现在被高度关注的"量子计算"，目前也还是停留在特定并行算法的实现方面，而不具有通用可编程的计算能力。

"量子计算"始于 1981 年著名的物理学家理查德·菲利普斯·费曼（1918—1988，物理学家，1965 年获诺贝尔物理学奖，加州理工大学任职）

在麻省理工学院的一次题为 *Simulating Physics with Computers* 的讲演（后成文刊登于 *International Journal of Theorectical Physics*，Vol. 21，Nos 6/7，1982）。他认为物质世界的本质是量子特性的，所以应该可以直接利用量子特性来模拟物质世界的问题，而不需要通过现代计算机那些人工设计出来的“算法”去计算。他认为这样会更加有效地解决问题。而且他进一步花了很大的篇幅去说明量子过程也不能够完全用传统计算机的来模拟：“That’s why quantum mechanics can’t seem to be imitable by a local classical computer.”

费曼的这个思路的出发点与传统计算机有着本质的不同，它并不是去追求传统意义上的计算速度有多快，而现在大家关心的恰恰仅仅在于计算速度。换句话来讲，费曼设想让“量子计算机”的“运算”过程直接对应于物理世界的过程，而传统的计算机的运算是面向抽象的逻辑数字运算的。人们要通过程序算法将世界的实际问题转化为逻辑数字运算交给传统的计算机来解决，而费曼设想的量子计算机则不需要这个转换过程。他提出这个思路后，大家就开始研究如何利用量子特性来做“计算”。但后来大家的思路似乎与费曼的想法不太一样，不是用量子过程去直接对应世界问题，而是借助量子特性来达到数字计算的目的。人们已经尝试的用于量子计算的量子手段有：原子和光腔相互作用、冷阱束缚离子、电子或核自旋共振、量子点操纵、超导量子干涉等。目前还没有哪一个手段被普遍认为能够切实可行地支撑量子计算的持续发展。

虽然费曼提出了量子计算的设想，但是他的设想比较粗糙，在科学意义上无法达到传统计算机领域里图灵与冯·诺依曼贡献的高度。他在那次讲演中强调他设想的量子计算机在基本原理上与传统的计算机是不一样的："It is not a Turing machine, but a machine of a different kind"。到底是个什么"kind"，他认为回答这个问题"应该"并不难，只是他还没有花时间来做。而事实上后来人们在量子计算领域也是在拿图灵机与冯·诺依曼架构往量子计算上套，有学者仿造图灵机搞出了"量子图灵机"。也许这个做法是可行的，但是与费曼的设想大相径庭。量子计算目前还在非常初期的探索阶段，对于量子计算的许多基本问题，大家还没有形成一致的看法，而且目前的量子计算都处于利用某些量子特性实现专用计算的演示，人们还不知道如何有效地实现通用的可编程计算。

1996年，贝尔实验室的W.Shor（1959—，应用数学家，麻省理工学院任职）发现了如何利用量子特性做质数分解的方法（即所谓的"量子算法"，可用于RSA加密系统的破译），让量子计算从概念向实际迈进了一步。2001年，来自IBM研究中心与斯坦福大学的科学家利用有7个量子位的基于核磁共振机理的"量子计算机"，实现了将数字15分解为5与3的乘积，为实现W.Shor算法迈出了一步。但人们对这是否属于"量子计算"仍存在不同看法。

2011年，加拿大D-Wave公司造出了128个量子比特的"世界第一台"量子计算机D-Wave One，并且卖给了洛克希德·马丁公司。2013年又推出512个量子比特的D-Wave Two，NASA、谷歌公司与美国一个大学联盟一起用其建立了"量子人工智能实验室"。这个系列计算机的"量子计算"部分也是一个专用"量子"处理器，实现的是"退火算法"，用于解决离散函数的全局最优化问题。这个处理器相当于一个基于"量子隧穿效应"的专用的计算模块。该公司CTO称该量子处理器的目的是快速找到优化问题的"近似解"。"量子人工智能实验室"建立之后，全球许多机构的专家学者都参与了对这台机器的测试使用，但是测试的结果并没有能够肯定地显示出“量子计算”的速度优势。大家对这个系列的计算机是否能够算作量子计算机也依然持有不同的看法。该公司后来又于 2015 年与 2017 年分别推出了拥有 1000 个与 2048 个量子比特的 D-Waver 2X 与 D-Wave 2000Q。

显然，今天的量子计算还处于 20 世纪 30 年代传统计算机的萌芽状态，只能做一些解决特定问题的专用计算装置，而且这些计算装置的实用性也不强。

在传统计算机领域，图灵机与冯·诺依曼架构都是逻辑模型，与具体的物理手段和过程无关。而按照费曼的设想，量子计算是希望基于量子物理特性去直接“仿真”（Simulate）真实物理过程，而不是将真实的物理过程抽象为逻辑数学算法。这是两者之间的一个很基础性的本质差异。面向未来，如何利用量子特性按照费曼的设想做通用的可编程计算，目前还没有费曼说的不同于于传统计算机中图灵机与冯·诺依曼架构的理论支撑。这一点与量子通信完全不同。量子通信在技术实现之前，其可行性在理论上至少是没有问题的。所以，量子计算机是否能够取代普通计算机是一个目前在理论上都难以回答的问题。

目前，对量子计算有几个认识上的误区。一个是量子计算机的信息存储量远远超过普通计算机。这个是把量子叠加态简单地等同于信息技术中的数字化信息。而这两者是不同的概念。以 D-Wave 为例，量子叠加态对于量子计算过程来说是没有确切含义的中间过程状态，并不能用来表达信息。计算完成后，量子叠加态一定要坍塌到一个单一的确定状态，此时才能对应于人们需要的信息——最优化问题的近似解。而最优化问题本身的信息是以某种形式存放在控制量子态坍塌过程（退火过程）的相关器件中的。不可能将大量的“确定性”信息“叠加”在一起放到量子位的“叠加态”中存储，因为量子叠加态是不可人为控制、不确定的。量子叠加态提供的是“量子算法”并行性，而不是信息存储；另外一个误区就是量子计算的速度问题。如前所述，量子计算目前只能针对具体特定的问题进行处理，所以速度对比也仅仅是针对特定的问题而言，而不是一般情况下的计算速度。而对于特定的问题，除了量子计算，还有其他可以比普通的计算机效率更高的手段。所以，现在还不能下结论，不能简单地认为量子计算机的速度会远远超过普通计算机。就 D-Wave 而言，针对其量子计算设计面向的优化问题，也没有人们普遍认可的确切证据证明其比传统非量子计算装置运算得更快；还有人讲量子计算突破了冯·诺依曼架构，这就更不着边际了。冯·诺依曼架构实现的是通用可编程计算，现在的量子计算只能做专用计算，还不具有通用计算能力，谈何突破冯·诺依曼架构？

《科学美国人》日文版 2018 年第二期专门讨论了量子计算机问题，它最后的结论是量子计算机至少还需要几十年的时间才可能实用化。这已经是比较乐观的看法了。一个更悲观的典型看法来自一位物理学家——2012 年诺贝尔物理学奖得主，专门做量子信息的法国科学家 Serge Haroche（1944—，物理学家，2012 年获诺贝尔物理学奖，法兰西大学任职），他在其诺贝尔演讲词中专门说：量子计算机看起来是一个乌托邦。所以，今天对量子计算的研究，还属于非常初期的探索阶段，要想造出通用的量子计算机，不仅有大量的技术问题需要突破，更有基本的理论原理需要解决。如果量子计算不能实现通用可编程计算，则它就很难与传统计算机一决高下。

当然，也许如传统计算机那样实现一般的可编程通用计算就不应该是

“量子计算”的归宿。如在第1.2节中讨论的，“量子计算”如果能够找到基本数字计算之外的与人的基本智能活动新的结合点，并且这个结合点能够支撑基本数字计算无法实现的其他类型的人类智能活动的话，那么量子计算将引发人类创造的辅助与延伸智能类工具的革命性变化，而不仅仅是运算速度的进一步提升。假如未来造出这样的计算机，那它的理论基础将如费曼所言，不再是以图灵机为代表的计算机科学理论了。而目前还看不到这样的前景，虽然它似乎更符合费曼当初的设想。

信息技术中与量子有关的另一个话题就是“量子通信”。它比量子计算要简单一些。由于量子现象远远超出人们的日常经验，因此对量子通信引发了许多争论，也有很多不准确的说法。

“量子通信”目前就是借助光量子态的不确定性，来让通信双方获得一组同样的、在测量前无法预知的真随机数，作为加密用的密钥。它的好处就是可以“几乎绝对地”保证密钥生成获取过程的保密性，同时也可以使得通信密钥高频度的更换（如“一次一密”）让用计算机破译密钥即使不是完全不可能，也彻底失去了意义。当然，这是理论上的推论，实际效果如何还要看未来大规模的工程实践情况。

第一个提出用量子特性做密钥传送的是IBM的Charles Bennett与他的合作者Giles Brassard。该想法于1984年提出，他们于1988年在实验室成功完成了实验验证。他们使用的方法是用一个单光子来传递随机数的一位（0或1），通信双方测量的是同一个光子。

1991年，Artur Ekert（1961—，量子物理学家，牛津大学任职）在其发表的一篇论文里提出利用纠缠现象以及量子态的随机性，利用纠缠光子对，既可以监测信道的安全，也能让通信双方获得相同的真随机数，用作加密的密钥。这种方式更加巧妙也更加玄妙。由于纠缠现象，虽然双方分别测量的是纠缠光子对中的一个，但是它们的状态是严格相关的，所以他们可以获得同样的随机数。

所以不论采取什么原理，目前"量子通信"与通信的带宽无关，仅仅与加密有关。它更不是超光速即刻通信，这也是很多人对量子通信的误解。目前对量子纠缠现象无法做更底层的科学解释，但是很明确的一点，就是它与超光速信息传送无关，也并不违背相对论。许多人，包括许多从事物理学工作的人，都认为量子纠缠违背了相对论，是"信息"无须时间过程的即刻传播。这种看法只是人们头脑中的想象，而非物理现实。如果量子纠缠真的是"信息"的即刻传播的话，那现在人们热衷的就不会是仅仅利用量子纠缠来做密钥分发，而会有更多的人去尝试利用量子纠缠来做即刻通信了。事实上迄今为止，还没有听到世界上有哪个实验室在做这种技术研究。利用量子纠缠做不确定的"量子态"的传送，即所谓的量子"隐形态传"，与信息技术领域里的"信息"无关，属于量子力学领域的探索，未来可能会应用到量子计算中。

对量子通信的一个重要的非议来源于"量子通信"这个名字。因为量子通信只是分发没有含义的随机数——密钥，并不传递有含义的信息，所以许多做传统通信的学者认为这不能算作是"通信"，是一种不"诚实"的做法。

说到量子力学，就不得不说一下冯·诺依曼也曾涉足量子力学领域的研究，他在 1932 年撰写出版的《量子力学的数学基础》一书成为量子物理学家的圣经。讨论了离奇晦涩的量子问题后，再回到冯·诺依曼对计算机的贡献上来。也许有朋友会说，这个冯·诺依曼结构看着挺简单，没有什么玄妙之处，怎么被推到了如此高的地位？这是因为今天的我们已经熟悉了现代计算机，再回顾过去的事情，会觉得一切都属正常。而在当时，电子计算机是一个从未有过的事物，在自然界也没有可模仿的对象。那时，按照什么方式来实现电子可编程计算，绝不是一件简单的、一目了然的事情。这是一个无中生有的过程，有无数种看上去可能的选择。事实上，前面介绍的计算机也确实在结构设计原理上彼此有很大的不同。所以，以冯·诺依曼为代表的科学家们经过摸索提炼出这个结构，是具有重大的历史意义的。

**原始创新的重大意义不在于它的直接结果的复杂性，而在于它从无到有的开拓性与未来广泛应用的有效性。再复杂的锦上添花，也不能与看上去粗糙简陋的原始创新相媲美。**

自冯·诺依曼结构成为基础标准之后，计算机发展到今天，基本上可以概括为两个大的方向：体积越来越小，以便适应更广泛的应用场合；计算速度越来越快，以便能够完成更复杂的计算类任务。计算机硬件技术的发展，基本都是围绕这两个目标进行的（见图1-6）。当然，还有一个附带的成果，就是存储量越来越大。

需要特别指出的是，不论计算机变得多么小，也不论计算机算得多么快，在科学原理的意义上，计算机的DNA并没有变化，计算机介入人的智能活动的基础与起点没有丝毫的改变，依然是有限字长二进制数字的基本计算以及附带的数字存储。

所以，虽然计算机的应用越来越令人眼花缭乱，计算机的性能也在不断地发生着跨数量级的增长，但是它的本质功能却没有丝毫的改变或进步。

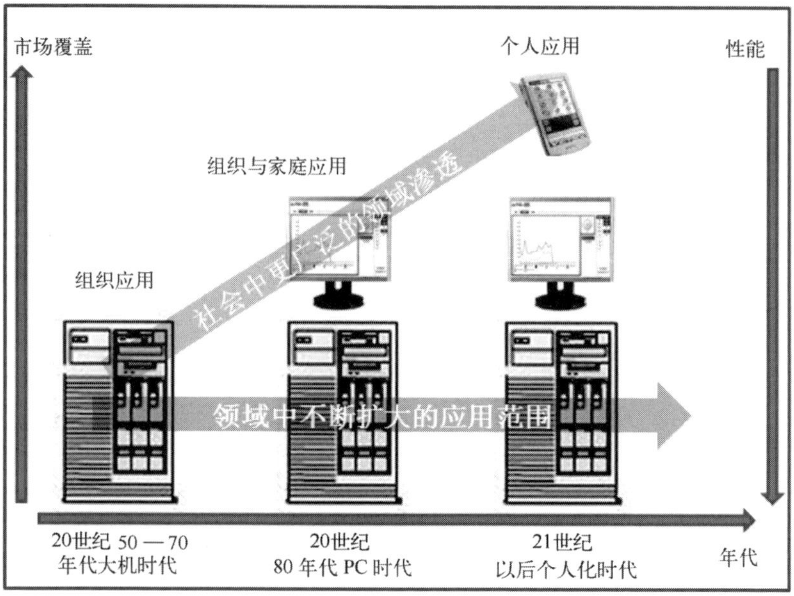


图 1-6 计算机硬件发展的两个方向

在人类科技发展的历程中，重大的"原理性"的突破都会带来天翻地覆的变化。在计算机领域，图灵贡献了奠基性的"科学原理"，而冯·诺依曼则贡献了基础性的"系统原理"。今天虽然信息技术花样繁多，但是能够达到奠基性"科学原理"高度的贡献还没有出现。在系统原理上，互联网等在系统层面也属于原理性贡献，所以对产业与社会也影响巨大。

信息技术正在进入一个空前繁荣的时期，必然会出现更多的新的原理性突破，而这些突破可能主要发生在系统原理层面（详见第 8 章第 8.4 节）。

## 1.4 从"计算"到"智能"的梦想与现实

如图 1-6 所示，计算机发展至今的历程其实并不符合当年科学家们的渴望与初衷。人们当初的设想其实要比图1-6梦幻得多。

现代电子数字计算机的出现，使得人类第一次有了功能足够强大并且可以通过基本计算而灵活介入人的智力活动的辅助与延伸智能的工具。辅助与延伸智能与具有智能之间并没有清晰的分界。辅助与延伸智能，必然也要完成一些原本只能由人脑才能完成的“智能”层面的工作，所以这些工作当然可以被称为智能活动。这样，计算机被称为具有“智能”，也并非是夸大其词。

但是真正的问题在于，人类的智能活动是极为复杂、极其多样性的。计算机在理论上能够完成人类的哪些智能活动，既取决于计算机自身的本质与局限，也取决于人类各种智能活动的特质。

从20世纪50年代起，人们被计算机能够完成的计算类智能活动所鼓舞，将巨大的热情和资源投入到让计算机全面具有人的智能的努力之中。这个努力一直持续到20世纪90年代发生的一个重要的转折：产业放弃了对智能的追求，走向了无止境地提升计算机处理能力这条路上来。

在这个过程中，人们真正关注的焦点不是像近二三十年来这样不断努力地让计算机越算越快，而是如何让计算机拥有与人一样的“真正的智能”。这种“真正的智能”显然并不完全与“算”的快慢有关。所以，当时的设想是未来的计算机将拥有与人一样的智能，而不是看谁的超级计算机运算的速度更快。

显然，当初设想的路并没有走通。今天“人工智能”所采用的基本方法，与当年的设想已经有了本质的区别，这个问题会在本书的第8章第8.2节中讲述。在当年学者们让计算机拥有智能的努力过程中，有几个标志性的事件。

### 1."人工智能"的正式诞生及学者们的乐观预言

1956年夏，在美国达特茅斯学院（Dartmouth College）举行的一个持续两个月的讨论会上正式确立了"人工智能"这一研究领域。John McCarthy（1927—2011，计算机科学家，LISP（LISt Processor，表处理语言）语言发明人，达特茅斯学院/麻省理工学院/斯坦福大学任职）提出的"人工智能"（Artificial Intelligence，AI）一词被正式确立为这个领域的学术名称。会议的参加者包括了数学家，神经生理学家，心理学家，计算机专家等。在接下来的数十年间，他们几乎都是 AI 研究的领军人物。他们中有许多人预言，经过一代人的努力，与人类具有同等智能水平的机器将会出现。同时，大量的投资被投入到AI研究中以期实现这一目标。

当时大家的乐观情绪从下面的预言中可以充分地体现出来。

1958年，H. A. Simon（1916—2001，心理学家，1978年获诺贝尔经济学奖，卡耐基梅隆大学任职），Allen Newell（1927—1992，计算机科学家，兰德公司/卡耐基梅隆大学任职）："十年之内，数字计算机将成为国际象棋世界冠军。""十年之内，数字计算机将发现并证明一个重要的数学定理。"

1965年，H. A. Simon："二十年内，机器将能完成人能做到的一切工作。"

1967年，Marvin Minsky（1927—2016，认知科学家，麻省理工学院 AI 实验室任职）："一代之内……创造'人工智能'的问题将获得实质上的解决。"

1970年，Marvin Minsky："在三到八年的时间里，我们将得到一台具有人类平均智能的机器。"

最终，这些学者们发现自己大大低估了这一工作的难度。由于 James Lighthill 爵士（1924—1998，数学/空气动力学家）的批评和国会方面的压力，英国和美国政府于 1973 年停止向没有明确目标的人工智能研究项目拨款。七年之后，受到日本政府第五代计算机研究规划的刺激，美国政府和企业再次在 AI 领域投入数十亿研究经费，但这些投资者在 20 世纪 80 年代末重新撤回了投资。AI 研究领域诸如此类的高潮和低谷不断交替出现，直至 20 世纪 90 年代以后进入所谓的 AI 冬天。但到了 2010 年左右，人工智能再次“复兴”。

### 2. 日本的第五代计算机计划及其引发的狂想

日本经过战后的恢复，在 20 世纪 80 年代前后进入了一个黄金时期，经济实力与科技实力都走到了世界的前列，先后启动了包括智能计算机——第五代计算机在内的一系列前沿技术研究项目。东京大学计算机中心主任元岡達（1929—1985，计算机科学家，东京大学任职）受日本通产省委托，在 1981 年完成了《知识信息处理系统的挑战：第五代计算机系统初步报告》。1981 年 10 月，日本通产省启动第五代计算机计划。政府与企业总计投入约 8 亿多美元支持第五代计算机项目（见图 1-7）。

之所以称之为第五代计算机，是因为日本把用电子管、晶体管、集成电路和大规模集成电路制造的计算机，分别称为前四代计算机。日本第五代计算机计划的目标是造出能够与人对话、翻译语言、解释图像，并且能够像人一样进行推理思考的机器。日本通产省组织富士通、NEC、日立、东芝、松下、夏普等 8 家著名企业配合渕一博（1936—2006，计算机科学家，东京大学任职）所领导的日本“新一代计算机技术研究所”（ICOT）

共同开发第五代机，可谓倾全国之力。第五代计算机计划10年完成，分为三个阶段实施。计算机采用面向人工智能知识推理的Prolog语言，并准备打破冯·诺依曼结构。他们当时乐观地认为，在20世纪50年代以来人工智能领域的各种进展的基础上，奋斗十年就能够达到他们制定的目标。

图1-7 日本第五代计算机

爱德华·费根鲍姆（1936—，人工智能科学家，1994年获图灵奖，斯坦福大学计算机系任职）在1981年参加了日本信息处理开发中心（JIPDEC）召开的第一届第五代计算机会议，并于1984年出版了《第五代：人工智能和日本计算机对世界的挑战》（*The 5th Generation: AI and Japan's Computer Challenge to the World*）。该书让日本第五代计算机项目成为世界关注的焦点。当时有人宣称，哪个国家首先造出第五代计算机，哪个国家就会在这类计算机的帮助下获得别人所无法具有的科技发展动力，取得科技领域的绝对优势地位，迅速摆脱其他国家的追赶，在国家发展的道路上单骑绝尘，其他国家只能望洋兴叹。该预测的前提就是第五代计算机将具有与人一样的智能，而且它还可以不吃不喝地昼夜持续工作。

如果这个目标真的能实现，那么今天的信息技术将会完全是另外一个样子，社会上也根本就不会存在如此多的程序员了。

因此在日本发布第五代计算机计划之后，其他国家纷纷作出响应。英国开始了耗资 3.5 亿英镑的 Alvey 工程。美国一个企业协会组织了 MCC（Micro-electronics and Computer Technology Corporation，微电子与计算机技术集团），向 AI 和信息技术的大规模项目提供资助。美国国防部先进研究项目局（DARPA）也行动起来，组织了战略计算促进会（Strategic Computing Initiative），其在 1988 年向 AI 的投资是 1984 年的三倍。

1992 年，因最终没能突破关键性的技术难题，如没有设计出有效的非冯·诺依曼架构，无法实现自然语言人机对话、程序自动生成等目标，日本第五代机计划最后没有能够实现预定目标。也有人认为，日本“第五代计算机”计划不能算作失败，它在前两个阶段基本上达到了预期目标。

### 3. 人工神经网络泡沫

人类一直对大脑充满好奇。1943 年，W·McCulloch（1989—1969，神经生理学家，麻省理工学院任职）和 W·Pitts（1923—1969，数理逻辑学家，自由学者）在分析、总结大脑神经元的基本特点的基础上，首先提出神经元的数学模型以及基于神经元的神经网络。因而，他们两个人被称为人工神经网络研究的先驱。

但是人工神经网络模型做到了对生物神经元的“形”像，是否非神似则不得而知。因为迄今为止我们依然并不了解神经元内部到底发生了什么。学者们声称的人工神经网络可能具有的超凡能力无法用理论或实践证明，甚至可证明的结论与此相悖。所以尽管基于这个概念的所谓“联结主义”

（Connectionism）曾经热闹过一段时间，但随后它并没有成为人工智能领域的主流方向，甚至在20世纪70年代基本销声匿迹。

由于20世纪50—70年代人工智能研究并没有实现人们预期的实质上的突破性进展，在日本开始第五代计算机计划的刺激下，几乎被人遗忘了的人工神经网络在20世纪80年代又重新被人们提起。甚至有人为了与日本的"第五代计算机"计划争风头而将之称为"第六代计算机"。在技术实现的结构上，它显然完全有别于冯·诺依曼架构。只是它并不能实现冯·诺依曼架构的通用可编程计算，而属于专用计算结构。

1982年，John Hopfield（1933—，物理学家，加州大学伯克利分校/普林斯顿大学任职）证明一种新型的神经网络（后被称为"Hopfield网络"）能够用一种全新的方式"学习"和"处理"信息。几乎在同时，David Rumelhart（1942—2011，心理学家，加州大学圣迭戈分校/斯坦福大学任职）推广了"反传算法"（Back Propagation，BP），一种适用于拥有特定神经元传输函数的分层前馈人工神经网络的"训练"方法。这样的网络后来被称为BP网络，见图1-8。

1986年，由David Rumelhart和James McClelland（1948—，心理学家，卡耐基梅隆大学/斯坦福大学任职）主编的两卷本论文集《分布式并行处理》[3]问世，在计算机界引发了新一轮持续近十年的人工神经网络热潮。

但是相对于20世纪40年代十分有限的人工神经网络理论来说，这一轮人工神经网络的热潮，仍没有催生出本质上不同的新的人工神经网络基础性理论，也就没有产生在计算机基础科学层面有真正影响力的成果。比如所谓的Hopfield网络，虽然看上去有一些神奇的表现，但是并不具有多少实用价值。

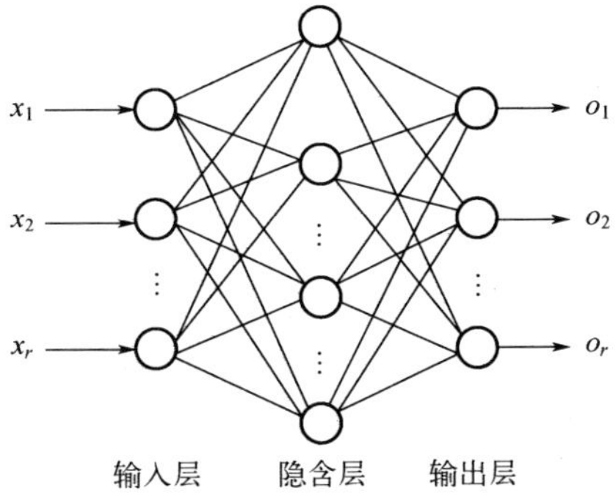


图 1-8 分层前馈人工神经网络示意图

被称为 20 世纪 80 年代人工神经网络领域内突破性成就的所谓“反传算法”（BP），本质上不过是微积分诞生之日就存在的梯度下降求函数局部最小值算法，在特定的网络结构传输函数下的一种迭代表达形式。这种表达形式其实在 1969 年就已经被推导出来并公开发表。因为那时人工神经网络并未引起重视，所以该论文并没有引起大的反响。该算法至今依然是“深度学习”模型中的主要学习算法。被“训练”后的分层前馈网络（BP 网络），不论是否是采用“反传算法”来训练的，都不过是某种（由选取的网络形式决定）非线性函数对一个未知函数的有限样本数据映射关系的拟合。在科学原理层面上，它并不具有超出一般意义的非线性函数映射之外的“智能”。对于训练后的网络，也无法准确预测它在训练样本之外的数据上的表现，而仅仅可以做一些定性的推断。换句话说，在实际尝试之前，并不知道不同的网络结构适用于解决什么类型应用域的问题。这个工具的有效性，只有事后用使用的结果来验证，而基本无法事先预见。这样的工具，在其价值与其名称所给的暗示之间显然有很大的落差。这样说当然不是贬低这样的工具的价值，而是要避免望文生义地去理解它的功能。

人工神经网络，主要是 BP 网络，后来依然在一些场合被使用，但是已经没有了当初的炫目光环，不过是对函数样本做非线性拟合的众多可能方法中的一种。人们应用人工神经网络，通常是因为对于一个非线性函数映射问题，除了能够获取一些样本之外，无法对函数性质或者说对问题的性质做更进一步的理解与认识，所以便采用非线性拟合这种“简陋”的方式来试图解决问题。

后来在计算机的处理速度发生了质的飞跃（详见第 2 章第 2.3 节），并且实在找不到当初孜孜以求的“理想”而“精妙”的办法，而那些“简陋”“凑合”的方法，在做进一步改进后，在足够的计算能力与数据量的支撑下，可以在解决许多不同类型的问题上发挥很大作用，人工神经网络终于在 21 世纪改头换面为“深度学习”的一种方法而再次复生（详见第 8 章第 8.3 节）。

随着日本“第五代计算机”计划在 1992 年无果而终，以及随后人工神经网络热在 20 世纪 90 年代初“退烧”，人工智能领域再次进入“AI 之冬”。这个冬季如此寒冷与漫长，以至于在 21 世纪的新一轮人工智能热潮兴起之前，怀有制造与人有同样智能的机器的雄心壮志的人都极为稀少也相当低调。

从根本上看，20 世纪 90 年代人工智能热潮的冷却，是因为人们在人工智能领域经过了几十年的努力，没有能够理解一般意义上的智能过程的本质，因而也就没有能够取得科学意义上的原理性突破，没有能够在理论上抽象出类似数字基本计算那样的基本智能操作，用以支撑更为高级和复杂的智能过程。人工智能成为了不同领域里的各种具体应用，而不再试图理解与复现一般性的智能过程。

也正因为人们不再把完整的，或称之为广义的智能作为目标，而致力于实现一些具体的特定智能类活动，所以在一般意义上“智能”是什么，以及如何定义“智能”便不再重要。重要的是针对每一个具体的特定“智能”类活动作出清晰的界定，并作深入的分析，从而力争用适当的方法通过逻辑计算操作对其进行人工复现。

尽管在一般意义上的完整智能始终没有能够被人工复制，但是在人工智能方向上持续了30多年的努力，产生了许多用计算机解决特定“智能”问题的比较有效的具体方法，并且随着计算机性能的提高，可以被解决的智能类问题，或者说能够用计算机解决到可以接受程度的智能类问题越来越多。战胜了国际象棋世界冠军的IBM深蓝，在围棋领域几乎所向披靡的AlphaGo等，就是这种努力的产物。也就是说，计算机在智能的道路上取得了长足的进步，并且依然在不断地前行——尽管在今天，已经很少有人把让机器具有与人相当的完整智能作为奋斗的目标了。

这些计算机智能应用，都是先把问题转化为计算类问题再由计算机来解决，因此它们与其他并没有被冠以“智能”的应用在底层本质上并没有差别。这些智能类的应用，也因此逐步融入了各种不同的计算机应用之中，而在很长的时间里不再冠以“人工智能”这个名字独立存在。比如数据挖掘、信息检索、汽车自动驾驶等应用，都有属于“智能”类的算法嵌入其中。

到了2010年前后，人工智能热再次兴起，究其原因无非是两个：一个就是前面讲过的借助强大的计算能力与大量的数据，各种原来看上去并不“聪明”的“智能”算法能够解决更多的问题；另外一个则是商业资本操作的需要。在这次热潮中，原本不属于传统的“人工智能”的大量技术与方法都或自愿加入，或被强行收编在“人工智能”的名下。这次的繁荣，是应用意义上的繁荣，依然没有科学原理层面的突破。

始于20世纪80年代的两次远未达到预期的人工智能领域的努力，导致计算机的基本系统至今仍坚守在冯·诺依曼结构基础上，在很长一段时间内，计算机发展主线都是以运算性能的提高为核心的追求目标；具体的应用基本都由软件来实现。专门面向人工智能应用的计算机系统，如当初的LISP计算机系统已经销声匿迹。计算机市场成了通用数字计算机的天下。建立在有限字长二进制数字的基本计算基础上的计算能力，既是计算机强大之处，也成了计算机无法突破的本质性局限。

当然，今天人们在使用计算机的时候，并不需要把问题都分解到最低层的有限字长二进制数字的基本计算。因为在计算机裸机外面已经构造了操作系统、高级编程语言等软件，把许多数字基本计算能够实现的、通用的高级功能固化下来供不同的应用使用。虽然问题最终还是通过有限字长二进制数字的基本计算来解决的，但是用户所做的工作不必每次都“从猿到人”地走一遍，而是把问题映射到远比数字基本计算更为复杂且丰富的高层操作（由高级程序语言及开发运行环境决定）上。

这带来的好处显而易见，但是也让人们对计算机的本质能力产生了一些模糊的感觉。这对于用计算机完成一般性的工作影响不大，但是如果要做一些极具开创性的工作，要把一些本质上未曾用计算机实现过的任务，特别是与人的智能相关的任务，用计算机来实现，对计算机的本质能力哪怕是在潜意识中的不准确的理解，也会对人们的判断造成重大影响。而人类的判断力，如将要在后面所分析的那样，在计算机应用中具有非常重要的意义。

## 1.5 "可计算"的问题与"可计算"的智能

现代计算机在人工智能的方向上做了几十年的科学原理性探索努力而无法突破之后，终于还是没有能够脱离其诞生最初的起点和本质：可编程的有限字长二进制数字的基本计算。并以此为基础，支撑所有的"可计算"类问题的解决，包括可计算的"智能"类问题。70多年来，尽管计算机的性能有了极大提高，但是它的基本原理，不论是理论基础还是工程实现的结构基础，并没有本质的变化。变化的，是随着其性能的持续提高，带来应用深度与广度的不断扩展。

一个问题，**只有**并且**只要**能够用有限步骤的有限字长二进制数字的基本计算操作来解决，或者说解决到可以接受的程度，就**可能**并迟早**可以**由计算机来处理。这样的问题被称为"计算类问题"(Computable Problems)，而这样的操作过程被称为算法（Algorithm）。与可计算性相关的理论，自然也成了计算机科学的基础理论中的一个组成部分。而与人工智能相关的研究，由于缺少一般意义上的基础性与通用性，仅仅被当成计算机科学的一个应用技术类分支，用以解决不同的智能应用类问题。

那么，这个世界上是不是所有的问题都可以通过处理而变成计算类问题由计算机来解决呢？计算机科学家们构造出来的所谓的"停机问题"就是一个不可计算的问题。在逻辑上可以严格地证明：无法通过一个设计好的计算过程（程序/算法），来确定任意一个程序（任意图灵机）在被执行后是否会经过有限的时间在没有外来干预的情况下自动终止。这说明世界上确实存在不可以用计算来解决的问题。

人类的许多高级智能活动，比如自我意识，至少在今天还不能找到途径用计算的方式去实现，也无法严格地给出形式化的证明。对此，人们确实抱有不同的信念。有人认为人类智能在本源上无法用计算来实现；也有人认为，特别是在西方，计算终可以实现与人相同，甚至超越人的智能。西方从古希腊开始就有着用数字计算来解释整个世界的传统，这种信念与认为这个世界上发生的一切最终都是机械类过程有关联。这也是当年人工智能热潮一浪高过一浪的重要原因之一。这两种相反的看法似乎都无法用逻辑来证明，所以也就可能永远无法有最终的结论。

一个问题是否是可计算问题，通常需要就事论事地来判断：就具体的问题，看看是否能够找到一个算法来解决它。所以，这个问题更多地要靠实验性手段来解决，而不存在一个一般性的逻辑判断方法。这也是"计算机科学"与传统经典科学的一个根本性差异，即计算机应用在本质上是一种实验科学或实验技术，而不是像牛顿力学那样，用几个普世原理就能解决其主宰范围内的几乎所有问题。而这给计算机应用带来了一个本质性的困难，即本应该在事先做出的可实现性（可行性）的判断，许多情况下只能用具体实现的结果来事后部分地验证。这样，对于一个问题，如果还没有找到可行的解决方法，并不意味着这一定是一个不可计算问题。同时，在寻找一个具体现实问题的解决方法的时候，人们可能也并不知道是否真的存在这样一个方法。因而，这种寻找就有可能成为一个毫无意义的努力。当年人工智能领域中的许多失败，都与这个困境有关。

之所以会出现这样的局面，本质上是因为人们期望和能够用计算机来解决的问题非常庞杂，彼此之间可能有巨大的差异。基本上不存在一般性成功。

再以分层的神经网络（“深度学习”中的卷积网络也属于这种类型）为例。其实，如果放弃浪漫的想象，就很容易看出这种人工神经网络不过是一种确定性的可计算的非线性函数映射而已，也可以说是一个算法问题。它完全可以在通用计算机上实现，本质上走回了前面说的第一条路。所以，这条路不可能产生第一条路无法实现的结果。尽管在人工神经网络泡沫时期曾经有过不少尝试，但事实上不论是在当时还是在今天，人工神经网络基本上都是在通用计算硬件上用软件实现的，并没有真的造一个网络出来大规模使用。人工神经网络的硬件实现，唯一可能与普通通用计算机不同的地方，就是在某些条件下其处理速度有可能会更高。所以，人工神经网络应该被看作是一类特定的算法而已。

再具体地看，用通用计算机来实现人的智能活动，有两种不同的思路。其实这也是人类制造各种工具,包括辅助与延伸体能工具的两个基本途径。

一种就是遵循人类思维过程，然后在通用计算机上加以复现。在这种途径中，人类和机器在解决问题的时候采用的是同样的方法。我们把这种思路称之为“机制模仿”（Mechanism Imitation）方法。比如机器下棋，虽然它用了很多复杂的算法，但是在主要的过程上看，它与人一样要把棋的规则记住，然后预测不同的应对步骤将会带来的各种可能的结果，根据预测来决定下一步如何走。

而另外一种思路，也是成功的人工智能应用在大多数情况下所采用的方式，就是用完全不同的机制（或者说不清楚它是否与人脑内部的机制相吻合）来完成某项人类的智能活动，比如图像识别。计算机采用的方式，通常被认为与人对图像的识别过程有本质区别。把这种思路称之为“机制替代"（Mechanism Replacement）方法。

人类的历史也不断地证明，尽管形式模仿有的时候提供了一个进步的起点，但没有对过程（不论是人工的还是自然的）的本质、原理或机制的深入理解，靠外在形式上的模仿，是不会有真正的进步的。人工神经网络在起步时是属于外在的"形式模仿"，今天通过"深度学习"的改进，更多的是属于"机制替代"的方法。

采用"机制模仿"的条件是：需要解决的问题规模有限或有明确的边界。有明确的边界意味着问题的规模是受限的，或者可以通过人为的限制有可能将问题的规模控制在一定的范围；大脑解决问题的过程有严格的规则可循，能够提炼并抽象为可操作的算法。

比如下棋，棋子与棋盘的规模有明确的边界，下棋的规则也是无歧义的，人们下棋必须遵守这些规则。下棋的盘算过程可以被抽象为可操作的步骤，每一步可能的选择是有限的。尽管出招前可以对后果的推断有几乎永无穷尽的延展，但是因为事实上人脑对未来的推断也只能进行到有限的程度，所以只要做一些事先的限定，这就是一个规模有限的可计算过程，并且可以达到设定的期望结果。因此，深蓝可以战胜世界冠军就不足为奇了。而 AlphaGo 的出现也是必然，只要有人有兴趣去做。下棋，从人工智能诞生伊始就被当作人工智能的一个重要的示范应用，就是因为它所具有的这种机器可模仿的特质。

下面对上述条件来做一些更深入的分析，帮助大家确定人的思维（智能）过程中，哪些活动可以被抽象出来成为可操作的算法，从而可以用计算机来实现。也就是寻找"机制模仿"方法可行性判断的一些定性的、更具体的和有指导意义的边界或判定依据。

首先，这个过程必须是显意识过程，而不能是只可意会不可言传的无意识或潜意识过程。因为还没有办法通过外部物质手段去深入理解人的意识过程，对意识过程的理解主要依靠意识自身。其次，这个思维过程是受到明确的规则约束的，否则就难以被抽象为算法。下棋就是有明确规则的过程。

所谓无意识过程，是人自己无法窥视的意识过程，潜意识过程则是可以通过心理分析的手段窥视甚至通过努力可以部分显意识化的意识过程，而显意识过程则是指自己能够清楚地描述的意识过程。

人识别图像，是大脑神经的一个无意识过程；人更高级的意识过程，如直觉感悟，是潜意识过程，虽然可以部分地显意识化，但是却不受明确的规则约束。所以，人脑中的这些过程就都不太可能被抽象出来用计算机实现，只能抛开人脑另寻出路去实现类似的过程。

除了无意识过程与潜意识过程之外，即使是受到明确的规则约束的显意识过程，如果它面对的问题的规模没有明确的边界，或者不能有效可控，则这个问题就有可能成为一个不可计算问题，或者是计算复杂性（时间或空间）过大的问题，导致其无法被计算机有效实现。

通用自然语言的理解，就属于这样的问题。虽然语言有基本明确的规则（词义与语法），但是需要被理解的语言，如果把环境因素也考虑进来，则近似于无限规模的，或者是不确定边界的。也就是说，理解语言需要采集和处理的数据量过大且具有不确定性，因而变得无法用有限的资源通过计算来实现。所以，一般自然语言的理解，比如通用的机器翻译，到今天为止还是没有找到能够产生一个可接受结果的解决办法。这个问题的出路，可能还是需要通过对问题规模本身的限制来局部解决，包括对语言的产生和使用环境的有效限制。随着计算机处理能力的不断提升，计算机能够处理的问题的规模在不断扩大，自然语言的处理也在不断取得新的进展，受限场景下的效果在稳步地改善。在许多相对简单的语境环境下，已经可以比较好地满足需求了。

所以，如果问题规模几乎无限大，虽然这在理论上是一个障碍，但是在实践中还是可以找到对其进行限制的合适的方法，使得能够用计算机在不同的实际环境中获得可以接受的结果，特别是在计算机能力飞速发展的今天。

当初，人工智能领域的工作者对解决自然语言的理解，乃至于对一般智能过程的实现，抱有极为乐观的看法。其中一个重要的原因是忽略了或者没有理解，一般性自然语言的理解（包括一般智能的实现）所面对的在本质上是近于无限规模或边界不确定的问题。计算机在本质上无法一般性地去解决这类问题。一般意义上的学习过程也属于这一类型的问题。

当然，如果反过来看人类的大脑，其实人类也没有能力解决不受限制的问题。在这一点上，计算机倒也并不比人类更笨。比如，对自然语言的理解，每个人其实都有自己的局限，并不能解决所有问题。即使是专业翻译人员，也是分专业领域的。所以从个体上看，人类单独的个体也不能解决一般性的自然语言的理解问题。

因为“机制模仿”在于实现人脑的思维过程，所以解决问题的思路便来自于对思维过程的理解、分析和抽象。这需要综合多领域的知识和能力才能做到，包括心理学，以及问题所处领域的专业知识等。

而“机制替代”方法则抛开了人脑的内部过程，仅仅在结果上实现同样或者类似的可接受的产出。它解决问题的思路，来自于对问题本身的分析，而不是受人思维过程的启发。对问题本身的分析包括问题的产生过程与环境，问题的应用过程与环境等。比如，人脑对手写文字的识别与写字过程基本是没有关系的，但是机器的联机识别，却会把写字的过程信息提取出来加以利用，以便提高识别的正确率。

机制替代法实现的功能，通常是抽象层次比较浅的智能活动，才能够通过对认识对象的分析找到解决办法。对抽象层次比较深的智能活动，则更多地要从人类的思维过程去寻找解决问题的线索，也就是要更多地依靠机制模拟的方法。

机制替代方法在广义上讲，是迄今为止人类制造工具最常用，也是最有效的方法。比如，人造的车辆，使用自然界没有的轮子代替自然界动物使用的腿；人类的飞行，也是用自然界不存在的推动/牵引加机翼的方式实现的（见图1-10）；人类利用太阳能的方式目前也与生物完全不同。虽然已经有了一些原理上的进展，但是至今还没有能力模拟叶绿素的内部过程来利用太阳能，而是主要依靠光伏作用。人工智能领域许多有实用价值的产出也都是这种类型，比如图像与语音的识别等。这里面是否隐含着什么更深的暗示？它是否意味着某些人类的高级智能活动永远也无法被物化？

"机制模拟"需要很强的对自己与他人心理活动的感悟分析能力与抽象建模能力，"机制替代"则需要对客观对象相关物质或形式化存在的性质的深入理解能力，以及创造性地提取对象性质并灵活应用的能力。

在实际应用中，这两种方法并不是截然分开的，许多应用是它们的混合形式。随着计算机应用的不断扩展，采用与人类完全不同的机制去实现人类不曾有的“智能”，会成为绝大多数“智能”类应用的做法（详见第 8 章第 8.4 节）。

图 1-10　人类曾试图像鸟一样靠扇动的翅膀飞行，

最后却是用推动/牵引加机翼的方式实现

## 1.6 “笨拙粗暴”的“计算方法”

以计算机为代表的信息技术，作为辅助与延伸智能的工作，是通过“计算”来解决问题的。在人类科学发展的历史上，人类现代科技的突破，并非是用计算去解决问题，而是用更为精巧的数学方程（或称数学解析方法），“简洁”“精妙”、普适性地描述事物基本的运动变化规律，然后应用这些数学方程解决各种实际问题。在这里，“计算”是解决具体问题的最后的步骤，而不是一般性方法。从“牛顿”力学到爱因斯坦的“相对论”莫不如此。所以，这种方法根植于现代科技的思维之中，成为一种"理所当然"。

寻找精巧、简洁、普适性的数学方程或系统模型去解决问题，成为科学技术领域的基本共识。计算与统计的方法，除了作为解决具体问题的最后步骤，作为一般性方法只有在找不到数学方程或系统模型而"没办法"的时候才被使用，或用于解决特定的明显具有计算或统计性质的问题。人们的潜意识里将这种方法与"笨拙""粗暴"联系在一起。

现代计算机的出现，使得计算方法得到了长足的发展，在数学领域形成了一门独立的学科。在这里不得不再次提到冯·诺依曼。

1946 年，冯·诺依曼与同事一起向美国海军部提交了一份报告《高阶线性方程组的解》。虽然这份报告没有公开发表，但是人们认为它是计算数学或数值分析这个学科诞生的标志。因为从此，"数值分析"这个词不胫而走。所以，冯·诺依曼也被认为是现代"计算数学"学科的奠基人之一。

现代计算数学也叫作数值计算方法或数值分析。本质上就是用计算的方法，而不是用解析方程或系统模型的方法，去"一事一议"地解决各种问题。随着计算机能力的不断发展，后来还从其中派生出计算力学、计算生物学，乃至计算经济学等分支。

虽然现代计算机催生了现代计算数学，但是人们在很长时间里，特别是那些受过严格良好的科学工程训练的人员，依然本能地首先去寻求传统的、精巧普适的解析方法去解决问题。

以人工智能领域为例，在计算机"暴力计算"时代到来之前（见第 2 章第 2.4 节），人们一直倾向于用传统的普适性的公式与规则及系统建模的方法来解决问题（见第 8 章第 8.2 节）。计算机的"暴力计算"能力，正在改变这种习惯与认识。在“暴力计算”能力的支撑下，人们发现，借助计算统计方法，可以解决很多原来望而生畏的问题，而且解决得比单纯用传统的方法要好得多。比如，在语音识别领域，之所以达到今天的实用程度，很重要的就是在传统的方法的基础上加了入大数据统计分析。

而且随着计算能力的增强，在很多领域原来无法实现的复杂算法现在可以轻松地实现；更为有意思的是，现在用相对“简单”的算法，就能够到达原来需要“高级”复杂的算法才能达到的效果。比如机械控制领域内的伺服控制，由于控制器的处理能力极大地提高了，已经不需要原来那么复杂的控制算法就能够达到比原来还高的控制精度。所以，现在能够完成各种复杂动作的机器人开始大量出现；同时，借助强大的计算能力，用计算的方法能够解决的问题也越来越多。原来很多看上去与计算无关的问题，也可以找到适当的计算方法解决到令人满意的程度了；随着计算机算力的提高而不断降低的使用成本，使得用计算与统计方法去“一事一议”地解决问题的方式也变得不再是负担而被广泛接受。

今天横扫围棋界的 AlphaGo 的设计，还需要蒙特卡洛树搜索、深度学习等复杂的算法组合。以后，随着计算机算力的提升，也许做出这样一个下围棋的程序，仅仅是一个大学毕业生的毕业设计。计算机正在科技领域引发一场技术方法模式的转变，从精巧普适走向笨拙粗暴与就事论事。

**依赖“暴力计算”，信息技术用“笨拙”“粗暴”的方法，成为人类手中几乎所向披靡的“武器”。**

科学技术的“审美观”正在被颠覆。在第 8 章第 8.3 节会结合“深度学习”再来讨论这个话题。

# 参考文献

[1] 钟义信, 周延泉, 李蕾. 信息科学教程[M]. 北京：北京邮电大学出版社，2005: 27.

[2] 钟义信等. 智能科学技术导论[M]. 北京：北京邮电大学出版社，2006: 12.

[3] James L. McClelland, David E. Rumelhart. Distributed Parallel Processing[C]. US: The MIT Press, 1986.

# 第 2 章

## “暴力计算”开启“智能化”时代

如前所述，自现代计算机诞生以后，经过了半个世纪的探索，信息技术产业在20世纪90年代之后发生了一个重要的转折。从追求广义的一般性智能，回归到对计算能力提高的持续追求，从而走上了90年开始持续了20年左右的这条道路：计算性能不断提高的通用计算机与日益丰富的应用软件相结合的应用模式。其中，通用计算机平台以"算"得更快为追求目标，应用软件则百花齐放，将各种类型的实际问题映射为计算过程而加以解决。曾经出现过的面向人工智能等方面的各种类型的专用计算机消失在了历史的尘烟之中。

计算机经过20多年对计算能力近乎疯狂的追求之后，量的积累终于在新世纪第一个十年之际让计算机拥有了空前的"暴力计算"能力。由此，信息技术产业发展的基本模式正在发生根本性的变化，且面临着又一个重大转折：更加深刻、全面改变现实的应用创新，在产业中将取代计算机基础平台的技术进步，而成为主导整个信息技术产业未来发展的核心力量。近些年大数据与人工智能等热点的兴起，就是这个转折的明显标志。这个转折预示着信息技术产业开始进入成熟阶段，全面智能化的黄金时期正在到来，它将对人类生活与社会各个方面产生前所未有的、更加广泛深刻的影响。其实，任何一个技术性产业都是在其基础技术不再成为应用的发展瓶颈时才进入到成熟阶段的，汽车、航空等产业莫不如此。

信息技术产业全面智能化的黄金时代的序幕正在拉开。那些热衷于某个新兴的技术领域将取代信息技术产业成为社会进步的核心推动力的讨论，显然大大低估了信息技术的潜能，人们已经议论了几十年的所谓信息社会其实刚刚度过少年时代，我们正在迎来的是其生机勃发的青春年华。

本章将从产业基础技术性结构的视角分析以计算机为核心的信息技术

产业的特点，进而揭示“暴力计算”对于产业发展的历史性重大意义。

## 2.1 信息技术产业的核心基本结构与特征

信息技术产业包括计算、存储与网络传输等领域，其中计算依然是整个产业的核心。所以在此将与计算机产品相关的技术与产品的结构做一个整体分析，以便更好地理解信息技术产业的规律以及正在发生的变化。

现代通用计算机产品包括建立在冯·诺依曼结构之上的、计算性能不断提高的硬件，以及越来越强大的系统软件，包括操作系统、程序语言环境、数据库和其他中间件等。

计算机硬件的基本性能，目前主要是运算/处理速度与存储容量。这部分工作的本质是材料与工艺的问题。当前占主导地位的、以单晶硅为基础的计算机芯片的制造，现在已经用到了近 100 个稳定的自然化学元素中的近 50 种；晶体管由平面发展到了立体；最小线宽已经达到 10nm 左右。根据理论分析和预测，使用硅技术的最小线宽的极限将是 2nm。取代硅技术的探索已经在全球开展多年，包括石墨烯在内的众多材料被深入研究。但是迄今为止还没有本质性的突破，所以未来什么材料会取代硅而继续“摩尔定律”的奇迹还不得而知。目前芯片制造过程要经过上千道工艺处理才能完成。这个领域经过几十年的发展，建立起了极高的技术门槛，用“极致”都不足以描述其精密与复杂程度，关键技术被 Intel 公司等几家国际巨头所垄断。

计算机系统软件虽然没有芯片技术那样高的门槛，但是由于通用性强以及软件几乎无再生产/复制成本的特征，在市场上具有赢者通吃的规律，国际市场也主要被几家国际巨头所垄断。

而应用软件，由于涉及的领域范围极其广阔，呈现出百花齐放、百舸争流的局面。由于自计算机诞生至今的70年来计算机的基础并没有发生本质性的变化，因此面向各种应用领域的理论与实践，自然成为计算机产业发展的一个重要主线。作为一个应用工具，现代计算机对社会发展的影响也都是通过各种具体应用来体现的。

将计算机领域主要的基础理论、技术方法与实际产品形态各个部分综合在一起，从一个特定的角度能够看到这个领域今天的一个整体概要结构（见图2-1）。

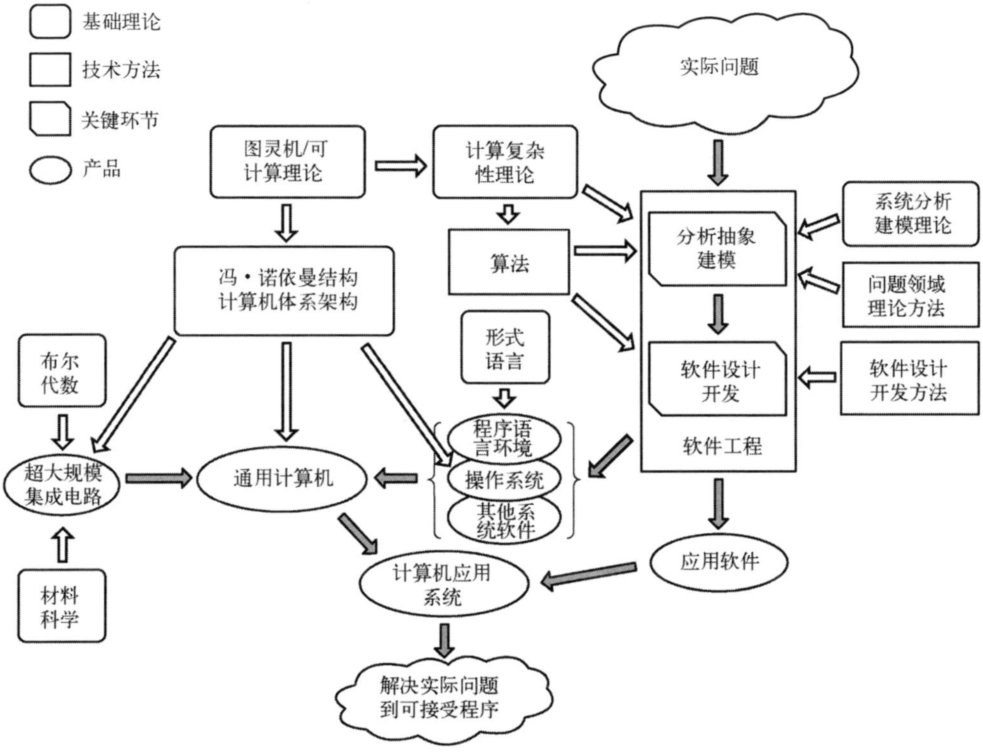


图2-1　当前计算机领域的整体概要结构

前面重点讨论过，由于在基础科学理论层面没有本质性的突破，因此人工智能只能属于应用范畴的内容，而没有计算机基础性理论方面的成果。因此有人称各种人工智能的方法不过是软件应用开发工具箱中的一些可用工具而已。数据结构/数据库也属于"问题领域理论方法"范畴。而软件设计开发方法中的许多内容，如构件化方法等，常常被放在软件工程中讨论，所以软件工程与软件设计开发方法之间的界限是比较模糊的。

图 2-1 展现了当前计算机产业分为两个互相联系而又相对独立的核心过程：通用计算机产品的制造过程与应用软件的开发过程。操作系统等系统软件可以看作是应用软件过程的一个特殊产物。这两条线的结合便是最终的计算机应用系统。在后面的讨论中，将通用计算机产品简称为计算机基础（技术）平台（相对于应用软件而言）。

通用计算机产品被以 CPU、操作系统等为代表的主要核心部件产品所主宰，单纯的、没有核心部件制造开发能力的整机制造厂商价值日益降低。而这些核心部件的设计与生产被控制在极少数几个国际巨头手中，绝大多数的企业无缘参与其中。但应用软件则不同，全球有数量巨大的应用软件开发参与者，从个体开发人员到 SAP 这样的巨头。应用软件也构成了信息技术行业最为活跃的一个部分，它也直接决定着计算机对社会的影响。

得益于摩尔定律带来的计算机硬件性能的长期持续高速发展与价格的持续下降，今天在很多情况下，软件开发者基本不用考虑计算机的计算能力与存储能力的限制。再加上计算机程序语言逐步接近自然语言形态，编程环境日益友好，编程可调用的资源也不断丰富，与实物产品的设计开发相比，软件开发几乎是在一个拥有无限可用资源的虚拟空间里的随意发挥，以至于软件设计开发甚至被认为是一种纯精神化的艺术创作过程。这是目前软件开发的一个最基本的特征，由此导致软件产业所具有了一些区别于其他实物产业的特质。

（1）从从业人员的角度来看，由于软件的上述基本特征，计算机软件设计与开发的参与门槛大为降低。不仅有许多来自各种不同背景、没有受过严格训练的人员参与其中，受过严格训练的人员也无意中倾向于随性，而不是按照严格的规范开展工作。软件开发过程不时成为“耍小聪明”的自我表现，这使得软件的质量难以保证。所以尽管有软件工程的指导，保证软件的质量依然是一个令整个产业都头痛的事情。以至于近些年许多学者们在传统的软件质量体系的基础上又提出了“软件可信”的问题，并做了大量的探索性工作。

（2）从技术的角度、特别是系统学的角度来看，由于应用软件在大多数情况下是在一个几乎无资源限制的虚拟空间内随意编制的，因此除了逻辑规则之外，没有其他的客观规律的制约，从而导致大型应用软件系统的复杂度在快速增加，其复杂度远远超过了一般的物质化实体系统。因为实体系统有物理规律等方面的硬性限制，其设计构造不能随意发挥，所以其复杂度不可能随意扩张。而软件的开发则非常不同，系统的复杂性只受到设计人员思维能力甚至仅仅受他们的主观意愿的限制。

复杂的应用软件，由于拥有较高的系统复杂度，设计与开发过程必然要遵循一些合理的规则，否则系统的可靠性、可维护性等都将变得无法接受。尽管这些合理的规则常常被忽视或者被应付了事，理解并有效地使用这些规则对于开创信息技术产业的未来还是有着极为重要的意义。因此，计算机领域在20世纪70年代出现了“软件工程”这一学科。

图 2-2 是复杂软件产品的完整开发过程示意图，是对图 2-1 中"软件工程"部分的概要性展开。对于成熟的应用领域，建模与架构的设计常常显得并不重要，大家往往重视的是需求分析及设计与开发过程。这是因为在成熟的领域里，已经有成型的模型与架构成果可以直接借鉴或使用。但是，如果在做一个全新的、独创性的复杂应用，建模与架构的设计就显得极为重要了。越是复杂的系统，顶层的设计就越为重要。建模与架构设计就是复杂软件系统的顶层设计部分。而应用架构设计是业务模型的具体化，它与建模之间并没有严格的界限。没有良好的顶层设计，系统达到一定的复杂程度后，很容易出现崩溃的局面，更不用说功能是否能够被准确良好地实现了。同时，良好的顶层设计也是保证系统适应未来发展变化的必要条件。

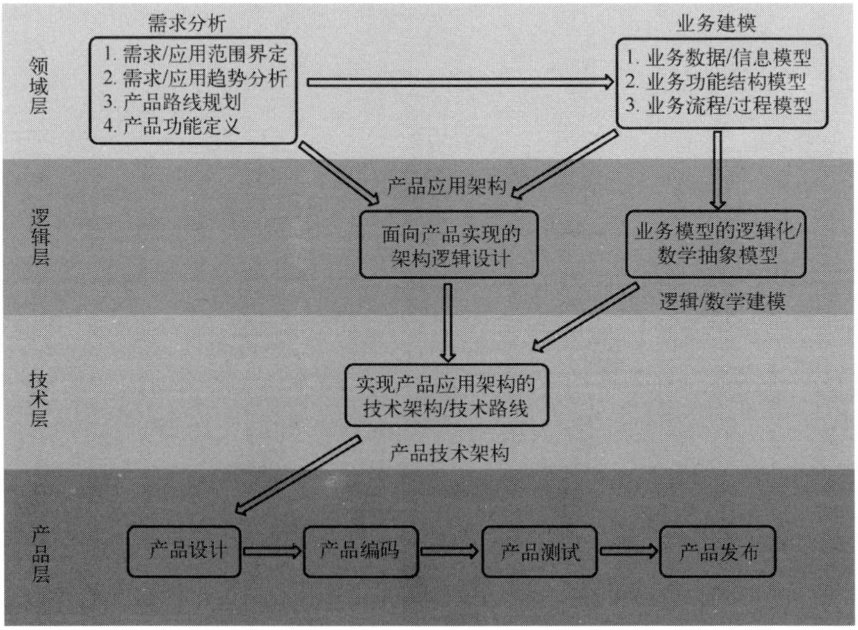


图 2-2　复杂软件产品的完整开发过程示意图

在复杂软件开发过程中，最具挑战的是系统的建模。建模过程，是用逻辑语言对一个实际的系统做抽象层面的描述的过程。这个描述既要能够反映系统的外在功能，又要能够用最简洁普适的方式揭示系统内在的本质结构。"建模"在本质上是无中生有的创造性过程，而且针对一个问题可以有不同的模型抽象。这就好像对于计算问题，图灵机只是多种模型抽象中的一种，还有其他的计算模型，如算盘机、递归函数等，而且它们被证明彼此等价。

虽然同一个问题的模型可能有多种，不同的模型在指导系统实现的时候，其有效性却可能是不同的。而目前没有一个严格的方法能够从计算机面对的广泛不同的具体问题中抽象出"最佳"的模型。这显示出在计算机应用中，在可用的理论与方法之外，经验与直觉所具有的极为重要的作用。

做模型抽象设计，需要有哲学的素养，能够透过现象抓住本质；要有严格的逻辑系统思考能力，将概念的空灵转化为现实的操作；要有丰富的数学工具知识，能够灵活地使用逻辑化工具构建模型；要对计算机的本质有准确的把握，能够准确判断哪些功能和过程是可以用计算机有效实现的，那些需要做合理的限制性约束保证其可实现性。所以，优秀的建模人员在知识与能力方面既要有高度，又要有广度与深度。

模型的抽象过程大体可以分为两个层面的工作。一个是在业务领域层面对业务做模型化抽象。这个模型是有明确业务含义的。这个工作完成以后，在某些情况下，有必要对业务模型进一步做逻辑/数学的抽象。这种纯逻辑/数学模型，抽去了具体的业务内容，仅仅是一个逻辑/数学结构。它可以对业务有更好的扩展性和适应性，也可能成为一个通用产品的基础模型而适用于不同的业务领域。这样的产品可以通过加载不同的业务参数集合而成为不同的业务领域中的应用软件的核心部分。

业务模型的抽象，通常包括三个互相关联的部分：业务数据/信息模型；业务功能/结构模型；业务流程/过程模型。前者描述数据/信息的构成与关系，后两者结合在一起描述完整的业务活动。

如前所述，对同一个问题可以抽象出多个不同的模型，却没有一个明确的标准来衡量哪个模型是最优的。但是还是可以总结出一些定性的条件来帮助评价模型的优劣。

（1）层次与结构的合理清晰：模型应该根据对系统影响程度的不同来划分层次；根据功能特征划分同层内的组成部分。不同层次与组成部分自身及它们之间的差异与关系要清晰易理解，无歧义性；

（2）简洁性：效果相同的情况下，最简单的模型是最好的；

（3）还原性：模型是对业务的抽象，从模型还原为业务的时候，能够准确完整地实现预期的业务功能；

（4）可扩展性：可以在不改变主要结构，只做参数调整或微观局部修改补充的情况下适应新的变化，容纳未来的发展；

（5）一致性：模型内部的功能与过程没有内在的逻辑冲突与矛盾。

大型复杂应用软件，如银行业务系统、企业 ERP 系统等，都是有完善的底层模型来支撑的。随着信息技术应用的不断拓展与深化，应用建模在计算机面对复杂问题的时候，会变得日益关键与重要，也会不断产生出新的理论与方法。

非常遗憾的是，虽然迄今为止发展了各种与系统相关的理论，但是却没有出现一门通用的、跨领域的系统分析与建模的理论与方法，来指导构建日益复杂的计算机应用系统。以至于在计算机被日益广泛应用的今天，应用系统的设计水平千差万别，五花八门。具有普适性的通用系统论，已经成为计算机应用发展中一个不被感觉到到迫切的需求。而今天被热炒的人工智能与大数据技术，同样也要依赖于高水平的系统设计才能充分发挥出自身的价值（见第8章第8.4节）。

## 2.2 空灵的软件与创新对人性的挑战

现代计算机对整个社会的影响日益广泛和深入，不只是因为计算机的性能在不断地提高，还大大得益于计算机体积的有效减小与价格的持续下降。当然，这两者之间有着必然的联系。

从20世纪80年开始，身材小到可以放在办公室桌面上的PC，虽然在开始时其性能仅仅相当于一个电子打字机，但是它的出现及不断完善极大地推动了计算机应用与互联网的普及。随着通用计算机平台更加标准化，软件逐步成为计算机应用的核心，成为产业中参与人数最多、影响面最广的一部分。计算机软件随后便自立门户，在许多国家都作为一个被高度关注而且相对独立的信息技术产业分支。

软件产品可以粗略地分为四个类别：通用平台产品，如操作系统、数据库等；跨领域通用软件，如Office、工作流、CRM等；行业领域内通用软件，如各种CAD、物流管理系统等；用户个性化定制软件，如银行风险管理、数据智能应用等。

如本章第2.1节分析的，软件与实物产品有着一些本质的差异。从产业的价值创造过程的角度来看，软件与实体产品的一个重要差异在于它只有研发成本，即固定成本，而几乎没有生产成本，即变动成本。

软件的这个特性，对于个性化定制软件和可以大量复制的相对通用化软件的影响有重大的不同。

对于单件的个性化定制软件而言，其生产成本也就是其研发成本。这个成本对竞争有直接的影响。而对于可以大量复制的相对通用的软件而言，其研发成本将被大量的用户分摊，而软件的复制又几乎没有成本。所以，研发成本对于竞争的影响就极为有限，尽管同类产品的市场实际价格会有很大的差别。通过网络以服务形式提供给大量客户使用的软件，在本质上也属于这种类型，只是产品消费的形式有所不同而已。所以，下面的讨论用“可大量复制销售”来统一概括这类软件。

这个差异尤其对中国软件企业有重要的影响。因为在中国改革开放时期的经济成就中，最重要的贡献就来自于生产成本的低廉优势。这已经成为中国人今天头脑中的固有模式了——一谈到竞争，首先就想到低成本，进而去打价格战。把东西做成白菜价，几乎成为中国企业走向世界的唯一杀手锏。

在实物产品领域，后来者确实可以靠低成本展开竞争，依此进行技术、市场与资本的积累，然后逐步进入产业的高端。当年日本与韩国的汽车产业就是这样发展起来的。今天中国的华为等企业也是在走这条路，并且取得了惊人的成功。

但不幸的是，这个策略在软件产业中那些市场化的、可以大量复制销售的产品领域是不成立的——因为软件几乎没有生产成本。尽管事实上产品的价格可以有很大的差异，但是哪怕相对于国际巨头，其他企业也不具有所谓的成本优势。那是因为国际巨头的市场垄断地位造成的。一旦他们的垄断地位受到威胁，他们一样能够打价格战。而这种市场化的、可以大量复制销售的软件产品，恰恰是软件产业中最有价值的部分，也是国际一流软件厂商赖以立足的领域。微软、Oracle 及谷歌等莫不如此。

中国对基础软件进行了长期的扶持却收效甚微，其原因就在于此——低成本、进口替代战略不适用于市场化的、可以大规模复制的软件产业。

纵观国际软件业的发展历程，在软件行业中成功的、有核心价值的企业，基本都是在新的领域里靠创新的产品崛起的新公司。比如当年的微软，是在没有被 IBM、王安电脑、DEC、富士通等当时的计算机巨头足够重视的 PC 软件领域异军突起，后来的谷歌则是在互联网领域脱颖而出。而苹果，从软件的角度看，它是在已有的领域中靠创新而掀翻了诺基亚的霸主地位。放眼全球，没有哪个软件企业在已有的领域中可以靠成本竞争而成为一流企业。

21 世纪初期，印度的软件外包业曾红火一时。以 1981 年成立的 Infosys 公司为代表的一批印度软件外包企业曾经成为中国软件行业羡慕的对象及效仿的榜样。尽管他们的业务从软件外包发展到了其他的服务类型，但是依然是靠成本优势在竞争。虽然到 2012 年 9 月底，Infosys 在全球已经拥有超过 15 万人的员工，年收入高达 70 亿美元，但是，在全球的软件产业链中，他们不具有决定意义的影响力。道理很简单，软件产业的高端是那些大量可复制的通用软件产品市场。软件外包及相关服务等靠低成本竞争的领域，承担的是软件行业中相对低端的工作。这些企业与做定制化应用的企业一样，在产业链中不可能占据核心的价值。

因此，在软件领域中，或者在以软件为核心的领域里，要想打造出一个有产业核心价值的企业，只有一条路可走，那就是创新：寻找新的有广阔前景的信息技术应用领域或方式而独领风骚，或者在已有的领域中另辟蹊径去挑战霸主。

自从 21 世纪初以来，中国将创新作为重要的国策，创新便成了被广泛议论的话题。而在中国谈到创新，舆论常常会把矛头指向环境，强调环境发育不良对创新的制约，而往往忽视了创新过程中更为本质的内容。

环境当然重要，但是最重要的，永远是人自己这个世间唯一具有能动性的内因，特别是在面对革命性的原始创新的时候。下面的讨论都是在创新的这个意义上展开的。

创新，是人类这种具有智慧自觉性的高级生命所从事的所有活动中，最具智慧与主体自觉性特征的工作。尽管创新必然受到环境的制约，但是创新的本质意义恰恰在于人类通过自己的智慧，依靠自己的自觉能动性而对环境的超越。

站在社会的角度来看，原始性创新的这种对环境的超越，常常体现在打破已有的社会共识，并建立新的共识。借用马克斯·库恩的科学革命的理论[1]来讲，这是打破已有的“范式”创建新的“范式”的过程。共识，是大众习惯的合力，也凝聚了人的技能和社会资源等各种社会要素。改变社会共识，需要用时间来消磨人们已有的习惯，培养新的技能，形成资源新的聚集。因此，原始创新的孤独便成为必然。

所以，创新必然不是赶潮流，创新也不是模仿别人已有成果的自然延伸，创新是对当前已经形成的共识的突破与超越。所以，创新所面临的外部环境的基本特征必然是负面的。创新自然常常是不受欢迎的，甚至是被排斥的。创新从来不是一首浪漫的诗篇，而是一段长期默默无闻、艰苦探索的奋斗。

将创新不足归咎于环境，尽管不无道理，但大体上是旁观者的想象。

期望有一个对创新非常友好的环境，认为创新是牛人登高一呼应者云集，就更与历史事实相悖了。《创新的神话》[2]一书向我们揭示了创新的残酷真相：牛顿在被苹果砸中脑袋之前，已经花了整整20年的时间研究引力。众所周知的创新故事大多数已经被“好莱坞化”了，或者被网络传误导而媒娱乐化、庸俗化了。大众看到的，常常只是创新在备受蔑视打击而历经千辛万苦之后，终于修成正果那一瞬间的辉煌，以及那之后它收获的慷慨而廉价的赞誉。真实的情况是创新无关乎偶然，更不是灵光一现，而且几乎所有的创新都是“伤痕累累”。努力、专注和顽强才是它最不为人知的秘密。

创新是为了开辟一条新路，所以不确定性成为了创新无法回避的一个根本性问题，也是从事创新的过程中所面临的最大挑战之一。具体地说，与技术和产品相关的创新对人性最为本质的挑战在于是否有勇气与能力去面对只有用未来的实践结果才能回答的三个“未知”。

第一个未知，是创新所指向的未来方向的正确、合理与可行性的未知。从事创新，首先要判断大方向是否正确合理。我们向往的未来，是现实可达的人间仙境，还是可望而永远也不可及的海市蜃楼。未来是无法用逻辑推演或用调查研究来严格论证确认的。未来在成为现实之前，在绝大多情况下是不确定的。对未来的困惑，是人类自走出蒙昧之后就一直存在于内心的一个深深的不安。所以算命虽然从来就不靠谱，但还是成为人类最古老并一直香火不断的长青行当。

创新所必须面对的不可知、不确定的未来，成为创新对人性的最大挑战，也是无数人无法逾越的障碍所在。

当我们走上创新之路的时候，必须对不确定的未来给出一个确定性的判断。这种判断，当然与经验有关，但一般都不是经验的简单外推或重复。它是基于历史而对未来的一种洞见。由于事实上在很多情况下都无法严格论证这种洞见，所以它在被创新的产出结果证明之前，对绝大多数人来说都是没有说服力的。因而创新在被接受之前，大都是一段漫长而孤独的奋斗。这是对人的胆识与自信的挑战，也是对创新者把握未来方向能力的挑战。

当年3M公司的一个员工发明了即时贴（Post-it），却没有人认为这是一个有用的产品。他只好想办法做了一批样品送给公司内部的同事来试用，结果大受欢迎。由此这个产品才走向了全球市场，成为现在办公室中不可缺少的基本用品之一。其实，它不过是替代了人们原来顺手拈来的碎纸头。一个如此简单的、在今天被认为理所当然的事情，在其成为现实之前却远不是那样显而易见。在这一点上，我们不应该对自己和未来事物的理解力和判断力有过高的估计。

再看现在大家都严重依赖的那些网络社交工具。它们不过是借用互联网，让几千年来人类吹牛聊天与传闲话的喜好从茶余饭后街坊邻居，无障碍地扩展到了全天候、全世界的范围。

这些实例反映出创新并不总是像要造出与人有同等智能的机器那样高深复杂。许多创新在很多情况下其实就是用更好的方式来满足人类的衣食住行、生老病死、吃喝玩乐等方面的基本需求，而不是去创造出所谓“新的需求”。许多创新所需要的资源投入也未必是让人望而却步的天文数字。

尽管不是唯一的标准，目标是否是为了更好地满足人类的基本需求，是对未来创新方向的正确性进行判断的一个非常有用且重要的原则。这些满足基本需求的创新很可能会具有颠覆性的社会效果。但是由于我们对基本需求的熟视无睹，以及对现有消费与行事方式的习以为常，再加上我们对复杂事物的强烈偏好，以及对于锦上添花、添砖加瓦的投机的热衷，那些可能有重大意义的创新设想，常常会遭到嗤之以鼻的蔑视。

第二个未知，是创新将要走的技术路线是否正确。人类很早就渴望能够像鸟一样自由飞翔。许多天才为了这个梦想做过不懈的努力。在最初的阶段，人们采取的技术方法是前面说过的"过程模拟"，即期望不断地扇动人造的翅膀，模仿鸟类飞向天空。图 2-3 是天才的达·芬奇设计的这样一个飞行装置。

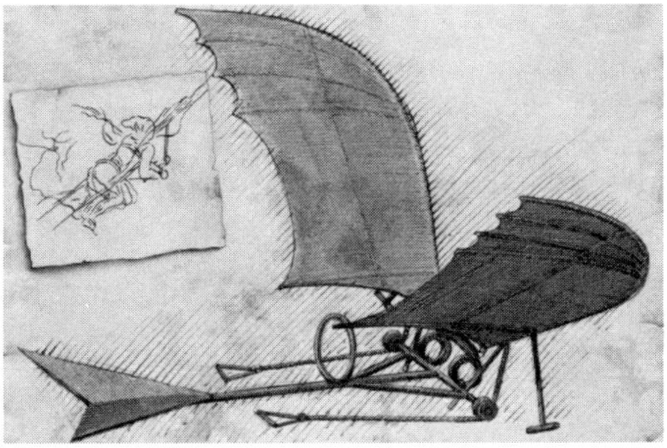

图 2-3　达·芬奇设计的扑翼飞行器

这条路径显然没有能够走通。后来，人们利用了流体力学研究的成果，采用牵引/推动加上固定式机翼的方式，实现了人类渴望已久的飞行梦想，在 20 世纪初开启了人类的航空时代。

另外一个有趣的例子是当年高清晰度电视的标准之争。电视从黑白到彩色，再从彩色到高清，这是一种有明显继承性的渐进式创新。日本在 20 世纪 80 年代开始制定高清晰度电视标准，采用的是传统的模拟信号处理技术。因为那个时候大规模集成电路还没有发展到可以低成本地用数字技术来处理高清晰度电视信号。而美国的标准一开始就采用了数字技术。最后的结果是日本的方案被淘汰。世界上最强的电视技术与集成电路技术大国日本，没有能够准确地判断出数字技术未来的潜力。

所以，能够很好地使用现有成熟的技术，与对技术未来潜力与发展方向的准确把握并不是一回事。这第二个未知是对创新者准确理解与把握技术潜力与发展方向的能力的挑战。

第三个未知，是创新的最终成果的具体形态的未知。与技术相关的创新最终大都要以产品/服务的形态体现出来。即使方向判断正确，技术路线也没有问题，那些最终呈现出来的具体细节，同样可能决定创新是否会前功尽弃。

当苹果公司推出平板电脑的时候，无数人为之疯狂。可是许多人不知道，平板电脑其实并非是苹果公司的首创。图 2-4 是微软公司早在 2002 年的时候就推出的带触摸屏的 Tablet PC 产品。

图 2-4　微软曾经推出的 Tablet PC

这个产品推出后不久，因为没有受到欢迎就退出了市场。它的产品方向与技术路线都没有原则性的错误，但失败于一些具体的产品细节设计。

比如键盘与整机的关系，软件没有针对触摸屏的特点做适应性改造，机器体积与重量都过大等。后来，微软在十年以后又卷土重来，推出了基于Windows 8操作系统的Surface产品。它将平板电脑与笔记本电脑合二为一，提供了比一般的平板电脑更好的使用灵活性与适应性。

这第三个未知，挑战的是产品的设计者抛开传统习惯，抛开个人感受，准确地站在未来使用者的角度，去感同身受地体验那些尚未出现的产品的使用过程。这远不是一件容易的事情。因为我们常常会被自己的已有经验或习惯误导。对这个问题，流行着一些很深的误解，以为用户与市场调研将能有效地解决这个问题。这个误解来源于对用户与市场的盲目崇拜。其实，如果是一个全新的颠覆性产品，作为旁观者而不是创新参与者的用户仅仅通过看问卷的问题，是很难说出在未来使用它的时候的真实感受的。或者说，绝大多数人是没有能力去感受他们不曾经历过的事情的，所以不可能对那些尚没有被设计出来，因而他们也没有体验过的产品，说出自己的真实感受。

超越自我喜好与经验，站在一般使用者的角度，对尚未成为现实的事物的准确感受能力，是一个优秀的、有创造性的产品设计师的必备素质。

对创新所必须面对的这三个未知的回答，都要勇敢地实践。理论的推演只能提供有限的帮助。所以那种要求必须事先就把一切都说清楚，都给出可信服的证明的心态与管理方法，是对创新的扼杀。从这个角度来讲，创新是不可以被管理的。

只去做有确定的可预测结果的事情，是人们长期被熏陶出来的一种强烈的倾向。面对创新的挑战，我们的教育最大的不足在于注重确定性知识的传授，确定性问题的解决，而缺少对学生面对不确定性的未知的认识和探索的勇气与能力的培养。当然，教育中这两者并非是对立的，而是互补的，不应该机械、片面地用其中的一个去否定另外一个。

学校目前传授的基本都是被充分验证并广泛应用的确定性的、主流的知识。这些知识或可以被逻辑有效地证明，或已经被实践充分地检验，或兼而有之。毫无疑问，传授这些宝贵的知识是教育的核心内容之一。但是知识是人类探索的结果，而不是探索的过程。仅仅传授结果，并不能有效地培养受教育者自己去探索未知的意愿与能力。在教授的内容中，人类对知识探索过程的缺失，使得教育在传承人类文明的过程中，失去了基本的完备性。教育在展示人类探索创新的结果——知识的精妙的同时，却遗漏了人类在探索创新过程中是如何面对未知的不确定性的——那些挫折失败的教训与攻坚克难的经验，走投无路的绝望与柳暗花明的激动，百折不挠的顽强与孤独寂寞的坚守。这些比知识更加宝贵的、比知识更加动人心魄的人类探索未知、积累构建知识体系的实践过程，缺少有效的途径代代相传，被确定性的知识掩盖在了历史的尘烟之中。

教育的这种缺失，使得被传授的知识成为了死的标本，而不是一个鲜活的、有着自己诞生和成长的历史、更有着待开拓的未来的一个不断发展的体系。死的标本固然依然是有效的工具，但同时也可能成为一种不自觉的禁锢，无法激发出新的发展。

在现代军事领域，美军在战争的军事技术层面迄今依然是最具创新能力的。其中起到十分关键作用的就是美军极为重视对自己与别人的战例的深入研究。美国有一些高水平的机构常年持续做这方面的研究，为美军的军事变革与创新提供持续的智力支撑。换言之，正是因为非常注重对战争历史过程的研究，才导致美军成为世界上最具军事技术层面创新能力的军事力量。

在知识的传授过程中，不论是平时的练习还是检验学习效果的考试，学生解决的都是确定性问题——在所学的知识范围内一定有明确答案的问题。所以，不论问题有多难，也不论学生是否有能力依靠自己的力量找到问题的答案，在学生的内心深处，在他的潜意识里，都有一个毋庸质疑的确定性前提——这个问题在所学的知识范围内一定有一个正确的答案。不仅问题的答案是确定的，解决问题所需要的知识边界也是确定的。

当学生长期经受这样的训练后，他所习惯的自然是去寻找一定存在的那些确定的答案，而不是去探索不确定性的未知，在心理上甚至会本能地回避、排斥面对不确定性未知的局面。同时在能力上，这样训练出来的思维方式也难以适应去探索不确性的未知：问题本身就是模糊的，无从知晓在什么范围内会有问题的答案，甚至也无法事先确定问题是否真的会有一个答案。而这正是创新，特别是原始创新带来的核心挑战。

教育的缺失，使得创新更多地成为依赖个人天赋与特别机遇的偶然，而不是系统培养训练的大概率结果。所以，如果期望教育能够更加有效地促进创新，更加有效地培养出能够从容面对创新带来的挑战的、具有开疆拓土能力的人才，那么教育在有效地传授确定性的、已有定论的知识内容，让受教育者通过解决确定性的问题来消化理解这些知识，并以此来衡量其对知识的把握程度的同时，教育更要结合知识的传授，将人类在构建积累不同领域内知识体系的探索创新的典型实践过程，包括正反两方面的经验以及对实践过程的理性认识与提高，还有学科最新的、尚无定论的探索，都有效地传授给受教育者，再现学科知识那鲜活的生命活力，让受教育者能够更加自觉而有效地继承与发扬前辈开拓创新的精神与实践；同时在传授知识、掌握知识的过程中，引入适当比例的、解决开放性问题的训练，培养锻炼受教育者探索未知、解决没有预设答案的开放性问题的能力。

虽然对现有的教育体系如何有效支撑创新还可以在众多的方面提出各种质疑与建议，但是上述两项内容应该是最具核心与关键意义的措施。当然，这两个措施的落实对于教育系统极具挑战性，它们本身就具有创新意义。在这方面在国际上有一些可借鉴的经验与做法，但是不存在完整的系统性方案。以创建国际一流学校为己任的学府，应该责无旁贷地承担起这个历史性的责任。如果教育机构自己都无法实现在教育领域内的重大创新，那么这样的教育机构有效地为社会培养创新型人才就成了天方夜谭。

如上述分析，创新之难核心不在于客观环境，而在于自身的局限。如是否有理想去做一些真正有价值、有创意的事情；是否有勇气在孤独中坚持自己的判断，并不懈地努力去面对不确定的未来；是否能够超越经验与习惯去看问题；是否对熟视无睹之事有新的看法与理解；是否对技术有透彻的理解而能把握其未来的发展；是否对可能发生的未来感同身受。

在此之所以对软件创新做这样深入的分析，是因为信息技术产业正在开始一个新的历史性重大转折，它在热切地呼唤着从业人员的原始创新。

## 2.3 “暴力计算”触发产业动能变换

现代计算机原来由于性能的限制，应用软件通常被认为是低端或下游的产品，系统与平台软件才是产业的核心与制高点，创新也一直是以此为中心展开的。那些在产业中占据核心地位的，也都是 IBM、Intel、微软、Oracle、以及新出现的VMware这样提供系统、核心部件与平台软件的企业。

由于基础技术平台性能与资源的有限，自现代计算机诞生到21世纪初期，计算机产业在本质上一直是由基础平台的技术进步所主导，并由此推动应用的发展。在20世纪90年代到21世纪初，Intel公司每推出一代新的处理器，微软公司每次的操作系统的版本升级，都是影响整个产业的重大事件，其产品代号家喻户晓。由基础技术平台主导应用是一种在资源有限的条件下量入为出的发展模式。几十年下来，虽然信息技术日新月异，但是在新世纪初人们对信息技术是否还能够扮演经济发展的引擎还是产生了深深的质疑。

在人类刚刚跨入新千年之际，伴随着“911事件”的发生，美国纳斯达克股指从2000年3月10日的最高点5048.62点，狂跌到2002年10月10日的1108点。自1990年，美国向社会全面开放互联网之后形成的网络科技泡沫被无情地戳破。面对信息技术的沉沦，政治家、经济学家与技术专家们都在热衷于谈论哪个领域的技术会继信息技术之后成为推动经济发展的引擎。当时普遍被看好的是生物技术。

后来的事实证明，人们大大低估了信息技术的潜力。几年之后，云计算的出现让信息技术重现生机。紧随其后的是移动互联网、大数据等新技术和新应用。而且，信息技术产业巨头的市值也一再打破历史纪录。人们终于意识到，虽然自20世纪40年代以来，信息技术已经一再创造了令人瞠目的奇迹，但是它的潜能开发还仅仅处于起步阶段，在可以预见的未来，它依然是推动经济与社会发展无可替代的强劲发动机。

让信息技术再度放射出夺目光芒的关键，不是那些流行的热点，而是在摩尔定律的驱动下，超大规模集成电路于2010年开始登上了一个历史性台阶——集成电路的最小线宽从32nm开始跨入惊人的22nm量级，一个大头针小小的圆头上，可以容纳超过1亿个晶体管。由此使得在绝大多数情况下，芯片的处理能力历史性地不再是应用的瓶颈。强大而廉价的处理能力不仅提供了充沛的计算能力，也为用户提供了足够的通信带宽以及海量的存储能力。信息技术基础技术平台对于应用发展的制约历史性地消失了。2010年后，信息技术产业的话题不再是基础技术平台的进步，而是各种新的应用技术。正是基础技术平台不再是应用的瓶颈，由此才有了云计算、大数据、移动互联网等新技术新应用的快速发展，并成为了产业乃至社会最热门的话题。

一个具体的对比可以让大家直观地感受计算机处理能力的这种飞跃。

图2-5展示了人类的第一代超级计算机。左边是中国的"银河-1号"，运算速度为每秒1亿次运算。右边前后两个圆形的计算机分别是美国的克雷-2与克雷-1。运算速度分别为每秒10亿次与每秒1亿次运算。其中，克雷-2在1985年的价格是3200万美元。而今天，几千块人民币就可以购买的一台普通智能手机，其处理速度是这些超级计算机的数倍到数十倍。

中国第一台超级计算机"银河-1号"
(1983)

Cray-1(1977) 与 Cray-2(1985)
超级计算机（32M$)

图2-5　第一代超级计算机

当一个产业的基础技术能力不再成为应用的瓶颈，这个产业才走出自己的少年时代，开始其蓬勃发展的青春年华，其对社会影响的潜力才真正开始大规模释放。比如在民用航空领域，如今的两个巨头公司波音与空中客车（又称空客）其实都是做应用的。航空工业是在20世纪70年代初突破了大功率涡轮风扇发动机的技术，带来了民用航空的成熟与繁荣发展。空客正是在那时开始起步的，并逐步形成今天的与波音争霸的局面。波音与空客定义机型，完成整机设计，然后通过全球协作进行生产。航空发动机公司，英国的罗尔斯罗伊斯、美国的通用电气和普惠公司等根据要求设计生产与之配套的发动机。今天主宰民用航空产业的，不是这些航空发动机公司，而是做"应用"的波音与空客。

信息技术产业正是在2010年前后跨出了这个关键的一步，计算机获得了空前的"暴力"般的计算能力，从而推动产业实现了历史性转折——基础技术平台不再是应用的瓶颈，产业的发展转而由各种应用来主导，由此拉开了信息技术全面而深刻地改变人类社会的大幕，这种改变也包括了在第1章第1.6节中说的对科学技术基本方法模式的转变。这个转变，不仅仅使信息技术产业进入了一个前所未有的、新的全面智能化的黄金发展阶段，更为重要的是，它托举着人类文明史上第四个文明形态——信息文明东方破晓。新型文明的曙光正在穿越人类历史的地平线，给人类工业文明的天空抹上了一缕绚丽的彩霞。

信息技术基础技术平台由于自身性能的大幅提高而丧失了在产业的主导地位之后，信息技术应用的发展全面摆脱了基础技术平台能力的制约，信息技术产业曾经对基础计算能力量入为出的应用模式正在被按需索取的模式所代替。而应用软件正是需求的最核心的主要具体载体。信息技术应用正在进入一个新的时期，即由应用来对平台资源提出要求，甚至由应用来定义基础平台的时期。所谓由软件定义的网络（SDN），甚至由软件定义的云中心，正是这一趋势的产物。

在这种模式下，开发与完善应用将成为信息技术产业发展的主旋律。未来产业的重要创新将出现在应用领域：从基础理论，到应用内容与应用模式等。近些年信息技术产业的热点，如物联网、大数据及人工智能等，无一不是信息技术应用领域的技术与发展。而云计算正是计算等基础技术能力充裕的产物，用以支撑按需所取计算资源的应用模式。这些应用的热点仅仅标志着信息技术产业潜能释放的开始。未来的计算机将像一般消费品（如彩电）那样，没有人再关心系统的底层基础平台与技术细节。用户将只关心系统提供的应用是否满足要求。

而那些对产业有重大影响的应用，绝不是简单地编一个程序去实现某些功能，而是需要系统化规划与设计，需要基础理论的突破。随之而来的是应用功能与应用模式的根本性变化。这些变化绝不仅仅是像现在被广为谈论的那些表面的所谓“用户体验”，而是在更本质的层面介入与辅助并延伸人的虚拟化智能类活动，并且能够在虚拟化智能类活动领域中与人的大脑逐步全面无缝地衔接。

这些更加深刻与全面地改变现实的应用创新，在产业中将取代基础平台而成为主导整个信息技术产业未来发展的核心力量。如前所述，它们将会根据应用的需求来定义硬件与软件的基础平台，而不是像过去那样反过来，大家在关注操作系统和 CPU 等与自己并没有直接关系的基础平台和技术细节，应用却似乎成为了基础平台的附属品而扮演一个次要的角色。应用将主导产业的发展，绝不是说基础技术平台不再会进步或不再需要进步。

基础技术平台能力的发展，将继续给整个产业持续注入发展的动力，只是不再处于产业的聚光灯下。

回到图 2-1“当前计算机领域的整体概要结构”来看，信息技术产业这个重大的转折就是图中所展示的“通用计算机产品”与“应用软件”这两条主线的关系正在发生本质的变化。原来是通用计算机产品处于主导地位，制约规定着软件应用的发展；现在，通用计算机产品已经提供了足够大的空间与灵活性，让应用软件得以牵引产业的发展，反过来根据应用的需要来定义通用计算机产品的形态。整个产业的结构也将随之改变。

从社会参与的角度来看，随着计算机“暴力计算”能力的不断提高，更多的没有受过高级专业训练的人员，可以使用相对“简单”的计算统计方法去解决相对“复杂”的问题（见第 1 章第 1.6 节）。使用信息技术的门槛在不断降低，这也是促成信息技术产业进入黄金时代的一个重要的因素。

主要由电脑制作而成的电影《阿凡达》（见图 2-6），让人们形象地看到了信息技术正在对传统的影视业产生颠覆性的影响。正是计算机空前强大的“暴力计算”能力，才使得这部电影成为了可能。它也是信息技术基础技术能力不再成为应用的限制因素的一个例证。在未来，影视演员的身价可能会大打折扣。影视作品的制作将从根本上摆脱演员能力和形体的限制，而成为编剧与导演的自由发挥。而且未来，普通人可以借助云服务来制作自己的“大片”。

信息技术不仅在颠覆传统产业，在创造前所未有的新产品与服务，也在改变着很多寻常之物及相关体验。在“波音 787”飞机上，舷窗不再用传统的遮光板来控制进光量，而是采用了电控透光材料，用电来控制舷窗的透光率。这样每个窗户的透光性既可以由乘客自己调整，也可以由机组人员统一控制。窗户，这个存在了千年的简单建筑构件被“信息技术化”了。可以想象，这样的窗户走进普通建筑将只是时间问题。

图 2-6　电影《阿凡达》画面

由此可以感受到，在未来几十年内，信息技术产业对人类的政治、思想、文化、经济、日常生活等所有活动，将产生在今天难以想象的颠覆性影响和冲击。信息技术应用不仅仅会以传统典型的信息技术应用系统的形态而存在，更会隐性地渗透到几乎所有的活动或物品之中，弥散化得无所不在。

而信息技术产业之所以能够对人类社会产生全方位冲击，其根源就在于信息技术在本质上就是智能技术，计算机是辅助与延伸人类智能的工具，而智能是人类存在与发展的最根本的动力源泉，人类所有的活动几乎都有智能的因素，人类创造的所有工具无不是人类智能的产物或外化。智能是人类区别于宇宙间其他万物的根本所在。所以，当辅助与延伸人类智能的工具强大之后，它必然将深刻地改变人类几乎所有的活动、人类社会的所有方面，进而导致人类文明形态的根本性变革。

因此局限于互联网或移动互联网等具体的技术形态来谈论信息技术产业的未来发展，显然过于局限了。网络毕竟仅仅是传递信息的渠道而已。就像虽然汽车离不开高速公路，但是却不能只用高速公路来定义汽车的价值一样，也不应该仅仅用互联网/移动互联网，以及当前其他的信息技术产业热点（如人工智能）等来理解整个信息技术产业对人类社会的价值。

而许多人在看到过去几十年中信息技术产业创造出来的惊人奇迹后，认为信息技术产业的潜力大都已经释放出来，开始热衷于预测下一个取代信息技术产业而成为社会与科技核心推动力量的新型领域，比如生物制药等。持有这种观点的人，显然没有理解“信息”对人类智能活动的基础性意义，所以也就难以想象信息技术产业未来将要对人类社会产生的全面与深刻的影响。

本书的后续内容都是围绕信息技术产业由“暴力计算”引发的这个历史性重大转折而集中在信息类应用领域逐层展开深入的讨论。

## 2.4 “暴力计算”下的热点与产业价值链

在“暴力计算”带来的信息技术产业这个重要的转折时期，产业内风起云涌、热点频出，在社会舞台上独占鳌头、风光无限。在娱乐界之外，信息技术产业几乎成了最善于炒作或最经常被炒作的技术性行业了。

炒作必然要使用一些足够吸引眼球的词汇，而不在乎这些词汇是否反映了事物的本质。甚至也没有多少人有兴趣去界定这些词汇的内涵与外延。

因为一旦概念被明确界定，就不方便根据不同的目的而在概念之下装入不同的内容了。因此那些被炒作的话题，虚实相间、真假难辨。不仅让业外人士如雾里看花，就是业内人士也常常莫衷一是。准确、严谨、理性，是科学、技术与产品发展的最基本的前提，也是技术性产业的灵魂。下面把信息技术产业在当前这个历史性转折的重大关头出现的几个热点，放在信息技术产业从历史到未来的这个参照系中来做一些严肃的分析。

前些年开始的云计算话题，曾经被一些人称为是计算机领域里的一次"技术革命"。云计算确实可以被称为一场信息技术领域内的革命，甚至对社会也必将产生革命性的影响，但称之为一场技术革命却并不准确。

云计算在本质上是一场信息技术产品/服务消费方式的变革。原来的信息技术产品/服务，基本都是采用自己购买、自己建设、自己拥有、自己维护的模式。这种模式带来的问题就是用户使用的门槛很高——不论是技术门槛还是资源投入的门槛。以行业用户为例，用户为了建立自己的信息技术应用系统，需要大量投资购买设备，需要建设满足使用要求和安全要求的专用机房，要设立一支成规模的信息技术维护团队，甚至还要自己开发特有的应用。而这些并不是用户自己的专长，更不是它的主营业务。结果就是为了利用信息技术提升自己的业务竞争力，用户不得不在投入和管理方面背上沉重的负担。

云计算模式的普及将彻底改变这个局面。用户只需提出要求，支付服务费，就可以获得自己期望的信息技术服务，满足对自己主营业务的支撑需求。有人给云计算总结了许多"独特"的"优势"。这里面有许多可以商榷的结论，因为许多"优势"在非云计算模式下也能实现。其实，云计算在本质上带来的一个好处就是：省事。

这两个字看似简单，其实，人类科技发展的一条非常重要的主线就是围绕“省事”这两个字展开的。所以有人说是懒汉在推动社会的进步，因为他们总在寻求用更省事的办法去做事情。推动人类科技发展的另外一条主线是“好奇”。

当然，除开让已经存在的服务更加方便之外，云计算必然还会带来更多的原来没有的服务内容与服务质量的变化。不过，这属于云计算的外延发展，也是信息技术发展的必然产物，而不是云计算的本质内涵。

云计算模式的实现，当然需要技术与产品的支撑。但是这些技术与产品都算不上是革命性的。云计算中的一个核心的技术就是虚拟化（Virtualization）。这个技术在20世纪60年代就已经应用在IBM的大型主机中了。第一台使用虚拟化技术的IBM大型机是IBM7044型计算机。随后，该技术被用在了IBM推出的著名的大型主机IBM System/360系列及后续其他产品中。IBM当年开发出这个功能，并没有称之为信息技术的技术革命。

让云计算变得可行的，并非是突破性的技术革命。在信息技术领域中可以称之为革命性的技术突破，是分别在1958年和1970年诞生的集成电路和光纤。而基础性或理论上的突破就更久远了。集成电路的基础、第一个晶体管的出现是在1947年（见图2-7），光纤理论是在1966年提出的，这两个成果分别在1956年与2009年获得了诺贝尔物理学奖。

让云计算变得可行的，是技术持续改引起的计算、存储与宽带网络资源成本的大幅降低；而云计算的推广又反过来进一步降低了用户使用信息技术的门槛，包括用户使用信息技术的初始投资的降低与用户信息技术技能要求的降低。这必然会加速信息技术对社会的渗透，形成正向反馈，进一步促进计算、存储与宽带网络资源价格的降低或性价比的提高。

图 2-7　世界上第一个晶体管的复制品

这个说法或许让许多人感到困惑。因为云计算的出现，其中的一个宣传点正是为客户降低成本。为什么说信息技术成本的降低反倒成为催生云计算的技术原因？

云计算是将计算与存储等资源集中在一起供大量客户使用，服务的提交是通过网络来实现的。仔细思考一下就不难明白，正是因为计算机与存储的价格大幅下降，才有企业有财力投入建立强大的计算能力池与海量的存储为用户提供所需要的服务；正是因为宽带网络通信费用的大幅降低，企业才可以承受用远程接入的方式获得这些服务。

所以，云计算不是信息技术基础性资源昂贵稀缺的后果；恰恰相反，它是信息技术基础性资源廉价过剩的产物。

在云计算技术中，网络显示了其常常被忽视的一个作用。宽带网络被很多浪漫的学者认为是促进社会分散化、分布化的一个技术手段。人们在谈论广域网上的分布计算，在谈论利用网络与 3D 打印技术实现家庭式分散制造。而云计算却是在利用网络来提供集约化的信息技术服务。所以，网络的发展既可能促进分散化，也可能促进集中化。网络的作用不可一概而论。

如果把一个产业分解为理论（基础研究）、技术、产品和服务这四个层次的话，云计算是在最外层的服务层面的革命。其内在的推动力量是技术与产品的持续不断改进——内层的量变引发了外层的质变，见图 2-8。

图 2-8　技术性产业的基本层次结构

在中国，与云计算几乎同时热起来的另外一个话题是物联网。曾经有某些信息技术业内资深人士宣称：物联网是下一代互联网。这个说法已经失去了基本的技术严肃性。

互联网是一个通用的信息传递的基础性平台，它可以承载各种不同的应用，相当于工业社会中的高速公路系统。而物联网则是利用不同的传感器或数据采集设备，通过网络通信进行信号、数据等的采集和分发，从而实现不同的具体应用。所以，物联网不是通用的网络，更不是互联网的升级。而且物联网并不一定要构建在互联网之上，它可以根据需要用其他的网络来达到自己的目的。所以，物联网相当于基于现代交通系统的服务与不同类型客户的物流运输公司。

催生物联网的技术与产品因素是传感/数据采集技术的发展与相应产品价格的降低。以物联网中最常用的摄像头为例，传统的摄像机使用的是真空摄像管。它属于电子真空器件，耗电高，体积大，价格昂贵，分辨率低，可靠性不高，无法大量普及化使用。后来出现了 CCD 感光器件，情况有了极大的改进。但它依然属于模拟电路技术，而且价格居高不下。在 20 世纪 90 年代，出现了采用大规模集成电路技术的全数字化 CMOS 感光器件，情况开始有了本质的变化。现在采用 CMOS 的摄像头可以廉价地生产，大批量地普及使用，所以才有今天摄像监控几乎无处不在的局面，形成了一类最为广泛存在的物联网形态，见图 2-9。

图 2-9　今天无处不在的摄像监控

所以，物联网可以说主要是传感/数据采集技术进步的产物，虽然传统信息技术也在其中扮演了很重要的角色。

在云计算与物联网这两个热潮还在发展之中的时候，自 2011 年起信息技术产业中又出现了一个新的话题：大数据。

“大数据”是比物联网与云计算更为泛化的一个概念。它在本意上描述的是一种新的局面，即随着信息技术设备与网络的普及，扑面而来的各式各样的数据与信息，同时计算机拥有的“暴力计算”能力使得有可能去处理以前无法想象的海量数据。而不是因为在某些数据/信息处理技术上有了重大突破，才定义的一个新的技术概念。至于在这个词下装入哪些技术、产品或服务的模式，则各有不同的说法。所以可以说，“大数据”是计算机获得“暴力计算”能力后出现的一个必然的现象，而不是数据技术有什么新发展而导致的结果。

在银行等信息技术应用的先导性行业，数据的规模在十多年前就是天文数字量级了。对数据的挖掘利用，也是十多年前就开始了，并被冠以一个相对比较准确的名词：（数据的）商业智能应用（Business Intelligence, BI)。其中的关键理论与技术，基本都是与人工智能相关的成果，以及其他在数学上早就存在的算法，并没有新的突破性技术出现。BI近十年来在不断地被应用在各个不同的行业领域，也取得了很大的成效。这部分内容理所当然地被放到了“大数据”的说法之下。

但是在今天，从数据的角度来看，我们面临的真正挑战之一，不是数据量的大小，而是没有完整有效的理论与方法去面对在不断随机性大量生成的、占据数据最大比重的非结构化信息。非结构化信息包括文本、图像、视频等复杂的信息形态。解决非结构化信息处理的问题，并不能只靠利用已有的方法。本书后面将会集中讨论非结构化信息的问题。有些学者认为，基于语义的相关技术将是解决这个问题的唯一出路。所以，语义网等技术也被装入了“大数据”这个筐里。而语义网的概念也不是新近提出的，它已经有十几年的历史了。

所以,“大数据”这样一个高度泛化的说法正在被持续不断地装入大量不同的内容。事实上，今天的大数据博览会已经几乎包括信息技术应用的所有内容了，因为任何信息技术的应用都离不开数据/信息，而用了多少数据才算“大数据”并没有一个严格的定义。所以今天,“大数据”应用在很大程度上变成了信息技术应用的一个代名词。作为专业技术人员，也许本来就应该针对具体的数据处理与应用技术来思考，而不是用一个非常泛化的词汇来论事。未来在信息处理领域，业界可能会用一些更具体准确的技术性名词取代“大数据”这个泛化的说法。

伴随大数据热潮而再度“崛起”的是人工智能，我们将在本书的第 8 章作进一步讨论。

如果再往前追溯的话，在 20 世纪 90 年代，信息技术产业曾经有一个重要的热点，那就是 IBM 引发的向服务转型。鉴于 IBM 在信息技术领域几十年至高无上的霸主地位，对它的这次“转型”作深入的分析会给认识信息技术产业的发展提供许多有价值的借鉴。

IBM 一进入 90 年代便连续三年亏损，遭遇了灭顶之灾，几乎到了土崩瓦解的地步。郭士纳接手 IBM 之后，开启了 IBM 由产品向服务转型之路。这个转变挽救了 IBM，让其再次站在了信息技术产业的巅峰傲视群雄，并且在随后推出了如电子商务、On-Demand、智慧地球等一系列引领产业发展的“新理念”[3]。而 IBM 向服务转型这个策略，也被广泛宣传与炒作。以至于中国的《IT 时代周刊》2011 年第 12 期的封面文章“一切都可以变，除了信仰——百年 IBM 启示录”称:“至此，IBM 由一个 PC 机生产大户转型为以服务和技术为支柱的更具竞争力的企业，成为世界上最大的一个不制造计算机的计算机公司。”（见图 2-10）。这显然是对 IBM 的天大误解，或者说这只是作者自己浪漫的想象。

图 2-10　2011 年第 12 期《IT 时代周刊》的封面

因为 IBM 起死回生的奇迹，“服务”在信息技术产业中被炒作成了最有价值的业务。“产品公司”一时成为没落的代名词。

“服务”当然很有价值，但是它在整个产业中是否具有决定整个产业方向发展的影响力，是否处于最核心的价值创造环节，却是值得认真思考的。

IBM 当年向服务转型，是与它自己的历史以及信息技术产业结构性变化相关的，而绝非是因为产品失去了价值，也不是因为在整个产业中服务的地位超越了产品的地位。

自计算机诞生到 20 世纪 80 年代之前，计算机一直是稀缺资源，特别是 IBM 擅长的有强大处理能力的大型主机（Mainframe）领域。IBM 不需要考虑太多的应用服务问题。它只要把一台台性能在不断提升的计算机设计制造出来，就不愁没有用户出钱来买。那个时候，信息技术的应用也局限在有限的行业领域中，如军事、科研、金融等。这些领域或者是急需利用计算机的处理能力进一步发展而必须承受使用计算机带来的高昂费用及很多的麻烦，或者是有足够的财力用得起计算机来提高自己的竞争力。这个时候，计算机属于贵族，都是被放在恒温恒湿的环境中被精心地保护起来。使用者即使在放置终端的房间里使用计算机，也都是要换上拖鞋与白大褂，表情严肃庄重地工作。这一切塑造了 IBM 延续至今的高贵而冷峻的形象及相应的企业文化。

但是到了 20 世纪 80 年代，由于超大规模集成电路的进步，情况发生了一些本质性的变化。打破计算机产品结构的第一类新产品是阿波罗公司与 Sun Microsystems 公司先后推出的工作站（Work Station）。它们与 IBM、DEC、HP 等公司的机器相比，价格低廉而且性能不断地快速提高。工作站的出现使得许多原来用不起计算机的用户拥有了自己的计算机。这大大拓展了计算机的应用范围。而且由于大规模集成电路技术的进步，计算机的设计与制造的门槛大大降低，计算机不再是 IBM、DEC、HP 等少数几个企业才能提供的产品。信息技术产业开始了一个大发展、大繁荣的阶段，不断有新的企业与新的产品涌现出来。

在这期间，更加具有革命性影响的产品是 IBM PC。尽管它的性能比工作站还要低，但是它的价格也更加可以被普通用户接受。虽然 IBM 在 1981 年通过定义开放的架构，并推出全球第一台个人电脑 IBM PC 5150 而对 PC 产业作出了杰出的贡献。但是正因为 PC 的开放架构，以及其核心芯片与操作系统都不是 IBM 提供的，这使得其他企业可以没有障碍地参与其中，而 IBM 并不能独享市场。IBM 当年显然并没有完全意识到 PC 将要产生的对整个产业的颠覆性影响，否则可能就不会有微软与 Intel 后来的成功了。

20 世纪 80 年代开始的工作站与 PC 的普及，使得计算机从贵族走向平民，走向了普通用户，走向了办公室，走向了家庭，走向了个人。人们获得计算能力，不再需要依靠 IBM、DEC、HP 等企业了。他们有了别的选择，尽管性能不尽如人意，但使用更加方便，价格也更可以承受，而且“有”远胜于“无”。信息技术产业开始了向社会新一轮的进一步渗透。

科技进步带来的变化，到了 1990 年前后对 IBM 终于造成了实质性的影响：IBM 连续三年亏损，走到了崩溃的边缘。新任 IBM 董事长郭士纳看明白了 IBM 已经无法再高傲地孤芳自赏。面对超大规模集成电路技术的快速进步带来的计算机大量普及、低端计算机性能的快速提升，要想保住自己的地位，要想继续领衔产业的发展，IBM 必须放下身段，走向开放，向前更加主动接近客户，而不能只满足于提供标准的高端产品。通过面向应用加强完善服务，提供更加丰富的通用性的应用软件产品，并采用开放系统开发中低端硬件产品，IBM 降低了用户使用 IBM 产品的门槛。它一方面用中低端产品进入新的市场与其他中低端产品供应商竞争，一方面通过推动电子商务等理念不断开拓出更多的应用领域，拉动高端需求。由此，IBM 摆脱了困境，进入了一个新的发展阶段。

这就是 IBM“向服务转型”的背景与逻辑。IBM 没有放弃产品，而是以自己的硬、软件产品为核心，通过围绕其产品提供丰富的服务，保持其产业领导者地位，引领产业不断深化、拓展信息技术的应用。自 1993 年起，IBM 连续 20 年出现在全美专利注册排行榜的首位，这一纪录史无前例。其拥有专利的数量大大超过了紧随其后的其他产品公司，如三星、佳能、索尼等，更不要说那些以服务为主业的公司了（见 2.5 节图 2-11）。所以，说 IBM 是一家服务公司显然是不符合真实情况的。准确地说，IBM 是一家以产品为核心，通过其丰富的服务，让客户方便、有效地使用其产品从而创造价值的综合性信息技术企业。

今天，超大规模集成电路的持续进步已经引发了一场新的变化。那就是曾经被认为是“低端”的 PC 服务器，其处理能力已经越来越逼近高端计算机了。在全球范围内，非 PC 服务器类的中高端计算机所占的比例正在快速下降而被边缘化，IBM 曾经赖以立命的中高端计算机市场正在无可奈何地被相对廉价的 PC 服务器吞食。一个新的致命威胁已经向 IBM 逼来。如果应对无方，灭顶之灾不久就会再次降临在 IBM 这个行业领导者的头上。而从这个变化中获益最大的，显然是微软这个一直在 PC 平台上顽强努力的软件企业，以及提供核心芯片的 Intel。

IBM 一旦没有了自己的产品——不论是硬件还是软件，而只剩下所谓的服务，它还能有当年的成就与地位吗？这是一个无法用推理来严格回答的问题。但是如果看一看纯粹做信息技术服务的企业 EDS（Electronic Data Systems Corporation）的结局，答案应该不难得出。

EDS 最初是通用汽车公司的信息服务部门。自 1962 年从通用汽车公司独立出来开始，就一直以信息技术服务为核心业务，而基本没有传统意义上的自有产品。1984 年，它被通用汽车收回旗下，次年 EDS 成为世界上最大的计算机服务企业。1996 年，EDS 再次独立。到 2002 年，EDS 已经成为拥有员工近 14 万人、经营范围遍布 60 个国家的大型跨国信息技术服务公司。当其他从事服务业务的企业都渴望获得用户长时间的服务合同的时候，EDS 却因为与美国军方签订的一个十年的服务合同而在 2000 年前后陷入严重危机。它用了几年的时间才从中恢复过来，但是依然步履维艰。最后在2008年，它被传统的产品公司HP收购而结束了其作为一个国际化顶级信息技术服务企业的46年历史。信息技术服务业务，显然并没有很多人宣扬的那样风光无限；产品公司也远非有些人说的那样日薄西山。

事实上，产品始终是任何一个技术性产业的中坚力量。

## 2.5　回归技术性产业的本质

在人类步入信息化社会的过程中，信息技术产业必然是社会关注的一个焦点。各种目的的商业与非商业的炒作在所难免。作为从业人员，对于产业的发展变化，应该有一个冷静的头脑，不要因为这些炒作而迷失自己的方向。其实，无论如何炒作，一个产业的本质及发展的基本规律是不变的。把握住本质和基本的规律，才有可能为自己在产业的发展中找到合理的定位与符合自己愿望且可行的发展方向。

当从宏观上对一个产业作分析的时候，最主要的是判断产业中不同部分贡献的可实现的市场价值以及其对产业发展所起到的整体核心推动作用。信息技术这样的技术性产业的基本的层次结构在前面已有论述，现重述在此，见图2-11。

技术性产业的基础是理论与基础研究。信息技术产业有今天，是因为在20世纪30—40年代，艾伦·图灵、冯·诺依曼等人奠定了计算机的基本理论基础。后来，计算机的不断发展又得益于一些理论上的突破，如半导体物理、关系型数据库等。人工智能之所以始终没有成为一个独立的学科而仅仅是作为信息应用技术而存在，就是因为几十年的努力也没有能够产生关于智能的、科学意义上的一般性基础理论。

图 2-11　技术性产业的基本层次结构

理论与基础研究虽然如此重要，但是它并不直接产生显著的市场价值。所以在整个产业市场可实现的价值贡献中，它占的比重微不足道。

理论与基础研究，是通过技术与产品来创造市场价值的。其中技术与产品又常常紧密结合，难分难离。只做技术而不做产品的企业凤毛麟角；只做产品而不掌握技术的企业，则只是组装工厂，处于产业的低端。真正优秀的企业，特别是创造着巨大市场可实现价值的企业，是那些掌握着关键技术，同时又有出色产品的企业。而这些企业常常还会投入相当的资源去做理论研究。比如 IBM，不仅有技术与产品，还从事许多基础性的研究。1986 年，在 IBM 苏黎世实验室工作的 G. Bednorz 及 K.A. Müller 发现镧钡铜氧化物在 35 K 时有超导转变。两人因这项发现在 1987 年得到诺贝尔物理学奖。此发现在全球引起了铜氧化物的研究热潮。在很短的时间里，国际上许多国家，也包括中国的科学家们，先后发现了新的高温超导化合物，将长期处于液氦区的超导现象，革命性地提高到了液氮区，使得超导现象终于显现出大规模实用化的前景。

在图 2-12 所示的专利排名表中，摩托罗拉与谷歌的排名是基于他们之间发生收购之前的数据，而甲骨文的排名则考虑了其收购 Sun Microsystems 的后果。从图 2-12 中可以看出，排在前面的都是在产业中拥有或者曾经拥有重大影响力的、以技术与产品为核心的企业。IBM 遥遥领先，微软则排在软件企业的最前面，超过了网络巨头思科。

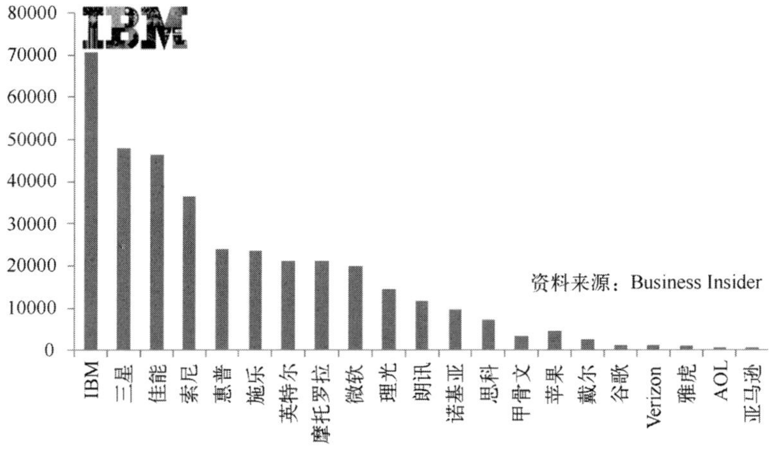


图 2-12 信息技术类企业至 2012 年 3 月在美国拥有专利的排名

服务业务的特点是总体市场容量大。根据微软公司提供的数据，微软产品与相关服务的收入之比在 1∶8～1∶9 之间。也就是说，与微软产品相关的服务的市场规模比产品市场本身大了将近一个数量级。服务业务的进入门槛相对于技术与产品业务来说要低得多。所以，大量中下游信息技术企业进入这个领域淘金。这个领域的局限在于它的规模效益远不如技术与产品业务，而且处在产业的末端，难以对产业产生有力的影响。

如果把这四个环节从市场可实现价值与产业影响力两个维度来看，可以形象地看到它们对产业的不同的作用，见图 2-13。

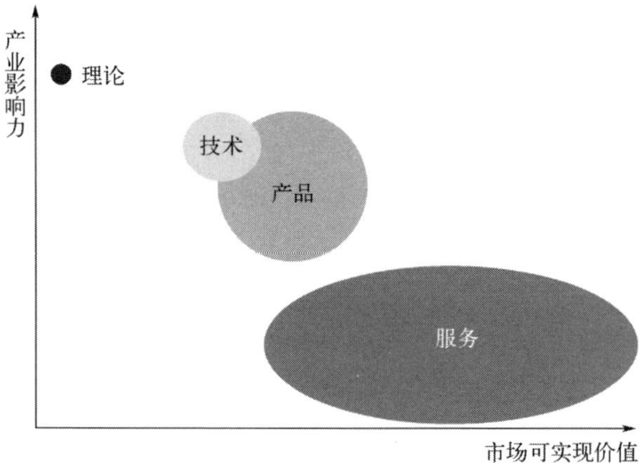


图 2-13 产业的四个环节的不同地位示意图

由于理论与基础研究的突破从来都是稀少罕见的事件，而技术与产品则在不断地顽强发展，而且既有可观的市场可实现价值又有较高的产业影响力，因此掌握了关键技术与产品的企业成为技术性产业的中间力量，决定着产业的现状，并且在理论的支撑下推动着整个产业的发展。因此，这个环节成为整个产业的制高点。

在信息技术这样的技术性产业中，一个企业如果想成为产业的领导者，或者对产业发挥重大的影响力，就必须成为一个以关键技术与产品为核心的公司。此外没有其他的路径可走。靠市场或商业模式而形成的垄断或竞争优势，迟早会被颠覆性的产品或其形成的服务所摧毁。

如前面阐述的那样，“暴力计算”正在推动信息技术产业经历一个新的重大转折，产业的核心技术与产品以前主要与基础平台相关，未来则会更多地涉及应用领域。中国的信息技术产业要想获得突破，应该向这方面积极努力。

如果站在整个国民经济的宏观角度，也能看到类似的规律。

美国的服务业占了GDP的80%，但是它同时拥有全球最强大的农业与制造业。如果没有这两个做基础，它还能成为世界上最强大的国家吗？英国这个曾经的世界霸主，二战以后逐渐几乎只剩下服务产业。靠着美国的庇护，它只能勉强算作一个二流国家。美国从奥巴马开始到特朗普，都在想尽办法推动“制造业回归”，就是为了避免美国走向空心化，踏上衰落之旅。所以，国家的强大，核心在于农业与制造业的强大，而不是服务业，尽管服务业很重要。这与一个具体技术产业的情况非常类似。

**繁荣来自服务，强大根植于技术和产品。**

## 2.6 依靠创新战略攀登产业制高点

以技术与产品为核心的企业，是一个技术性产业的中坚力量，占据着产业的制高点，也是无数企业向往的目标。但是产业制高点必然有其难以占据的巨大障碍或困难，而使绝大多数的企业只能徘徊在其脚下。

成为一个优秀的以技术与产品为核心的企业，固然需要许多的外部条件，企业也需要具有一批顶尖专业技术人才，但是，企业战略层面的一个问题尤其关键。这是一个多少带有中国特色的问题，在中国信息技术产业中常常引起争论，也与企业的创新有直接的关系。这就是在以技术与产品为核心的企业中，市场与技术谁有最终的话语权的问题。

这个问题的答案对很多人来说似乎是毫无异议：当然是市场说了算。不是说要“以客户为中心，市场为导向”吗？其实，这个问题的提出本身就是有问题的。

中国以前是计划经济，在那个时期，中国没有市场的竞争，在政府之外，技术是一家独大。用户只能接受计划经济下生产出来的产品——不管你是否喜欢。中国推行市场经济以后，市场迅速成为主宰力量。结果，许多人从一个极端很快走到另外一个极端——从技术一家独大，转身变成市场的盲目追随者。中国似乎成为世界上对市场最崇拜与迷信的国家。

我们整天在讲市场，我们热衷于引用来自各个市场调研公司提供的统计数据，我们关注市场的增长率，我们甚至会大量地发问卷给客户，了解他们的想法，但是，我们真的理解市场吗？我们知道市场数据变化的真正背景吗？我们理解客户提出的问题背后的初衷吗？事实上，我们对市场运动变化的背后原因和动力，对客户需求产生的条件和背景，缺少深刻的洞察力，因而对为未来缺少预见性。

客户告诉我们的，其实常常并不一定是他真正的需求，至少那些需求离一个好的、可实现的产品形态常常相距甚远。市场数据过去的变化曲线也不能预示未来会出现什么样的、出乎预料的突变。

所以，不能用一种简单的方式去理解“以客户为中心，市场为导向”这句话。市场和客户，绝不会直接告诉我们未来应该做什么。真正理解市场和客户，是需要我们在实践中培养出深刻的洞察力和卓越的预见力。而正是在这个意义上，我们不能简单地说“市场说了算”。

这种深刻的洞察力和卓越的预见力，不能只依靠数据的统计或问卷的分析。在本质上，它需要我们具有出色的战略能力。

在企业的内部，市场销售部门与技术产品开发部门之间，几乎是一对天生的冤家。经过多年市场经济理论的灌输，技术产品部门常常只能扮演一个受气的小媳妇角色。造成这个局面的道理似乎很简单：我们要“以客户为中心，市场为导向”。这句话常常被简单直接、形而上学地翻译成了市场销售部门在新产品开发和技术创新方面说了算的决策机制。这是有很大问题，或者说是完全错误的做法。

在企业的内部，其实既不能是技术部门说了算，也不能是市场销售部门说了算。要想成为一个具有技术产品创新能力的企业，在技术与产品发展方面，必须有一个站在技术与市场之上，超越了这两者的权威战略决策部门。只有站在战略的高度，才有可能对市场和客户，以及对技术未来的发展有深刻的见解和富有远见的眼光。而且战略决策，除开要把握市场和技术之外，还要把资源、团队等因素充分考虑进来。

换句话来说，只有把产品技术创新上升到企业战略高度来进行决策，企业才可能成为一个具有技术与产品创新能力的企业。简单地讲“以客户为中心，市场为导向”，是不可能成就一个杰出的有创新能力的企业的。

创新的产生有多种多样，有的是妙手偶得，可遇而不可求。研究这些情况并没有什么指导意义。下面介绍一个真实的案例，可以带给我们很多规律层面的启示，帮助我们进一步理解市场、技术创新与企业战略之间的关系。

这是一个高山运动装备领域里的真实案例。滑过雪的人应该都知道，滑雪装备分为四个独立的产品：滑雪杖（这个与此案例无关）、滑雪靴、将滑雪靴固定在滑雪板上的固定装置，以及滑雪板。这三种产品不一定是一个厂家生产的，很多人会选择不同厂家的产品组装在一起。

某欧洲公司成立于1947年，主要生产滑雪靴和固定装置。在20世纪80年代初，该公司在滑雪靴市场上全球占有率第二，滑雪靴固定装置世界第一，盈利情况很好。所以，该公司决定拓展自己的产品线。当时滑雪板的市场情况是一个典型的非增长、产品高度同质化而且竞争过度的市场：消费不再增长，不同厂家的产品式样都彼此相同，全球生产过剩，品牌多达 80 多个。当时消费者对滑雪靴有一些意见，对滑雪板没有不满意的反映。

如果仅仅从 MBA 的主流理论的角度来看，滑雪板市场不是一个应该被选择作为企业新的增长点的市场。可是就是在这种情况下，该公司决定进入滑雪板市场。在进入滑雪板市场的时候，他们面临三个可能的选择：自己设计生产，收购一个生产企业及 OEM 贴牌。

我曾多次针对这个案例做过调查，调查结果非常地一致：大家几乎都是选择 OEM 或收购，极少有人认为在这种情况下应该去自己设计生产。

实际发生的情况是：该公司的 CEO 从其他公司请来了几个技术人员，和自己的原有人员组成了一个研究小组。该 CEO 把这个小组封闭起来让他们利用计算机仿真技术，仔细分析滑雪板在滑雪的过程中不同部分的受力情况。

这位 CEO 当时对未来一定有一个基本的判断：滑雪板有改进的余地，尽管它上百年来一直是这个样子，而且用户也没有提出改进的要求。他表现出了对习以为常、熟视无睹的事物的特有的敏感。他的这个判断并没有确切的依据，他也不清楚改进后的滑雪板会是什么样子。所以，他让研究小组利用当时非常先进的高端计算机模拟技术来分析这个看上去非常简单的低端产品的使用过程。这颇有点儿杀鸡用宰牛刀的味道。

几个月以后，结果出来了。研究小组发现目前的滑雪板的形状有很多缺陷。他们随后借助计算机仿真，设计了一个全新的滑雪板。原来的滑雪板前后宽窄一样，厚度也一样。而新设计的滑雪板有点像一个葫芦，两头宽，中间脚踏的地方窄；前后薄，中间脚踏的地方要厚很多，见图 2-14。

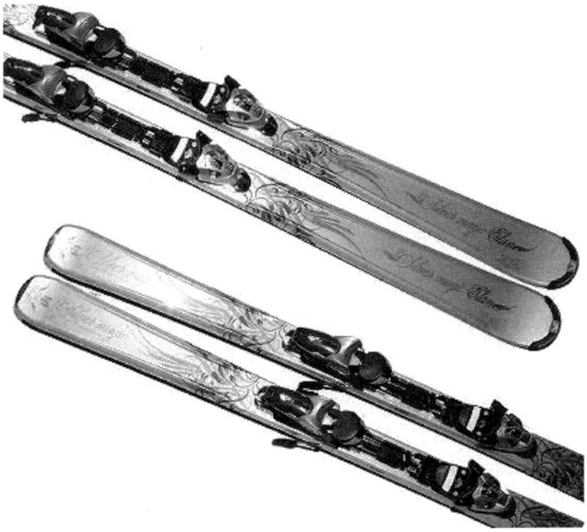

图 2-14 现在滑雪板的样子

结果，该公司利用新设计的滑雪板将整个行业重新洗牌，一举占据全球滑雪板市场第二的位置，而且他们的设计成为新的滑雪板标准，传统的设计很快就退出了历史舞台。这个案例也再一次表明，一些颠覆性的创新可以仅仅是用更好的方式去满足已有的需求，而不是“创造新的需求”。它同时还生动地告诉我们，创新的本质，在于对要解决问题的本质的透彻理解。

这是一个在多个方面都非常有启示的案例。如果当初这个企业用市场营销分析的结论作为决策依据的话，它是不太可能进入滑雪板市场的。它也不是简单地从技术出发来考虑问题，而是对问题的本质做了深入的分析，从而找到了更好的方式来满足需求。看透问题的本质，是创新的关键所在，而不是简单地拿着一个时髦的方法“套”问题。

这个案例还告诉我们，真正的机会恰恰是一般人看不到的。而机会主义者最大的失败，正是他们看不到真正的机会。所以，要想成为一个具有创新能力的企业，不能对市场和客户的作用进行机械和形而上学的解释，也不能盲目地崇拜技术。

从根本上说，一个创新企业的产品技术方向其实应当是由企业战略决定的。市场天生的功能就是直面当前的现实情况，很难有长远的战略眼光；而技术，常常会陷入细节而失去对整体方向的判断。因此，市场与技术谁有最终的话语权的问题是一个伪问题。一个以技术与产品为核心的企业，其内部价值创造过程应当由战略部门来决定。真正的战略是综合市场、资源、团队和技术等各方面影响因素而作出的决策。

**出色的战略能力，是一个企业能够站在产业制高点上的最重要的支柱。**

如前所述，由于计算机获得了“暴力计算”能力，信息技术产业正在经历一个历史性的转折点，从以基础技术与基础平台为核心与主导，转变到以应用技术与产品为核心与主导的发展模式。直到21世纪初，在信息技术产业中领衔的国际巨头，如IBM、Intel、微软、Oracle等都是主要以基础技术与平台产品为主要业务领域的企业。在未来，挑战并将取代它们来领导信息技术产业发展的，将是以应用技术与产品为主的新一代信息技术公司，如谷歌。信息技术基础的技术与平台，将退到幕后扮演配角，支撑日益广泛的信息技术应用发展。

如前面所阐述过的，这个转折是信息技术产业开始进入成熟昌盛期的标志，也是信息技术产业开启一个对社会全面深入的渗透时期的起点。从这个意义上讲，信息技术产业对社会深刻的影响才刚刚开始，信息技术产业辉煌的曙光刚刚透出远方的地平线。

未来，站在产业制高点上引领信息技术产业发展的企业，将是那些能够把握住这个重大的战略性转折所带来的机遇，并且在应用的基础理论与核心技术与产品上做出开创性工作的企业。

## 参考文献

[1] 托马斯·库恩. 科学革命的结构[M]. 金吾伦，胡新和，译. 北京：北京大学出版社，2012.

[2] Scott Berkun. 创新的神话：影印版[M]. 2版. 南京：东南大学出版社，2012.

[3] 郭士纳. 谁说大象不能跳舞？[M]. 北京：中信出版社，2010.

# 第 3 章

## 从“计算”到“智能”

如第2章所分析的那样，“暴力计算”正在推动信息技术产业经历一个重大的历史性转折，信息应用正在开始取代信息基础技术平台成为信息技术发展的核心主导力量。下面依然从审视历史开始，看看信息应用走过了怎样一条从单纯的“计算”通向复杂的“智能”服务的路，来寻找其发展规律。

信息技术的应用，可以粗略地分为两大领域方向，一个是信息处理，另一个是过程控制。所谓信息处理，就是说计算机（及相关设备）作为一个独立完整的人工系统，接受输入信息（数据），经过处理后，其输出也是信息（数据）。或者说，人们向计算机系统输入信息（数据），然后从计算机系统得到的还是信息（数据）。

而在过程控制类应用中，计算机自身不是一个完全独立的系统，而是一个更大的人工系统中的一部分，计算机在其中承担信息（数据）处理任务，其输出的信息（数据）用于系统的控制而不是直接提供给人来使用。计算机所从属的人工系统，或者输出信息（数据）之外的其他产物如化工、汽车与家电产品等，或者系统直接服务于人，如大量使用计算机实现飞行控制的飞机作为交通工具为人所用。

本书后面的讨论将限制在计算机的信息处理类应用领域。计算机信息处理类的具体应用五花八门，种类繁多。为了看清历史主线，抓住主要矛盾，找出产业发展的核心本质，这里略去次要的非典型应用或旁枝末节，以主流典型应用为主线，回顾历史，寻找规律，以探究未来。

## 3.1 历史走过的三个阶段

计算机就是为了处理“数据”才被创造出来的。在计算机信息（数据）

处理应用的发展过程中，计算机处理的信息（数据）类型在逐步发生着变化。其处理的基本对象从简单的“数据”到复杂的“信息”的演变，就是计算机从“计算”逐步走向“智能”的过程。计算机处理的数据/信息类型的变化最直观地反映出计算机信息应用发展的不同阶段。

以这个线索为基准，按照计算机所处理信息（数据）的不同类型，可以将计算机信息应用从计算机诞生开始的发展历程，分为三个大的阶段：基于简单数据的数值计算阶段，基于结构化数据的应用阶段，以及现今所处的基于大量非结构化信息处理的应用阶段（见图 3-1）。

图 3-1　计算机应用的三大阶段示意图

在这三个阶段中，伴随计算机处理的信息（数据）类型的差异，计算机应用的基础理论或工具方法、应用的基本模式等，也都有明显的不同。

在信息应用中，基本的要素是数据/信息，应用理论基础，应用解决的问题类型，应用软件的形态等。在信息应用的不同阶段，这些要素的特征以及它们之间的基本关系都有不同的特点。这些特点或许看起来很平淡无奇，但是越是从平淡无奇的基本层面入手，就越能抓住事物的本质。深入考察这些信息技术应用基本层面的特点，能够从中看到信息技术应用发展过程的一些深层规律，从而获得对未来发展方向的启迪。

具体来看，有六个核心的要点可以概括性反映出计算机信息应用不同阶段的本质特征。

（1）计算机的输入和输出的信息（数据）类型。计算机最开始处理的是简单的数值数据，而今天则面对大量的以音视频为代表的复杂的非结构化数据（信息）。

（2）计算机应用的理论基础或采用的工具方法。不同的信息应用需要不同的理论支撑，理论的突破不断为信息技术的应用开拓出新的疆域。

（3）计算机信息（数据）处理过程的特点，主要体现为应用软件的特点。在第 2 章第 2.2 节中曾经深入地讨论过软件系统不同于物理硬件系统的特点，随着信息技术应用的不断发展，从系统的层面看，软件在不断地复杂化。

（4）计算机信息（数据）的管理及其与处理过程（应用软件）之间的关系。信息应用的基础是数据/信息管理，只有有效的数据/信息管理才能支撑有效的应用，而随着应用的发展，数据/信息管理与应用之间的关系也在不断变化。

（5）如何把需要解决的实际问题映射（变换）为计算机可以解决的数值基本计算类问题。如在第 1 章第 1.2 节最后所指出的那样：“计算机就是一种可编程的做逻辑数字计算的机器。在理论上，任何问题只要能够把它变成一个有限的可计算问题，计算机就可以解决。反之，计算机将无能为力。”如何把一个问题映射为计算机可以处理的基本计算类问题，是信息技术应用的关键所在。当然，如前在第 1 章第 1.3 节中所述，著名物理学家费曼所设想的“量子计算机”与此完全不同，他希望量子计算过程本身直接能够对应于实际的物理过程，这样就不需要这种映射了。但是用目前的计算机去解决问题时，这种映射还是一个必需的、也是核心的关键。

（6）计算机所解决的问题本身的特点。随着信息技术的飞速进步，以计算机为代表的信息技术所能够处理的问题，从难度到规模到时空的延展，都在不断地变化。

下面从这六个角度分别深入地分析计算机信息处理的三个不同阶段所具有的特征。

## 3.2 第一阶段：智能应用的起点——数值计算时代（20世纪40—50年代）

当年催生计算机诞生的基本动力，就是人类开始面对大规模的、传统手段无法处理的数值计算问题。所以计算机诞生后，最初始的应用领域就是解决物质世界中遇到的大规模计算问题。其面对的问题属性，基本都是科学或工程技术领域内的数值问题，比如核武器与航空航天中的设计与仿真。所以，这类应用也被称为科学计算类应用。

在第1章第1.1节中曾经指出，“计算”是属于人类特有的智能活动。只是因为它是一种“简单”的智能活动，所以当初并没有将“数据计算”当作智能应用。而事实上，今天谈论的各种智能应用，都是通过“计算”来完成的。所以，这个阶段事实上就是信息技术“智能”应用的起步阶段。

下面按照第3.1节讲的信息应用的六个核心要点来看计算机应用在第一阶段的特点。

**信息（数据）**：在这个阶段的科学计算应用中计算机处理的数据，是自然物质对象自然属性的数值表达，通常是一些物理数值。从语义的角度来看，这些数据只具有非常单一的语义性质。也正是由于这些数据所具有的语义特征的单一，一般也称之为数值数据，而不是信息。由于每一个数值数据所反映的是对象的局部物理状态，因此可以称之为“微观数据”。

**支撑应用的基础理论：**支撑这个阶段应用的是第 1 章第 1.6 节中提到的各种数学计算方法，比如现代计算力学中的有限元方法等。其中值得一提的是，对现代力学中普遍使用的有限元方法的创建，中国学者冯康有自己完整独立的贡献（冯康，1920—1993，应用数学与计算数学家，中国科学院院士）。

**应用软件的特点：**数值计算应用软件的核心，由各种数值算法组成，通过对输入数据的计算，得出有意义的数值结果。比如在核武器的设计、大型力学结构的设计、大气变化的模拟等应用中，软件的设计从软件系统工程的角度来看不是很复杂。应用的复杂性在于数值算法设计及其如何高效的实现。挑战则在于计算机的运算能力是否足够强大。因为数值计算的专业性很强，数值计算应用软件主要不是依靠软件工程师编制，而是各个领域的专业技术人员设计编制。这个阶段的应用，可以说基本上就是由不同的数值计算算法直接构成的。软件程序的结构相当简单。数值计算应用软件属于专业化工具，通常只完成一类特定的具体任务。对应于人类的辅助与延伸体能的工具，这时候的应用就相当于单一功能的工具，如锯、螺钉旋具、钳子等。

**信息（数据）的管理及其与应用软件之间的关系：**典型的数值计算类应用，完成孤立的计算任务是这类应用的基本特征。每次的计算任务会准备不同的数据，用相应的软件对数据进行处理以得到需要的结果数据。所以，数据是以计算任务为边界进行管理的，与软件是通过任务相结合的。应用软件因其承担任务的不同可以接受不同的数据进行处理。因此数据与软件之间没有紧密不可分的关系。

**实际问题到数值问题的映射：**科学技术中的实际计算问题，天然就是数值计算问题，基本不需要做人为的映射。只需提供合适的具体数值算法，计算机就能解决问题。算法的核心通常就是将连续数值计算问题用离散数值问题来近似，并保证计算的现实可实现性。

**计算机所解决的问题本身的特点：**从其完成的任务在现实中的作用来看，每一个具体的科学计算任务所解决的都是单一性的局部“点”的问题，不具有复杂的、将不同的要素联系整合在一起的全局特征。

后来，这种大型数值计算也被应用到社会领域，对于社会对象（如宏观经济问题）的数值表达进行复杂的运算，以找出需要的结论。但是因为社会领域的问题通常不是纯逻辑化的问题，其运动变化规律不能完全映射为数值算法，所以计算机在这方面的应用有根本性的局限。问题不是计算机的计算能力是否足够，而是待解决问题的本质决定了其不完全适合用计算机来解决。所以问题解决的满意度远不能与科学计算相比。

或许是因为受到在自己从事的科学技术领域内取得的巨大成就的鼓舞，钱学森（1911—2009，空气动力学家，中国科学院院士）[1]和华罗庚[2]（1910—1985，数学家，中国科学院院士）两位著名科学家前后曾经试图通过建立复杂的社会模型，用现代计算机手段从根本上解决计划经济的有效性问题。但是由于社会系统的不确定性与开放性，这些设想最后都没有能够付诸实践。

信息技术应用的这个时期是信息技术产业的婴幼年时代。在这个时期，信息技术产业在基础理论、核心技术与产品等方面取得了一系列的突破，为信息技术产业未来发展奠定了迄今为止依然不可撼动的理论基础及坚实的技术基础。

艾伦·图灵在1936年，冯·诺伊曼在1947年，克劳德·埃尔伍德·山农（1916—2001，数学家，贝尔实验室/麻省理工学院任职）在1948年分别奠定了可计算理论、计算机架构与数字通信理论的基础。前两者的贡献在第1章中作了比较详细的分析，山农的贡献将在第4章中再作介绍。

在这个时期，计算机的硬件由电子管发展到晶体管（见图2-7）。计算机的运算速度达到每秒几万次的水平。1954年，第一台使用晶体管的计算机由美国贝尔实验室研制成功，被取名为TRADIC。它使用了800个晶体管。这个时期的计算机基本上是比较个性化的单件或小批量生产，不同机型之间缺少统一的软件与硬件的技术与产品标准。

早期的计算机主要采用磁环来存储程序和数据，每个磁环存一个二进制的位。这种存储方式的存储容量非常低。革命性的变化发生在1956年，IBM在IBM350机器上首次采用了硬盘。从此，硬盘成为计算机标准的数据存储设备。硬盘技术从根本上解决了大数据量的存储问题。

由于数值计算是这个时期的核心应用，IBM的John Backus（1924—2007，计算机科学家，IBM任职）和他的研究小组于1957年开发出面向科学计算的高级程序语言FORTRAN（FORmula TRANslator）。这是第一个计算机高级程序语言，并且至今依然是计算机科学计算的主要工具。

在1958年，仙童半导体公司研制出第一个集成电路，见图3-2。它成为计算机在20世纪60年代进入集成电路时代的先声。

图 3-2　仙童半导体公司 1958 年研制的第一个集成电路

德州仪器公司同期也开展了集成电路的研制工作，但仙童半导体公司抢先了一步。德州仪器公司的杰克·基尔比（1923—2005，电气工程师，德州仪器公司任职）于 2000 年因对集成电路技术的发明性贡献，获得了诺贝尔物理学奖。集成电路技术另外一个关键发明人，仙童公司的罗伯特·诺伊斯（1927—1990，物理学家，仙童半导体公司与英特尔公司的创始人之一）1990 年因突发心脏病去世，而无法共享这一荣誉。

中国的计算机产业在 20 世纪 50 年代起步。在苏联的帮助下，中国科学院计算技术研究所与北京有线电厂合作，于 1958 年成功研制出中国第一台通用数字电子计算机 103 机，其运算速度达每秒 1500 次。1963 年，中国科学院计算技术研究所研制了中国第一台晶体管大型通用数字电子计算机 109 机。

这是信息技术产业的奠基时期，形成了产业所需的比较完整的基本理论，并开始将这些理论付诸实践。在实践的过程中，完成了计算机硬件核心技术的突破，使得计算机在关键科技领域显示出了革命性的重大应用意义。

## 3.3 第二阶段：智能应用的初期——结构化数据应用的时代（20世纪60—90年代）

随着计算机计算能力的快速提高，计算机从辅助人类做在智能意义上看起来比较“简单”的数值计算领域里走了出来，逐步进入在智能意义上稍微“高级”一点的非数值计算的“信息”处理领域。这一步的跨越比起今天看到的那些令人瞠目的“智能”应用还是相当拘谨的。计算机进入的主要应用领域是与数值计算最接近的、普通人就能看出来具有严格逻辑规则的数据/信息处理类应用。计算机应用发展到这个阶段，开始从高傲的象牙塔似的纯科学技术领域逐步进入其他社会领域，开始了计算机对社会的一些重要领域产生比较普遍性影响的阶段。

之所以说这次跨越相当拘谨，是因为计算机的处理能力还相当有限，只能完成基于数据/信息的“自动化”类型的应用。“办公自动化”这个叫法就代表了人们对这个阶段的应用的典型看法。人们这时依然吝啬地不肯将“智能”这个闪光的字眼用在此时的计算机应用上。其实，这时计算机对人在智能上的辅助与延伸作用比起数值计算已经大大地进了一步。而且，此“自动化”与机械工具中的彼“自动化”还是有着本质不同的。此“自动化”是计算机基于人类意识所特有的数据/信息（详见第4章第4.1节）在人类创造的“虚拟空间”中实现的“自动化”过程。这已经实在地进入人类智能的领地了。所以，对于以计算机为代表的辅助与延伸人类智能的工具，这个阶段虽然与“人工智能”的宏伟理想相去甚远，但已经属于信息技术智能应用的初期了。信息技术对人类智能的辅助与延伸作用已经超越了简单的数值计算这个起点，而进入到多个不同的相对复杂的应用领域，让人类从更多的人类所特有的、逻辑性、规则性比较强的“智能”劳动中解放了出来。

**信息（数据）：**计算机在这个阶段处理的数据与上一阶段不同，数据处理应用中的数据以社会实体（包括社会物质实体和抽象逻辑实体）的多重社会属性的数值化表达为主，而不是简单的物质自然属性的数值表达。这些对象的属性中那些原本不是数值化的属性，通常经过简单的编码映射规则即可以用数值来代表。这些数据有着明确无歧义的意义，能有效利用计算机的数值逻辑处理能力进行处理。在这个阶段，计算机处理的数据以所谓的“结构化数据”为主。结构化数据是指一个基本的完整数据，是由多个有明确定义的数据段组合而成的。比如一张电子飞机票是一个典型的完全结构化的数据，它由人名数据段、航班号数据段等构成。每个数据段都有明确无歧义的意义，整张机票也是明确无歧义的，而且所有机票都是一样的。银行账户等也属于典型的结构化数据。

从语义的角度来看，如果把以有限数量的、有单一且明确无歧义意义的、可以被赋予不同具体值的语义概念，如航班号、目的地、姓名等，作为一组基而构成的空间称为有限维度（离散）“语义空间”的话，结构化数据就是在一个有限维度语义空间中的点或点的集合。也就是说，结构化数据是可以被一个有限维度语义空间来严格定义的。

以电子机票为例，一张电子机票是由乘客姓名、航班号、登机时间、起飞地点、到达地点、座位号、舱位等级等几个语义概念维度构成的一个有限维度语义空间中的一个点。

显然，结构化数据的语义特征比数值计算中的数值数据的语义特征要复杂，但是依然可以用确定和有限维度的语义来完整描述。在第 4 章第 4.4 节中还将对此进行进一步的讨论。

由于结构化数据所具有的相对复杂的语义特征，因此在日常使用习惯上，它既可以被称为数据，也可以被称为信息。结构化数据由于承载了比反映对象局部单一特征的物理数值更为复杂广泛的内涵，因此可以称之为“中观数据”。

**支撑应用的基础理论：**这个阶段核心的基础理论是关系型数据库理论。基于关系型数据库理论设计出来的关系型数据库，构成了此类软件应用系统的核心基础，用于实现有限维度语义空间，并对语义空间及其定义的数据进行有效的管理和操作，以及支撑基于这些数据的应用。

**应用软件的特点：**这个阶段的应用都是针对现实中可以用数值逻辑算法（组合）表达的（或者说可以映射为数值逻辑算法或其组合的）过程（流程）的软件实现。在这些过程的软件实现中，核心是对相应的结构化数据的处理，所谓的“增删改查”等。这类应用软件的核心是由若干用数值逻辑算法实现的流程组合而成。软件的设计，首先要做业务分析，即将需要实现的功能分解映射为数值逻辑算法的组合。

这些应用软件不再像科学计算软件那样通常作为工具性软件被用于各种独立的一次性任务。它们基本都是作为特定工具，有固定明确的使用者，长期持续地支撑特定的主体进行某一种持续的活动。比如一个企业拥有的 ERP 软件支撑的是这个企业的持续经营活动，而不是一个在需要时才拿出来使用一下、去解决某个具体问题的工具。在这些软件的支撑下，这些持续的活动实施的效率、一致性与精确性得到了可靠的保证，尽管可能会牺牲一定的灵活性。

从系统工程的角度来看，这些软件的复杂度逐步增加，系统级设计变得越来越重要。软件的整个设计生产过程需要规范的方法和精细的过程管理。“软件工程”这一学科正是在这个背景下出现并逐步发展起来的，用于指导复杂软件的设计开发的整个过程，以期达到产出高质量软件的目的。

在这个时期出现了专业化的软件工程师这个职业，来负责应用软件的开发。尽管他们通常也需要一些相应的领域知识，但是总体来讲，这类应用软件比数值计算应用的专业性弱。软件外包业务也主要是针对这类应用的。

**信息（数据）的管理及其与应用软件之间的关系：**这个时期的应用软件，是用来支撑不同主体持续的特定业务活动的。在应用中，信息（数据）模型结构是作为应用软件的一个有机组成部分一体化设计出来的。在应用过程中，特定的一整套数据始终与一个完整的应用彼此相配合，实现完整的业务过程。离开了特定的数据，业务就无法进行。因此特定数据与特定的业务应用在应用软件设计初始便相对应，数据因应用而获得自己存在的意义，应用也因数据才能产生自身的价值。所以在这些应用中，数据是按照业务过程来管理的。

比如，简单来说，一个企业 OA 系统的数据根本就无法直接放到其 ERP 系统中去，这些数据只有在自己对应的业务系统中才有价值。或者说，数据加上应用软件才形成了一个实际持续运行的、支撑主体特定的持续活动的应用系统。

在这里，特定的一整套数据与应用软件是共生的、紧耦合的关系，彼此不可分离。这与数值计算中的数据与应用之间相对独立的情况不同。这种数据与应用紧密结合的模式，也是现在计算机应用中普遍采用的方法。它是现有的基于结构化数据应用的产物。面对未来新的应用，特别是面对大量非结构化信息的时候，这种模式必然有其严重的局限性。目前大家抱怨的烟囱式的信息系统建设方式以及由此产生的“信息孤岛”都是这种建设模式的必然结果。

**实际问题到数值问题的映射**：这类应用软件处理的实际问题，在其原本的状态下通常并不是数值逻辑计算类问题。所以，用计算机来解决这些问题需要做人为的映射变换。映射变换的对象包括两大类别，一个是对实体属性的映射，将其映射为数值表达；另外一个就是对实际业务过程的变换，将其变换为数值逻辑算法。第二个变换的准确性与有效性，在根本上决定了计算机应用软件解决实际问题的准确性与有效性。随着信息技术应用实践的不断丰富与计算机处理能力的不断增强，人们发现越来越多的、看上去并非是逻辑计算问题的过程,可以想办法映射为数值逻辑算法过程,以便用计算机来解决。计算机应用的范围从这个阶段开始，就不断地突破人们过去的想象。

当后来互联网普及之后,许多基于结构化数据的应用通过互联网得到了极大的延伸，但应用的基本特征并没有变。由于社会中各个领域内基于结构化数据、可以流程化的应用数量巨大，计算机在信息处理领域里的应用在这个阶段得到了极大的发展。软件应用系统的日益复杂，也促进了计算机技术自身在各个方面的快速成长，以满足日益复杂的软件应用的需求。

特别需要指出的是，基于结构化数据的应用，并不是在科学计算基础上的自然深化与延展，而是计算机在人类社会中开辟了不同于数值计算的另外一个全新的基于结构化数据处理的、更为广阔的应用空间，极大地推进了计算机对人类社会的广泛渗透。

**计算机所解决的问题本身的特点：**从计算机所完成任务的实际作用来看，这些应用不同于前一个阶段中科学计算的“点”的作用，而是具有“线”的特征。它是完成了由许多“点”的活动连接而成的“线”的流程。人们普遍抱怨的“信息孤岛”“烟囱”式的信息技术系统建设方式，就是源于这种面向业务流程的应用设计开发方式。所以“信息孤岛”“烟囱”式的信息技术系统建设，是信息技术在特定发展时期的必然产物，有其历史的必然性与合理性。

信息技术应用的这个时期是信息技术产业的少年时代。在这个时期，信息技术产业在基础理论，特别是核心技术与产品等方面取得的主要进步有以下内容。

在这个时期，计算机由中小规模集成电路发展到了超大规模集成电路。计算机系统的运算速度从每秒几万次飙升到每秒上万亿次。

Intel 公司在 1971 年研制成功的第一个微处理器 4004。它采用 10μm 工艺，集成了 2250 个晶体管（见图 3-3）。虽然这在今天看来只是一个功能简单的、只能执行四位字长运算的处理器，但是这是信息技术历史上第一次将计算机的核心处理功能与控制功能全部集成在一个集成电路芯片上。因而它成为计算机发展史上的一个划时代的里程碑。

Intel 公司的 Gordon Moore（1929—，仙童半导体公司与 Intel 公司创始人之一）在 1965 年首次提出集成电路发展的“摩尔定律”。在随后的几年里几经修改后，该“定律”表述为：“当价格不变时，集成电路上可容纳的晶体管数目，约每隔18个月便会增加一倍，性能也将提升一倍。”迄今为止，该“定律”依然有效，但在硅技术上已经看到尽头了。

图3-3 Intel公司1971年研制成功的第一个微处理器4004

在CPU领域，IBM自20世纪80年代开始发起了一场精简指令集（RISC）对复杂指令集（CISC）的大战。CISC的典型代表就是Intel的X86结构的CPU，十分壮观的RISC阵营则有IBM公司的PowerPC，HP公司的PA-RISCC，Sun Microsystems公司的SPARC，Motorola公司的MC88000，DEC公司的Alpha，以及MIPS和现在大名鼎鼎的ARM等。在20世纪90年代，从服务器到嵌入式系统，RISC体系大有一统天下的势头。

集成电路技术的飞速发展，导致计算机从高端专业设备领域中走出来并进入个人应用领域。苹果公司在1976年推出了第一台个人计算机Apple I。IBM则在1981年推出了IBM PC，并成为产业标准。IBM PC的出现有力地促进了互联网的发展，并成为信息技术进入下一个发展阶段的重要推动力。东芝公司在1992年推出了第一台笔记本电脑T1000，开创了移动计算时代。PC的出现，标志着计算机开始了从“贵族”到“平民”的转身。

进入20世纪60年代后，计算机逐步摆脱了非标准化生产的初级状态，开始了标准化进程。操作系统开始作为标准化的产品出现。第一个重要的操作系统是IBM在1964年推出的System/360。影响最广的UNIX操作系统由在AT&T贝尔实验室工作的Ken Thompson（1943—，计算机科学家，1983年获图灵奖，贝尔实验室/Google任职）和Dennis Ritchie（1941—2011，计算机科学家，1983年获图灵奖，贝尔实验室任职）于1969年开发出来。微软公司在1981年推出MS-DOS，在1985年推出Windows1.0。1991年，Linus Benedict Torvalds（1969—，软件工程师）在互联网上发布了第一个版本的Linux内核。这是信息技术历史上第一个采用开放源代码软件开放模式的软件协作计划。由此开始，开源软件的影响与日俱增。

曾经非常重要但是现在已经被遗忘的一个产品是软盘。它是IBM在1971年开发出来的。2000年以后，软盘逐渐被U盘所取代。

高级程序语言在这个时期也得到了大发展。BASIC（Beginner's All-purpose Symbolic Instruction Code）语言在1964年由John Kemeny（1926—1992，计算机科学家，达特茅斯学院第13任院长）和Thomas Kurtz（1928—，计算机科学家，达特茅斯学院任职）设计，由达特茅斯学院的学生在他们的指导下实现的。C语言则是伴随着UNIX在1971年被贝尔实验室的Ken Thompson和Dennis Ritchie开发出来的。在C语言基础上发展出来的面向对象的C++语言，是贝尔实验室的Bjarne Stroustrup（1950—，计算机科学家，贝尔实验室/德克萨斯A&M大学任职）于1983年推出的。Java和JavaScript的出现则是1995年的事情了。其他一些比较重要的高级程序设计语言还有LISP（1958，函数式编程设计语言）、Cobol（1959，面向商业与数据处理的程序设计语言）、ALGOL60（1960，算法程序设计语言）、Simula67（1967，第一个面向对象的程序设计语言）、

Pascal（1970，第一个结构化程序设计语言）、Prolog（1972，面向人工智能的逻辑程序设计语言）、Ada（1983，美国军方主导的面向实时嵌入式应用的程序设计语言）等。

由于计算机开始从科学计算进入到数据处理应用，因此促进了数据库的产生与发展。1961 年，通用电气公司（General Electric Co.）的 Charles Bachman（1924—，计算机科学家，1973 年获图灵奖，通用电器/巴赫曼信息系统公司任职）成功地开发出世界上第一个网状数据库管理系统——集成数据存储（Integrated Data Store，IDS），奠定了网状数据库的基础，并在当时得到了广泛的发行和应用。层次型数据库管理系统是紧随网络型数据库出现的，最著名、最典型的是 IBM 公司在 1968 年开发的 IMS（Information Management System）。

今天被最广泛使用的关系型数据库，源于 1970 年 6 月 IBM 的研究员 E. F. Codd 博士（1923—2003，计算机科学家，1981 年获图灵奖，IBM 任职）在 *Communication of the ACM* 上发表的一篇名为 *A Relational Model of Data for Large Shared Data Banks* 的论文。1974 年，IBM 的 Raymond F. Boyce（1947—1974，计算机科学家，IBM 任职）与 Donald D. Chamberlin（1944—，计算机科学家，IBM 任职）定义了用于关系数据库交互的 SQL（Structured Query Language）语言。1976 年，霍尼韦尔国际公司（Honeywell International）开发了第一个商用关系数据库系统 MRDS（Multics Relational Data Store）。第一个比较完整实现 SQL 的商用关系型数据库是 Oracle 公司（当时叫 Relational Software Inc.，RSI）于 1979 年推出的。IBM 在 1982 年推出了基于 SQL 的商用数据库管理系统 SQL/DS，并于次年推出了著名的 DB2 关系型数据库。

由于软件系统日趋复杂，1968 年秋，北大西洋公约组织的科技委员会在联邦德国召集计算机科学家、软件设计师及企业巨头开会讨论应对“软件危机”的策略，并在这次会议上首次提出了“软件工程”（Software Engineering）的概念。随后，软件工程不断积累总结软件开发的过程管理方法与设计方法，以保证复杂软件系统的质量。在设计方法上，随着 C++ 语言的出现，在 20 世纪 80 年代面向对象的方法成为主导；基于构件的方法则兴起于 20 世纪 90 年代。

互联网的雏形出现在 20 世纪 60 年代。当时美国国防部国防前沿研究项目署（ARPA）出于冷战考虑创建了远程分组交换的 ARPA 网。1973 年，ARPA 网扩展成互联网，第一批接入的有英国和挪威的计算机。1974 年，ARPA 的 Robert Elliot Kahn（1938—，计算机科学家，2004 年获图灵奖，贝尔实验室/麻省理工学院/ARPA 任职，非盈利组织 CNRI 创始人）和斯坦福大学的 Vinton Gray Cerf（1943—，计算机科学家，2004 年获图灵奖，IBM/斯坦福大学/DARPA/CNRI/Google 任职）提出 TCP/IP。1983 年 1 月 1 日，ARPA 网将其网络核心协议由 NCP 改变为 TCP/IP。1990 年开始，互联网向公众全面开放。

互联网上基于超文本的万维网（World Wide Web）技术是 Tim Berners-Lee（Timothy John Berners-Lee，1955－，计算机科学家，万维网的发明者，欧洲粒子物理实验室/麻省理工学院/南安普敦大学任职）在欧洲粒子物理实验室工作时于 1989 年第一次提出的，并于 1991 年 8 月 6 日在互联网上开通了世界第一个网站 http: //info.cern.ch/，由此开创了互联网应用的新纪元。

移动互联网源自移动蜂窝通信系统。第一部移动电话是摩托罗拉公司在 1973 年研制出来的 DynaTAC 8000X。它重 2 磅，通话时间半小时，销售价格为 3 995 美元。1978 年，美国贝尔实验室开发了先进移动电话业务（AMPS）系统，这是第一种真正意义上的具有随时随地通信能力的大容量的蜂窝移动通信系统。目前移动通信中最核心的移动 CDMA（码分多址）技术是高通公司（Qualcomm Inc.）在 1989 年推出的。

在局域网中，最著名的总线竞争的以太网是施乐公司（Xerox Corp.）帕罗阿尔托研究中心的 Bob Metcalfe（1946—，计算机网络专家，Xerox/3Com 任职，3Com 公司创始人）于 1973 年首次提出的。以太网标准正式出台于 1980 年。随后，以太网很快击败了同期出现的令牌环网等其他类型的局域网而成为局域网的标准形态。无线局域网的标准出现于 1997 年。

通信骨干网中，激光与光纤是两个核心技术。激光的理论源于爱因斯坦。爱因斯坦在 1917 年指出，物质存在受激相干辐射的机制。1960 年 5 月 15 日，美国加利福尼亚州休斯实验室的科学家 Theodore Harold Maiman（1927—2007，物理学家，休斯公司/TRW 公司任职）宣布获得了波长为 0.6943μm 的激光。这是人类有史以来获得的第一束激光，Maiman 因而也成为世界上第一个将激光引入实用领域的科学家。

1966 年，在欧洲标准电信实验有限公司工作的高锟（1933—，物理学家，2009 年获诺贝尔物理学奖）提出了光纤理论。1970 年，美国康宁公司（Corning Inc.）的三名科研人员马瑞尔、卡普隆、凯克成功研制成低损耗石英光纤。

这个时期是信息技术产业的核心技术蓬勃发展完善的时期，孕育了今天使用的几乎所有的信息技术基础性核心技术和产品。信息技术应用从社会的核心重要领域开始，逐步渗透到社会的其他方面，包括个人生活领域，日益显示出信息技术对人类社会的历史性影响。继农业、工业社会之后，人类历史上第三个以技术来标志的社会形态——信息社会初现端倪。

## 3.4 第三阶段：全面智能的开端——非结构化信息应用的时代（21世纪初期开始）

进入20世纪90年代之后，在“摩尔定律”的“推动”下，信息技术产业逐步进入一个质变的阶段。这个时期出现了两个相对独立又最终融合在一起的技术进步，推动信息技术应用进入第三个全新的阶段——全面智能化阶段。

第一个技术进步就是随着计算机性价比的持续提高，以PC为代表的个人信息技术设备，逐步获得了产生与处理以语音图像视频为代表的“多媒体”信息。在20世纪90年代初期，“多媒体”PC一时成为一个特有名词，以示与其他PC的差异。随后到了90年代末期，柯达公司率先推出了数码相机。当智能手机在21世纪开始普及后，除了传统的数字化普通文档外，数字化的照片、语音及视频等大量产生，“多媒体”这个词反倒成为了历史遗迹。这些无法用有限字段来完整表达的“非结构化信息”所包含的信息量明显比一般的数值数据或结构化数据大，所以在日常使用的习惯上，人们不再称之为“数据”，而称之为“信息”。当然，虽然学者们给出了不同的定义，但是这两个词在实际使用中并没有严格的区分。

这个时期是互联网开始走向社会逐步普及的时期。它就是前面说的信息技术产业的第二个技术进步的结果。在第3.3节介绍过，互联网诞生于20世纪60年代，长期只为军方与学术界服务。1990年，美国决定将互联网向全社会的公众开放。

这两个技术进步遥相呼应，在商业资本的炒作下，催生了2000年前后的那轮影响深远的互联网"泡沫"。当初，"泡沫"之所以破裂，根本原因在于资本没有客观地评估技术的进步成熟度，资本编织的神话远远超出了当时技术能够提供的支撑。

21世纪初的"泡沫"破裂，没有阻止信息技术进步的脚步。在一轮大浪淘沙之后，信息技术应用开启了新的篇章，信息技术产业呈现出全新的局面，进入自己的青春年华。

当20世纪90年代，互联网从学术界走向社会之后，在互联网上率先出现的是两大类不同的应用。一种是前面介绍过的计算机应用第二阶段的、基于结构化数据的应用通过互联网的延伸或者直接借助互联网来实现的应用；另外一种是全新的、利用互联网进行非特定用户的非结构化信息分享类的应用。电子邮件可以被视为这类应用的初始形态，随后出现的各种新闻门户网站等就是这类应用的典型代表。这种基于互联网的非结构化信息分享成为计算机信息类应用进入第三个阶段初期的主要特征，也成为这个时期信息技术对社会产生革命性影响的新的应用形态。

如今，非结构化信息应用的时代刚刚起步。在这个新的阶段中，核心基于信息分享功能的应用显然不会是信息应用的全部，甚至也不会是这个时期成熟以后的核心应用形态。它只是信息技术应用这个新阶段当前的主要应用形态。下面对这个应用形态作简要的分析，尽管它只是这个新时代的先导应用，不能完全代表未来。

**信息（数据）**：人们利用互联网分享的主要是非结构化信息。所谓"非结构化信息"，就是无法用一个有限维度语义空间来严格定义的信息。这说明信息本身的内涵大大增加，所以不再以“数据”相称。非结构化信息大量增加，源于信息技术设备的多样性与广泛普及。这使得可以利用这些设备直接把各种曾经用传统形式表达的复杂信息，如文档、照片和视频等，方便地进行数值化表达。由原始信息到数值化信息的映射过程由设备自动完成。

非结构化的信息在对人类有意义的信息中占最大的比重，远远超过结构化数据。就像在所有的系统中，非线性系统远远多于线性系统那样。在系统学中，人们对线性系统有着统一完善的处理工具，而对处理非线性系统问题却常常举步维艰。类似的情况也出现在信息领域：人们对结构化数据有完整有效的处理工具，而对非结构化信息的处理常常颇感茫然，缺少有效的理论与工具方法的支撑。

由于一个非结构化信息常常包含了大量丰富的、跨越一定时空的内涵，远非数值数据与“结构化信息”可比，所以把非结构化信息称为“宏观信息（数据）”。

**支撑应用的基础理论：**互联网上非特定用户信息分享类的应用，并没有特别新的基础理论方面的创新。因为这类应用在本质上是比较简单的。当然，系统实现的技术难度很大，主要是因为数据量大和用户量大，互联网的应用环境也比较复杂。但这与基础理论并无太大关系。这类应用之所以社会影响很大，是由网络的广泛覆盖带来的，不是这些应用背后有多少理论或技术创新。或者说，是网络这个覆盖全球的“效能放大器”极大地放大了这些本质上简单应用的社会影响力与商业价值。展望未来，人们在网络空间内的互动交流可能逐步发展出多种适应于不同场景下的规范模式，以这些模式为基础，可能会形成一些理论上的成果。

**应用软件的特点：**互联网上非特定用户信息分享类的应用在本质上是建立了信息流通的渠道和适当的展示方式。应用基本只对信息做格式上的变化以适应信息的传递和展示，对信息做适当的分类组织，但不对信息做实质性的复杂处理。这一点与前面两个阶段的应用方式有很大的不同。而与生俱来的网络化，则是这些软件区别于信息应用前面两个阶段的DNA。这使得它们在软件系统的基本架构上与以往有了本质的不同。这类应用自身虽然实现的功能在本质上缺少“深度”，但因为网络的广泛覆盖而获得了空前的广度。

**信息（数据）的管理及其与应用软件之间的关系：**这类软件应用的本质在于促进信息分享。应用离开了信息固然没有意义，但是应用却并不依赖具体的信息。不像一个投入运行的银行业务系统，必须使用与系统对应的自己实际客户的具体数据才有意义；信息分享应用，并不在乎分享的是哪些具体信息。

而从信息角度来看，信息技术发展到这个阶段后，大量的电子数字化信息，特别是非结构化信息也并不是仅仅为了某个具体特定应用而存在的（至少通常情况下是这样）。比如，日常拍的照片可能会用到不同的地方，不像银行的数据那样与银行具体的应用不可分割。这既与当今信息技术设备的大量普及到工作生活的各个方面有关，也是由非结构化信息自身内涵复杂的特点决定的。内涵复杂的信息，自然有多重可能的用途和价值，而不是仅仅为了某个具体的应用而产生和存在。如何使用这些信息是由应用的各个使用者根据具体情况决定的，而不是在应用设计之初就明确了的。所以，信息的价值并不依赖于具体的应用。因此，这类软件应用与信息之间的关系是松散的，彼此相对独立。信息与应用的松耦合，可能是未来信息技术应用的一个基本特征。这也是今天“大数据”应用的一个常有的特征，即人们可以搜集不同来源的数据，为自己的目的服务。

从信息应用的发展历程上看，数据/信息与应用软件的关系到此走过了一个否定之否定的循环，又回到了最初数值计算的状态，数据/信息与应用软件是相对独立的。

目前，面对信息大量无序涌现的所谓大数据时代，还没有形成主流的信息管理方式。信息杂乱地分散在网络的各个角落，大数据应用强调如何从这些杂乱的数据矿藏中去挖掘价值，却对信息管理没有给予足够的重视。由于信息不是自然生成之物，而是人工有意识的产物，所以不应该对信息的杂乱置之不理，而应该让信息在其形成之初便被置于有效的管理之下，这样信息才能被充分、有效地利用。非结构化时代的信息管理是本书后续着重讨论的核心问题之一。

**实际问题到数值问题的映射：**这类问题核心的映射就是信息在不同对象之间的分享，通常没有比较复杂的数学结构，设计具有一定的随意性，没有严格的客观逻辑约束。但如前所述，随着应用实践的发展，未来可能会逐步形成一些在网络空间内互动交流的规范化模式，形成一些新的理论与方法。

**未来计算机所解决的问题本身的特点：**从这类应用本质的简单性，而其涉及的非结构化信息的复杂性来看，这类应用的目前形态只是基于非结构化信息的应用的初级阶段，更为复杂的、多样性的、能够充分利用非结构化信息价值的全新的应用或应用模式正在不断孕育发展。这正是信息技术产业正在经历的转折的核心，这些全新的多样性的应用或应用模式将主导信息技术产业的未来。而且根据历史的规律，正如基于结构化数据的应用不是数值计算的简单外推而是一个全新的应用方式一样，基于非结构化信息的应用也绝不是对基于结构化数据应用的深化与拓展，而是会开辟出前所未有的、更为广阔的计算机信息处理类应用的空间，在更深的程度上影响人类社会的各个方面。如果说基于数值数据的应用是解决**“点”**的问题，基于结构化数据的应用是解决**“线”**的问题，那么，未来综合利用数值数据、结构化数据以及非结构化数据的多样性的应用，要解决的将**“面”**的问题，即为服务对象提供在空间与时间两个维度上的全面融合化的服务。这种“面”的融合化服务与前两个阶段的应用相比，在智能的意义上将有质的提升，这也是人工智能在这个阶段焕发第二春的必然。借助计算机的“暴力计算”能力与丰富的数据，信息技术的信息类应用由此进入全面智能化的阶段。

本书后面的章节将继续沿着这个思路，从分析信息技术应用的最基本要素“信息”开始，对信息应用第三个阶段的核心关键问题逐层展开并作深入的分析讨论，进而探索未来智能化信息应用发展的基本规律与方向。

这个时期的信息技术开始进入青年时代，也是正在经历的激动人心的时代。迄今为止，在这个阶段信息技术在基础理论方面没有大的突破，但在核心技术与产品上正在取得惊人的进展。

进入21世纪后，信息技术的一个重要的发展便是移动互联网的出现。2001年10月1日，日本NTT DoCoMo公司正式推出了第3代移动通信业务（FOMA）。这是3G在世界上首次投入市场，由此拉开了移动互联网时代的序幕，也催生了种类繁多的包括智能手机在内的移动计算设备。

2012年1月，国际电信联盟正式通过了第4代移动通信标准，4G正在向我们走来。

而集成电路技术在21世纪也发展到了一个历史性新高度。2005年，AMD公司首先推出双核处理器。Intel公司也在2005年推出“双核”处理器奔腾D，但是该处理器实际上是两个芯片封装在一起构成的。从此，CPU进入了多核时代，也使得各种计算设备的处理能力逐步开始不再成为制约应用发展的瓶颈。如在第1章第1.4节中指出的那样，在2010年前后，集成电路的发展让计算机历史性地获得了“暴力计算”能力。这是推动信息技术产业进入青年时代的最重要的动力来源。

始于20世纪80年代的CPU领域的RISC与CISC大战，在进入21世纪后，形势发生了逆转。在Intel公司对集成电路技术的疯狂投入下，随着集成度的不断提高，CISC体系的缺陷大都不再成为问题，而且它也吸收了RISC的一些特点。Intel公司在其于笔记本与台式机市场上所具有的绝对优势的支撑下经过十几年的努力，在2010年成功地占据了服务器市场的绝大部分。Intel公司给RISC留下的空间主要在移动与嵌入式设备领域。目前在手机市场上，基于RISC的ARM处理器以其低功耗的优势几乎独霸天下，2011年其市场占有率高达95%。高通公司则正在利用其在移动市场上巨大的优势，试图把其基于ARM的CPU推向Intel的传统领地。由于集成电路技术的发展以及CPU设计上的互相借鉴，RISC与CISC的名称已经不再重要，但是这场大战远未结束。

在软件工程方面，随着互联网应用的繁荣，面向服务的系统设计方法（SOA）逐步成为主流。高级程序语言的一个新产品是微软公司在2000年推出的面向对象的程序设计语言——C#。

在前文第1章与第2章中对云计算、物联网、人工智能、大数据及量子计算等已经作过介绍，在此就不再赘述。

信息技术应用的这个新阶段刚刚开始，它也正是信息技术基础技术不再成为瓶颈、信息技术应用开始主导产业发展的时期。它将成为信息技术全面创造奇迹的时代。随着基础技术平台不再成为信息技术应用的制约因素，人们将会看到更多的面向不同应用的新技术出现。这些新技术将主要围绕非结构化信息的处理与应用而展开，全面渗透到社会的各个领域，深刻地改变传统的做事方式与产业分工，重塑人类社会的方方面面。

## 3.5 原始创新与“用户体验”的误区

在进入对信息技术应用未来的探讨之前，作者再从其他角度，即从人与以计算机为代表的辅助与延伸智能的工具的关系上，特别是从人的主观感受和评价上，对信息技术应用走过的道路作一个有趣的分析，以期帮助大家能够更好地面对信息技术产业未来将大量涌现出来的原始性创新。

在计算机应用的第一个阶段，也就是数值计算阶段，人们对计算机是否能够完成人赋予它的使命没有太多的质疑。只要计算机算得足够快，只要有合适的计算方法来支撑需要解决的问题，让计算机来完成计算任务是一个理所应当的事情，因为顾名思义，计算机生来就是被设计用来做“算数”的。

到了计算机应用的第二个阶段，当计算机试图去完成一个原来由人承担的具体的持续性活动的时候，疑问便产生了。

疑问首先来自习惯的改变。计算机要完成的活动在其原本的状态下，并不都完全符合数理逻辑算法。要想让计算机来承担这些活动，必须对活动进行逻辑化规范性改造设计。这个过程必然与人们原来的做事习惯有不相符合的地方。要改变人的习惯，必然会引起人的不快与排斥性反应。

其次，当将这些活动变换为数理逻辑算法的时候，不止习惯会有变化，有些内容也会有变化，需要做适应性改造。这样，计算机应用软件实现的活动与人们原本自然的状态就有了更多的不同。人们自然地要质疑这些不同是否具有根本性或破坏性的变化，从而使得计算机应用软件完成的活动已经失去了原有的意义。

现代计算机的应用历程，正是在这些质疑和抵抗中逐步从纯数值计算走向更广阔领域的过程。如果说数值计算任务的完成，计算机可以达到90%以上的满意度的话，基于结构化数据的持续性活动的应用，计算机能够达到的满意度可能只有70%～80%。

由于满意度是具有主观性的，因此在人尚未适应计算机来完成这些活动的初始阶段，人们对计算应用的主观评价可能更低。而随着人的适应，以及计算机应用的不断改进提高，这个满意度可能也会达到90%以上。

从这个过程可以看到，计算机应用领域的扩展过程，就是逐步从人们认为其天然擅长的工作——数值计算开始，不断拓展到人们曾经认为其并不那么擅长的领域之中。由于其并不天然擅长，因此原始的问题需要做映射变换才能被计算机相对有效地解决，而映射变换过程必然带来一系列的问题。包括人的不适应，包括问题本身在一定程度上的扭曲和改变等。

在这个拓展的过程中，核心问题不是计算机是否适应了人，也不是人是否适应了计算机，而是要看计算机应用解决问题所带来的价值是否远远超过了它所带来的新问题。这是一个收益与损失之间的权衡。只要收益显著高于损失，人们必将逐步适应和接受计算机的应用；反之则会排斥。这个过程，既是计算机应用不断完善、不断适应人的过程，反过来也是人不断去适应计算机、被计算机改造，并且不断去寻找更好的方法让计算机替人承担更多工作的过程。

以企业资源计划管理软件 ERP 为例来看一下这个人-机相互适应的过程。ERP 软件进入中国市场是在 2000 年前后。当时 ERP 的推广遇到了极大的阻力。人们提出了各种各样的理由试图证明 ERP 不适合中国的国情。一个最大的理由是：“中国人不喜欢被管理，太自由。中国企业家们管理企业的方式千差万别，不可能用一个标准的软件来规范。”所以当时很多人断言，ERP 在中国不会成功。但是在今天的中国，这种质疑已经完全消失了。这既因为人们适应了 ERP 带来的一系列强制性规范的做法，也因为 ERP 在不断地改进提高，努力去适应不同企业的情况。

人-机之间的这种相互适应，不只是现代计算机应用所遇到的问题，在人类创造的其他工具的应用中也存在同样的情况。比如，坐飞机外出时经常遇到航班晚点等很多的麻烦和不便，但是人们不会因此就认为应该取消飞机。因为那些麻烦和不便相比飞机带来的益处，即便不是微不足道，但也不会严重到使人们排斥乘坐飞机。当然，飞机及相关的服务也在不断地改进。但是不论航空运输业如何改进，它依然有很多不便。这就是人与工具之间相互适应、相互影响和相互改造的过程。

或许汽车是一个更典型的例子。几乎任何一个人在第一次坐在司机的位置上学开车的时候都会手足无措。那种“体验”无论如何都不能用“良好”来描述。但随后，人们逐步适应了汽车，而进入到自如驾驶的状态。而汽车从诞生开始，也是在不断地适应人、亲近人。从没有同步机的艰难换档方式，到同步机出现后的随意换档，再到后来的自动换档，汽车的“用户体验"在不断改进。

所以，在开拓新的计算机应用领域的时候，不能单向地站在人们已有习惯的角度来向计算机"发难"，一味地用挑剔的眼光来看待新的探索，而是应该站在发展的角度，根据计算机的本质能力，全面地权衡得失，去客观地分析计算机在新的领域中的应用或计算机新的应用模式是否会成为社会未来的必然趋势。

在未来，计算机开创的全新应用，特别是那些真正原创的革命性应用，还会常常让人产生不适应的感觉。人们必然会有不适应，有不喜欢，有排斥和否定它的"充足"的理由，但是这并不意味着这些计算机应用不会成功地普及开来。

也就是说，人们不能用已经习惯的感受去评价全新的产物，而应该抛开个人的感受，理性地分析得失。所以，如果简单地把"用户体验"放到一个至高无上的位置，对于全新领域的开拓是有很大的负面作用的。因为用户体验并非是计算机应用真正重要的本质价值，而仅仅是应用对人已有习惯的适应程度。如果认为"用户体验"高于一切，就很难有真正革命性的创新。过分强调"用户体验"，与信息技术产业近年来缺少实质性创新有关。因为缺少实质性创新，大家的注意力就必然被表层的变化所吸引。

这当然并不是否定计算机应用的"用户体验"的重要性，就像人们不会去否定一辆汽车造型设计的重要性那样。但是，在比较汽车的时候，造型设计并非是最为重要的因素，特别是对于高档车而言。

当 1945 年第一台通用电子计算机 EDVAC 诞生的时候，它给人们带来了什么样的用户体验？显然，使用那个时代的计算机，远非是一种愉快的体验。但是因为它带来的收益远远大于使用的麻烦，所以计算机飞速地发展起来。当年并没有人以“用户体验”不佳为由去否定计算机的价值。所以在今天，也要给“用户体验”一个恰当的位置，而不是把它简单地当作计算机应用，特别是重大的创新性应用中，最优先考虑的目标。

当ERP在2000年前后进入中国市场的时候，记得当年曾经有一个企业家比较理性地说:“我是有自己管理企业的习惯和方法，但是只要你的做法有道理，我可以改变自己适应ERP系统。”今天，已经没有人再像当初那样对ERP是否可行存有疑虑，企业应该采用ERP已经成为社会的共识，而无须再去论证ERP能够给企业带来什么样的好处。

历史常常惊人地相似，但并不会简单地重复。因为不是简单的重复，所以给人们接受历史经验、认识客观规律带来了很大的困难。

未来，计算机应用领域的开拓还会遇到历史上出现过的质疑，而且人们会说这次与上一次有着“根本性”的差别，所以这次的质疑是“绝对”有道理的。但是，不论有多少质疑，现代计算机随着计算、存储和通信能力的持续提高，必然要进入更多的领域，完成更多的应用，更加深入、广泛地走进人们生活的方方面面。

在这个过程中，现代计算机必然会改变人的许多习惯和看法。当然，计算机也必然会在更深、更广、更大的程度上帮助人们实现自己的目标，成为人们不可或缺的助手。

人与工具的相互适应是一个辩证的问题，不可偏执于哪一方。人类在创造的过程中改变着客观世界，也因为不断地适应着这些改变而在持续地塑造着自己。

# 参考文献

[1] 钱学敏. 论“社会主义建设总体设计部”[J]. 中国软科学, 1994, 3、4.

[2] 华罗庚. 计划经济大范围最优化数学理论[M]. 北京：中国财政经济出版社，1987.

# 第 4 章

## 智能的基础：作为意识而存在的“信息”

在简要回顾并分析过现代计算机及信息引用的发展历史后，本章沿着上一章的思路开始探讨信息技术应用未来的发展方向。对于信息技术产业而言，这个产业之所以被冠以“信息”技术产业，就是因为几乎其所有的应用都是围绕信息展开的。“信息”之于信息技术产业就好像材料之于传统工业一样，是整个产业的根基，也是人类智能过程的核心基础要素（见图 1-3）。在第 3 章中，也是以数据/信息为主线来划分信息应用的不同阶段的。所以在本章暂时抛开信息技术产业的其他内容，直接切入对产业的根基“信息”的深入讨论。

如前所述，现代计算机应用进入第三个阶段后，计算机所面对的不再只是简单的数值数据，也不再仅仅是可以在有限维度语义空间中严格定义的结构化数据，而是大量不断涌现出来的、具有复杂语义含义的非结构化信息。信息内涵复杂度的极大增加，必然意味着更为复杂的多样性应用将不断涌现，而不是仅仅停留在信息的网络化分享。要想探明未来信息应用的发展趋势，我们首先应该追问：在一般的意义上，“信息”到底是什么？对这个看似简单的问题，要给出一个比较严格、准确而又有实际指导意义的回答却并非一件容易的事情。

但是，对基础性概念的准确理解，绝不是毫无意义的坐而论道或故弄玄虚。这种追问对准确把握未来的方向具有根本性的意义。在人类科学技术发展的历史上，突破性的变革常常是以重新审视基本概念为起点的。对习以为常的基本概念的新的理解，可能会导致整个理论体系的根本性变化。因此下面首先来剖析“信息”这个尽人皆知的概念的内涵，以信息为基础去把握“智能”的含义，进而引入“全信息”的概念与结构，为后续站在认识主体的角度，建立一个完整的对信息进行有效管理的结构，并进一步引入新的智能化信息应用模式提供一个坚实的基础。

## 4.1 信息：意识对世界的反映

在第1章里介绍了对现代计算机作出了奠基性贡献的艾伦·图灵与冯·诺依曼。信息产业中另外一个重要的分支是数字化通信，因此才有了信息网络让信息四通八达。在这个领域里，奠基性贡献来自于克劳德·埃尔伍德·山农。他们三个人一起是现代信息技术产业的开山鼻祖。迄今为止，整个产业依然建立在他们奠定的基础之上。虽然几十年来不断有人尝试突破他们的理论，但目前还没能撼动这三个根基。

山农于1948年6月和10月在《贝尔系统技术学报》上面连载发表了奠基性论文《通信的数学理论》(A Mathematical Theory of Communication)。后来，学术界便把这篇论文当成信息论（Information Theory）的开山之作。而这个“信息论”就是当年著名的“三论”之一，另外“两论”则是控制论与系统论。

正如山农的论文题目所表述的，此理论是面对数字化通信过程的。而通信过程并不关心信息的内容、意义和使用，只负责尽可能不失真地传递信息。所以，山农的研究只局限在信息形式化表达的数学统计特征上面，完全没有涉及信息的意义和价值等更为复杂的内容。基于山农“信息论”的理论成果可以有效地支撑对一般数字化通信过程的研究，并指导实际通信系统的设计。但是对于一般意义上的信息应用，仅仅研究其形式化表达的数学统计特性却是远远不够的，甚至信息的形式化表达的统计特性对信息的应用过程并无多少意义。比如，按照山农定义的熵，白噪声的“熵”

（信息量）是最大的，但是白噪声对于人来讲通常没有任何"信息"层面的实际意义。后来，人们常常在通信领域之外的一般性信息应用场合盲目地引用山农的理论，这在无形中不适当地外推了山农所创立的理论的适用范围与意义。

山农在他的论文中并没有给出"信息"的明确定义。从山农定义的熵中，人们引申出信息的一种定义，或者称为解释：信息就是消除信息接受者的不确定性。这个定义（或称描述）非常"形而上"地抽象。首先，信息接受者的"确定性"与"不确定性"是一种主观的判断，取决于接受者的意识。而且"不确定性"如何定义，又是一个非常大的问题。另外，就"消除不确定性"这个表述而言，它既不是对信息的全部作用，也不是对信息的内涵本质的一种阐述，而仅仅是对信息的部分作用的说明。如果说汽车是帮助人出行的工具，这既没有说清楚汽车的全部功用，也没有说清楚汽车的内在特质，因为飞机和自行车等其他类型的交通手段也是帮助人出行的工具。所以，基于山农提出的"熵"来定义信息既不完整也不准确。

计算机产业后来被称为信息技术产业，是因为计算机处理的主要对象就是信息。这个信息就远不是仅仅在数学统计意义上的信息，它的内涵要丰富且广泛得多。当站在信息技术产业，特别是信息应用的角度来谈论信息的时候，不能局限于只依赖山农面向通信过程的这个理论对信息的解释，因为我们关心的是信息的实际应用，而不仅仅是研究信息的传送过程，更不是作形而上的哲学化的论道。

中国学者钟义信（1940—，人工智能专家，北京邮电大学任职）在 1979 年至 1985 年间，针对信息的智能化应用，提出了一套比较完整的"信息科学"理论。该理论从更加宽阔的角度对信息作了全面的分析，提出了一个比较完整的框架，其思路非常具有启发性。所以下面将借鉴这个框架来对“信息”作深入的分析。

需要特别指出的是，由于将要进行的讨论所针对的是信息的含义与在此基础上的应用，因此许多内容不像信息的形式化表达相关的编码与传输等过程那样，可以用严格定量的数学工具来描述。这当然需要数学，但是还会有许多无法用数学描述的内容，有许多定性的原则和模糊的边界需要在实际应用中结合具体情况去具体分析和界定。所以，后续的许多讨论没有形式化表述与定量分析那样“严格”，这是由问题本身的性质所决定的，而不是人为因素所致。

从纯客观的角度来讲（钟义信老师所称的“信息的本体论”层次定义[1]），信息是对象（包括物质与精神）运动状态及其变化方式的“自我表述”。它依赖于物质与能量，但又不同于它们。这是一个非常宽泛的定义，而且没有认识的主体，是纯客观意义上的“信息”。现在学术界的一种流行的看法就是将物质、能量与信息作为构成客观世界的三个独立的基本要素。这个说法可能是受著名的“三论”之一“控制论”的创立人诺伯特·维纳（1894—1964，数学家，麻省理工学院任职）的一句话的“启发”。1948年，维纳在其所著的《控制论》一书中说：“信息就是信息，既非物质，也非能量。”

能量可以在不同的物质形态间转换，比如热能可以从一个物质传递到另外一个物质中，气体物质的热能可以转换为固体物质的动能，化学分子能可以转换为热能等。这些能量的转换过程与人的意识无关，所以能量是客观世界中独立于物质的一个基本要素。当然，在相对论中能量与物质（质量）是有等价关系的，但是这种等价关系在日常活动中很难体现出来，所以依然可以认为物质与能量是构成客观物质世界的两个独立的基本要素。

但是，信息真的是独立于物质与能量的客观存在吗？

在论证信息是构成客观世界的三个要素之一的时候，人们所举的一个典型的例子通常是生物的遗传物质 DNA（脱氧核糖核酸）。他们认为 DNA 就是“客观信息”的典型代表。但是，如果仔细分析就会发现，DNA 在自然过程中是以特定物质形态在起作用的，而不能以脱离物质形态的其他“信息”形态发挥作用。具体地讲，在自然界中，DNA 只能以唯一的由四种碱基组成的物质形态而存在，它的“信息”并不能被不同的物质所承载而依然起作用。如果 DNA 携带的“信息”是构成客观世界的一个独立要素，DNA 的“信息”应该可以由不同的物质形态承载而不影响自己作用的发挥。

有人说把 DNA 的“信息”保存下来，然后人工合成新的 DNA。在这个过程中，具体的物质形态就被剥离了，所以是 DNA 的“信息”在起作用。但是在这个过程中，正是因为有人的参与，DNA 的“信息”才有了意义。是人从 DNA 中抽象出了意识化的“信息”，让它脱离了具体的物质形态而发挥作用。

从上述分析能够看出，DNA 的“信息”只有在人的参与下才有意义。没有人的参与，在纯客观的自然过程中，DNA 发挥作用的过程就是物质过程，而不是“信息”过程。或者说，在与 DNA 有关的自然过程中，没有一个独立于物质与能量之外的“信息”要素在起作用。

所以，这种“自我表述”的客观“信息”如果脱离了人这个认识世界的主体，便没有作用的对象；没有了阅读者，或者说便失去了“倾述”的对象，也就失去了自身存在的意义。因此可以说纯"客观"意义上的信息是不存在的。所谓本体论层面的"信息"，即物质运动状态及其变化方式的"自我表述"，既不是物质运动的独立参与者，也不在人类的意识范畴内，是一个多余的概念。

或者从另外一个角度给出这样一个表述：在描述意识自身及其作用范畴（如人工系统）之外的"纯"客观世界时，并不需要引入一个独立于物质与能量的"信息"这个概念。在科学领域里，对引入一个"概念"是非常"吝啬"的。在众多可选择的解释（理论）中，科学总是选择最简单的那个。所以在科学中任何概念的引入，一定是万不得已的事情，虽然在其他领域，特别是社会领域，通常习惯的做法与此不同，会有一些未必是必须引入的概念被创造出来。

事实上，我们谈论的"信息"都是针对人，包括个人及由多人组成的组织这些主体。如果站在人这个主体的角度，信息的定义[2]则应该是：人所认识的对象（包括物质与精神）的性状特征、运动状态及变化方式的人工表述。本书后文讨论的都是这样定义的"信息"。

按照这个定义，"信息"是人的意识对世界的一种反映。"信息"是人类意识世界中的一种存在。它可以存在于人的意识中，也可以被人物化在具体的物质形态上而保留，就像文学创作可以印在纸上那样。从这个意义看，前面谈到的最简单的数值"数据"，也属于信息。所以在本书中没有刻意地区分"数据"与"信息"，而事实上，在实践中人们也没有对两者作明确的区分。

如图 1-3 所示，"信息"作为一种意识存在，是人类"智能"活动的基本要素。但是"信息"不仅是智能活动的基本要素，而且可以用来定义"智能”活动的范畴。任何利用作为意识的“信息”而发生的活动，都属于人的意识活动，或属于人类意识活动借助（辅助与延伸智能的）工具的延伸。这些活动就应该都属于“智能”活动。所以，利用数值信息进行的“计算”是人类的一种基本的智能活动，而计算机在人控制下进行的计算，是人类意识活动的延伸，当然也属于智能活动。当然，反过来说这种基于计算性质的活动就是人类智能活动的全部是不正确的。

以计算机为代表的信息技术的神奇之处，便是可以借助物质手段，利用属于意识的“信息”去完成不同的活动，去辅助延展人的智能。所以说，计算机从一诞生伊始便是辅助与延伸人的智能的工具。以计算机为代表的信息技术是拓展人类意识活动的手段，它们以人类的意识活动为基础与出发点，为人类意识活动开辟了新的、相对独立于人的大脑的空间，而信息技术基于“信息”所完成的几乎所有的活动其实都属于“智能”活动。与人的智能活动相对，称之为“机器智能”可能是一个比较贴切的表述，而“人工智能”应该属于“机器智能”范畴。在第 8 章第 8.4 节中将对此作进一步的讨论。

从另一个角度来看，如果说人类原本自有的意识活动可以分为“显意识”“潜意识”与“无意识”的话，那么信息技术在人类的控制下基于“信息”所进行的这些“机器智能”活动则应该称为人类的“外意识”活动。与之相对，可以把人类自有的三类意识活动统称为“内意识”。随着信息技术的进一步发展，信息技术应用更多的不是对人类意识智能的模仿或再现，而是对人类意识智能活动在外在空间中的新的拓展与延伸，具有人类原有意识智能所不具有的新的形式、功能与作用。在人类的“内意识”主导下，“内意识”与“外意识”相互配合互动，形成了人类新型的完整的意识的形态。而“外意识”将永远扮演辅助性延伸“内意识”的角色。

人类这种“外意识”的核心在现有的信息技术体系中便是软件。在第2章第2.1节中曾经说过，有人认为软件“是一种纯精神化的艺术创作过程”。但是软件不同于人类其他的精神创造物便在于它具有能动性，从本质上看，它是人类“内意识”的外化，所以软件成为人类“外意识”活动的核心。也许随着智能应用的发展，有一天也需要将“外意识”进一步分解为不同的层次。

“机器智能”这个表述，在于强调信息技术的智能应用将在许多方面超出人类具有的智能所触及的范围；而“外意识”这个表述，则是突出信息技术的智能应用对人的智能辅助与延伸作用及与人类智能的相互依存关系。“外意识”更能反映信息技术与生俱来的智能性应用与人这个能动性主体之间关系的主要的、核心的本质。“内意识”与“外意识”的统一，构成了人的完整的意识体。信息技术不仅在改变物质世界，而且历史性地改变了人类的精神界。

以计算机为代表的信息技术以逻辑计算能力对接了人的智能意识活动（详见第1章第1.2节），并以此为基础通过利用作为人类意识存在的“信息”去完成各种智能类任务，实现对人类意识智能的辅助与拓展。这就是信息技术的本质，也是它能够对整个人类社会起到空前的颠覆性作用，推动人类文明进入一个全新发展阶段的根本原因。

仅仅对“信息”作概念或哲学层面的分析，并不能有效地支撑未来信息技术智能应用的发展，所以本章后续部分从偏技术微观细节上对信息作进一步深入的剖析。

## 4.2 智能性“全信息”结构

钟义信老师在其提出的“信息科学”中，将信息分解为三个部分：性状特征、运动状态及变化方式的形式、含义和效用。包括形式、含义与效用三部分内容的信息，被其称为“全信息”。但是如果对照上面给出的信息的定义，就会发现一个信息的效用并不包含在这个定义之内。所以，严格起见，后续对钟义信老师的框架作如下修改：信息包括信息的形式与含义，信息的效用等内容则为该信息的附属信息中的一部分。一个信息及其附属信息一起构成以该信息为主体的“广义全信息”，或简称“全信息”。而在“全信息”这个概念之下，扮演主体角色的信息本身可以被称为全信息中的“主信息”。

将上述关于信息的概念阐述重新表述如下：

“广义全信息”简称“全信息”，包括“主信息”及该主信息的“附属信息”。

“主信息”包括信息的形式与含义，是对人所认识的对象（包括物质与精神）运动状态及变化方式的人工表述。

“附属信息”是针对主信息而言的，是涉及主信息的效用等不同方面的相关的附属于主信息的信息。

没有主信息，附属信息通常不再具有意义。但是，主信息是可以脱离其附属信息而被使用的。在这种情况下，我们便称之为信息，而不再使用“主信息”这个相对于“全信息”和“附属信息”而言的表述。

这样定义的信息（也就是一个全信息中的主信息），具有如下的特征：

（1）信息是对象在人的意识上的反映，既具有客观性，又具有主观性。越复杂的信息，其携带的主观色彩通常就会越重。

（2）信息绝大部分是非结构化的，结构化的（或者说可以被结构化的，包括最简单的数值数据）只占很少一部分。

（3）不同人对同样的对象可以有不同的反映，即获得不同的信息。或者说，从客观的角度来看，每一个信息对对象的表述通常是不完整的或残缺的。这种残缺，也是信息主观性的一种反映。

（4）由于信息所反映的对象之间会有复杂的关联关系，因此信息之间也是相互关联的。

（5）人获取信息是有目的性的，这种目的性必然反映在信息本身的表达上，这也是信息的主观性的一种表现。

（6）人的目的性使得信息也可能具有一定的目的性，由此，信息具有产生后续变化的内在能动性。即信息是“活”的，具有一定意义上的能动性去“推动”人去达到某种目的。

（7）抛开信息之间的关联关系，孤立地看每一个信息，认识主体获取的信息具有内在的特定结构，尽管对于非结构化信息而言，这些结构不像结构化数据的结构那样规则而严谨。这些结构可能反映如下的特征：获取信息时对象和主体所处的环境和条件（时间、地点、手段等）；对象自身及其运动变化的结构性特征（这是信息的主体内容）；主体获取信息的主观考虑；信息被使用的情况等。这些结构既可能体现在“主信息”中，也可能以主信息的“附属信息”的形态存在。

（8）信息在复杂度上跨度极大。复杂的信息可以解构为多个具有独立并且相对完整意义的简单信息。这些具有独立、相对完整意义的简单信息，被称为"信息片段"。最典型信息片段的形态的就是微博。每一条微博都很简短，但是具有相对完整而独立的意义。

（9）信息是以多种形态存在的。认识主体获取的信息，有些是直接以主体的意识形式存在于大脑之中的，有些则是存在于主体之外的其他物质载体上的，如文字、录音等。

认识主体所认识的对象既包括物质实体，也包括逻辑/精神对象，如银行账户，会议，项目，哲学、宗教、民主和自由等抽象的主题概念，以及意识活动本身等。而且主体自身也是作为一个被认识的对象而存在的。认识主体对认识对象性状特征、运动状态及变化方式的认识可以分为以下四个基本类别。

（1）对对象自身性质特征的描述。这种描述其实就是对象在认识主体的意识中的一个映象。一个比较完整的映象，通常会以非意识的外在信息形态存在于其他载体之上，而不是仅仅存在于主体的意识中。

（2）对对象自身运动变化过程的描述。这种描述通常会以非意识的外在信息形态存在于其他载体之上。

（3）对对象之间关系的描述。这种关系也会反映为信息（对象在认识主体中的映象）之间的关联。这种关系大多以意识的形态存在于人脑之中。复杂的关系则会以非意识的外在信息形态存在于其他载体之上。

（4）对对象之间相互作用（过程）的描述，如人员招聘面试过程的描述。这种信息通常会以非意识的外在信息形态存在于其他载体之上。

与信息紧密相关的一个概念就是知识。这两者之间的关系在学术界也众说纷纭。通常来讲，信息这个概念更宽泛，可以是认识主体对对象简单的反映，也常常包涵认识主体对对象深入复杂的认识。而知识通常是指经过复杂的智力处理而获得的对对象的复杂认识。所以，本书更倾向采用知识被包含在信息之中的看法，它能够更好地包容人们在现实生活中已经形成的对这些概念的使用，同时又不损害讨论的严谨性和有效性。比如，当知识以文档形式存在的时候，我们常常也称之为信息。

在下面的讨论中，除非特别声明，信息将包涵知识在内。

钟义信老师在其提出的“信息科学”中，将信息的形式化表达称为“语法信息”，将信息的含义内容称为“语义信息”，将信息的效用价值内容称为“语用信息”。这个语用信息就是前面定义的广义全信息中附属信息的一部分。语法信息与语义信息则是广义全信息中的主信息的两个侧面。

其中，“语法信息”是通过符号的组合编排来承载信息的具体形式化编码。如前所述，全信息中形式化的“语法信息”正是山农信息论研究的对象。在这里使用“语法”来描述这部分内容可能会造成困惑。因为这里的“语法”并不是指构成语义含义的自然语言层面的语法规则，是而指底层形式化编码的规则。所以，“语法信息”中的“语法”并非与“语义”相关联，与“语义信息”中涉及的自然语言层面的“语法”并不是同一个概念。因此，为了避免误解，也为了避免概念层次上的混淆，下面将用信息的“形式化表达”来取代钟义信老师在其信息科学中定义的“语法信息”。

形式化表达就是按照一定的规则用抽象的符号对信息进行编码后的结果。信息的这种形式化表达与在信息技术中对信息所做的底层存储和传输等操作有直接的关系。山农的信息论使用统计方法将其作为研究对象，就是为了给信息通信系统的分析与设计提供一个定量的分析工具。但信息的这种形式化表达对于信息在底层的存储、传输和显示之外的高层处理过程，如信息管理与信息应用，并没有直接的影响，所以不在本书的讨论范围之内。

钟义信老师定义的"语义信息"是指在一个信息对于认识主体所具有的含义。但是，信息的概念是大于语言的，因为信息还包括图像等其他具体的形式，所以，将信息的含义用语言学中的"语义"来定义有些狭窄，尽管许多信息的含义包括语义内容。另外，一个信息的"含义"再用"信息"这个概念本身来反过来说明也有些不妥。所以未来为了避免概念层次上的混淆，我们将信息具有的含义称为一个信息的"含义内容"。信息的"含义内容"包括语义内容，但并不仅限于此。

这里讲的一个信息的"含义内容"，指的是其显性、直接的含义，而不是隐性、间接的含义。一个信息的显性、直接的含义，是由信息的内容直接表达的；而其可能拥有的隐性、间接的含义，通常是通过它与其他信息之间的关联而显现的。比如一张人物照片，它的显性、直接的含义，就是照片直接反映出来的这个人物的外在特征；而这个人物职业等情况，则是这张照片的隐性、间接的含义，要通过其他的信息与这张照片发生关联才能显现出来。

下面简单分析一下信息的含义内容在第 3 章中讲过的计算机应用的三个阶段中的作用或影响。

在计算机的数值计算应用中，计算机所处理的数值数据只具有很单一的含义内容，我们称之为"微观数据"。在应用中，数据的含义内容由其数值直接显性地表达出来。所以，在这类应用中不必对被处理的数据所具有的含义内容加以特别的关注。

在计算机面向结构化数据的应用阶段，计算机处理的是在有限维度语义空间中定义的结构化数据。与数值计算中的数值数据相比，这样的数据的语义虽然趋向复杂，但是其语义的含义依然十分明确清晰。我们称之为“中观数据”。利用有限维度语义空间，即可以对结构化数据进行完善的管理操作。而关系型数据库正是可以实现有限维度语义空间并对其进行操作的有效工具。当然，放入关系型数据库的不都是结构化数据，结构化数据也不必然要放入关系型数据库。结构化数据的语义内容，在这里既是被管理的对象，也成为对数据进行有效管理的基本手段，因而也构成了数据应用的基础。

当进一步面对非结构化信息的时候，由于信息的含义内容的多样性及复杂性，我们无法用有限维度语义空间来对其进行完整严格的描述。我们称这些非结构化信息为“宏观信息（数据）”。如果一定要建立一个语义空间来比较完整地描述一般性非结构化信息的话，必然会遇到语义的不确定性与语义的开放性所带来的不可克服的困难。正如在第1章中对计算机本质的分析中指出的那样，问题的不确定性与开放性都是计算机在本质上所无法有效面对的。所以仅仅从语义的角度，试图对非结构化信息进行有效的管理与操作是不现实的。这是目前很多相关研究陷入的误区。这些研究试图用语义空间或其他的仅仅基于语义的方法来解决非结构化信息管理和应用中的一切，至少是核心问题。

要对非结构化信息进行有效的管理和操作，不仅需要超越语义内容的视角，而且要超越信息（直接）含义内容的视角，因此在前面引入了“全信息”及其中的“附属信息”的概念。

钟义信老师在其信息科学中引入“语用信息”的概念，原本是指信息的效用价值，属于这里定义的“附属信息”中的一部分。谈到效用价值，它必然与具体主体的主观感受密切相关。效用价值既因不同的主体而不同，对同一个主体而言，也会因在不同的条件下而有差异，因此，一个信息的效用价值缺少基本的稳定性。所以，下面将回避信息的主观效用价值，讨论广义全信息中附属信息的其他组成部分。

在理解和使用信息的时候，除一个信息的直接形式化表达及这个形式化表达所携带的直接含义内容外，很多与这个信息直接或间接相关的附属信息，对于有效使用该信息（主信息）也有不同程度的意义。

这些附属信息包括但不限于以下几个方面的信息：主信息表征的对象的其他相关信息；提取主信息的认识主体的其他相关信息；获取主信息时，其表征的对象及认识主体所处的环境与条件；认识主体获取主信息的手段与相关主观意图；主信息的使用限制，比如文件的密级；主信息的编码形式，如 Office 的 Word 文档或 PPT 文档格式等；主信息被使用的情况；对主信息的标签注释；主信息或其反映的对象、事件、活动等在认识主体的存在与活动空间中的定位；不同主信息彼此之间的关联。

从信息含义内容的角度来看，这些附属信息可以被理解为是帮助揭示主信息的隐性、间接的含义内容的信息。

在现在的计算机系统中，一个文档的属性就属于该文档的附属信息的一部分。在理解和使用一个信息的时候，常常要利用部分或全部上述附属信息。所以，从这个角度来看，只有把相关的附属信息包括进来，才能够有效地管理与使用一个（主）信息。

上述与一个主信息相关的附属信息，对于主信息的具体实际应用有密切关系。比如，在某些场合会查看使用一个文档的属性信息。所以，将这些能够对（主）信息应用起到重要支撑作用的附属信息称为该信息的“应用支撑信息”，简称“支撑信息”。主信息（信息的形式化表达与含义内容）连同它的“支撑信息”一起构成了“狭义全信息”，后文也简称其为“全信息”。由于“支撑信息”也是信息的一种，因此与其所依附的主信息一样也包括了形式化表达与含义内容。

需要指出的是，主信息的支撑信息中的一些内容也可以出现在主信息自身当中，如本节前面对信息的特征分析中第（7）条中所指出的那样。所以，在主信息与其支撑信息之间并不存在一个严格的界限。

在主信息的附属信息中，除上述的支撑信息外，还可以包括效用信息等其他的内容。但是由于效用的不确定性，以及其对信息的应用过程影响有限，因此后面不考虑这个因素。

上面对“支撑信息”和“全信息”的定义，与钟义信老师给出的相关定义有所不同。这里给出的定义的出发点是面对信息的应用过程，而抛开了信息的应用效果（效用价值）这一不确定因素。在后面的分析中将能够看到，这种定义会更有效地支撑对复杂的非结构化信息的管理和应用。

钟义信老师提出的“信息科学”，在定义了全信息后，主要对语法（即形式化表达）、语义和语用信息的“信息量”给出一种量化计算方式。实际上，除了语法信息的量化计算，即山农信息论涉及的内容，对通信等相关过程有重要意义之外，语义与语用信息的量化计算对于信息的高层处理应用过程并没有太大意义。比如，在获得一个文档的时候，会直接利用它来实现目的，而不会画蛇添足地去计算一下该文档的语义信息量有多大。所以在信息的高层处理应用中，我们真正关心的是信息的有效管理及在此基础上的有效应用，而不是定义一个方法去量化地计算“信息量”的大小。

因此，后续关于全信息的讨论将集中在信息的有效管理方法的探索上，以及基于这种管理而对信息的有效应用上，而不去关注信息的量化计算方法。这是本书后续的讨论与钟义信老师的“信息科学”的一个根本的方向性区别。

综合前面的讨论，可以把信息、广义及狭义的全信息的结构用图 4-1 形象地表示出来。计算机面对的信息的基础是其形式化表达。它支撑信息的基本存储、传输与显示过程；在此之上，是与信息的高层处理应用直接相关的信息的含义内容；该信息的附属的支撑信息则支撑它的含义内容被充分有效使用。

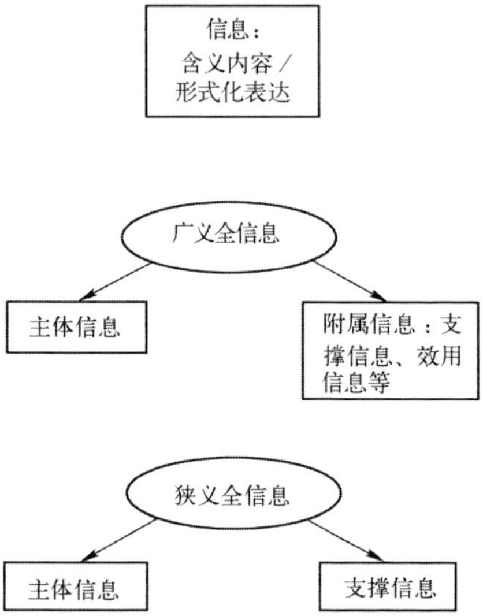


图 4-1　信息的结构示意图

本书引入的全信息概念，是对一个独立信息的全面描述框架，目的是为对复杂信息的管理与支撑全面智能化应用奠定基础。在此基础上，在下一节将进一步对一个信息从生成到使用的动态过程和全生命周期进行分析。

## 4.3　信息的结构化：从“描述”到“使能”

在前面的分析中曾指出，有限维度语义空间在非结构化信息的管理中同样扮演着重要的角色。但是由于与结构化信息相比，非结构化信息的内涵复杂性大大增加，因此在非结构化信息管理中的有限维度语义空间将具有一些新的特征。

首先，从全信息的角度来对非结构化信息进行管理的时候，是需要多个有限维度语义空间来描述的，而不是像结构化数据那样，一类数据只需要一个语义间来描述就够了。多个语义空间之间还需要有结构将它们联系在一起。这种结构反映了信息宏观层面的，或者说隐性的、间接的特征或含义，而不仅仅是信息自身的显性内容含义。这也再一次表明，仅仅依靠语义标签是不能有效地管理非结构化信息的。在第5章将会讨论这种结构的建立。

其次，在非结构化信息管理中使用的语义概念，从性质上看要更加复杂。有限维度语义空间的“基”是由明确无歧义的概念构成的。从传统的意义上讲，概念就是描述性的，表征着实体或抽象的存在。比如，时间就是一种对过程流逝特质的抽象描述。但是，仅仅用描述性的语义概念来构建对非结构化信息的管理，不能有效反映非结构化信息内涵的复杂性。

比如，非结构化信息可能会携带复杂的主观意图。这种意图不是描述性概念能够完全反映出来的。在前面举的会议通知的例子中，参会人员虽然仅仅是姓名，但要让他们能够及时得到这个会议召开的信息，而不仅仅是对一个人做姓名的标识。这种姓名含义的变化，就是这个信息在形成的时候人的主观意愿带来的。当用有限维度语义空间来表达这些信息内容的时候，显然有必要把这些含义明确地表达出来，以便支撑相应的应用。

因此，在构建针对非结构化信息管理的有限维度语义空间的时候，空间“基”所使用的概念并不都是单纯描述性的。除了“描述性概念”外，还需要使用“使能性概念”。

所谓“使能性概念”，是指这个概念不仅是对对象的抽象描述，而且隐含驱动未来行为的意义。它将能够更有力地支撑信息的智能化应用。

还以会议通知为例，看看其中的几个概念的使能作用。比如会议的时间，它标志了一个活动的起点，它所具有的使能作用是提醒参会人员按时参会。所以，这个字段将触发日历中提醒功能的设置和启动，而不仅仅是一个时间点的标识。

会议通知中的参会人员姓名，不是仅仅在说谁将参加这个会议，而是应该触发将这个通知及时发送给这些人的动作。

从这两个例子中可以看出，一个基本的概念除了可以分化出不同的描述性子概念之外，还应该分解演化出不同的具有使能特性的子概念，这些子概念也将成为有限维度语义空间基的可选概念。

表 4-1 表现了时间这个基本概念可能分解出的具有不同描述与使能意义的子概念。这些概念可以分为多级，以便细致地表达不同的具体含义。从对这些子概念的说明中能够看到它们对应了实际应用中的不同场景，可以用来自动触发不同的应用动作。

**表 4-1　基本概念的分解**

| 基本概念 | 第一层子概念 | 第二层子概念 | 说　明 |
|---|---|---|---|
| 时间 | 描述性时间 | 标注时间 | 只是一个时间记录。具体的意义要根据使用场合才能确定。除与信息片段的时间阶段属性发生关系外，不与应用发生关联，不触发启动应用 |
| | | 创建时间 | |
| | | 修改时间 | |
| | | 入库时间 | |
| | | 事件时间 | 针对一个特定事件的时间 |
| | 纪念时间 | 无 | 指生日等特别事件的发生时间，会触发日程表的提醒功能，与失效时间类似，不同之处是纪念时间的提醒不是一次性的，而是每年重复 |
| | 有效时间 | 生效时间 | 这是针对特定对象（如证件）界定其有效存在的时间段，该时间（主要是失效时间）将被用某种形式放入日程表，提醒用户更新相关对象的有效性质 |
| | | 失效时间 | |
| | 过程时间 | 过程开始时间 | 是某一事件、过程、待办事宜和会议通知等发生或截止的时间点。过程时间进一步分为起始时间、中间时间和终止时间。两者不需要同时使用 |
| | | 过程中间时间 | |
| | | 过程结束时间 | |

对概念的分解相当于对于有限维度语义空间的某个维度做空间上的进一步分解，以便更加精细地描述信息。

对姓名、地名等其他概念也可以做类似的分解，形成具有不同具体含义的概念。在会议通知中，结构化部分的语义空间的基包括：会议主题（描述性）、会议开始时间与会议结束时间（使能性）、地点（描述性）、参会人（使能性）等不同特性的概念。

通过引入描述性之外的使能性概念，使有限维度语义空间这个非常简单的结构拥有了相对复杂的功能。可以用比较简单的方式将非结构化信息的一些比较复杂的含义揭示出来并加以利用，能够更好地实现智能化的信息应用。

针对某一类信息应用，需要按照这个原则建立一个完整的概念及其分解的集合，使用其中不同的子集作为“基”来构建不同的语义空间，以此为基本构件并结合其他结构组成一个完整的信息管理结构。

这样的概念集合可以分为两个部分，一个是普适的通用概念部分，比如对时间的细分就属于这一类。另外一部分则与具体的应用领域有关，涉及专有领域内的概念。比如做电子病历管理的时候，就要用到大量医学领域内特有的概念；如果做教育的应用，则会使用大量的教育领域内特有的概念。这些概念也是构成领域内知识的基础，在构造领域内知识库时也会起到基础性的作用。这部分工作与人工智能领域中的知识表示有关系。

最后，如在第 4.2 节中指出的那样，对于音频和图像等非文字型信息，需要将音频和图像等某些非语义特征单独或与语义概念一起形成一个有限维度离散空间，来描述音频和图像等非结构化信息。这些特征同样需要具有明确无歧义的性质。这样构成的空间被称为广义有限维度语义空间。

在有限维度语义空间中引入的使能性概念与非语义特征，将主要用来支撑基于信息全面管理的计算机的各种智能化应用。

在具体构建一个（广义）有限维度语义空间的时候，空间基的选择通常有两个基本的出发点。一个是在一个知识领域范围内来选择空间的基。这个时候，这个空间主要是从某个知识领域的角度来描述信息的。或者说所有的信息都是属于这个知识领域的；另外一个是根据具体应用的需要来选择一组基。这个时候，这组基可能是跨不同知识领域的概念的组合，以便用来支撑特定的应用场景。这样的空间在知识层面上看将具有复合的特征。根据具体应用来选择基的时候，也有可能这组基没有明确的知识领域特征，只是由具体应用所需要的一般性的通用基本概念组成。

从本章各节的分析中可以看出，对于非结构化信息，仅仅依靠"打标签"是无法做到对其进行有效管理的，更无法支撑其在各种场景下的全面智能化应用。需要一个"全信息"的结构来"全息"地描述一个信息，才能够实现对它的有效管理进而支撑各种智能化的应用。

到此完成了对"信息"的解剖，下一章将在此基础上开始对信息管理的讨论。

## 4.4 信息的生命周期与以信息为对象的管理

前面通过对信息的全面分析提出了一个支撑智能化应用的"全信息"的描述框架，下面来解析一个信息从生成到应用的动态过程所包括的主要环节，来提炼这其中值得重视的问题。如果完整地分解一个信息从生成到应用的全过程，可以得到图 4-2 所示的对一个信息的全生命周期的概括性描述。

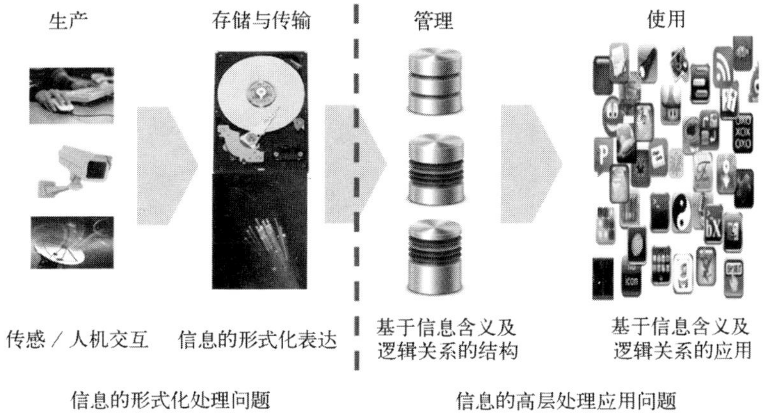


图 4-2　信息的生命周期

从图 4-2 中可以看到，一个信息的全生命周期包括四大阶段。其中前两个阶段，即信息的生成与存储和传输阶段，是基于信息的形式化表达的处理过程。这也是本章第 4.1 节中介绍的山农理论主导的领域，不在本书的讨论范围之内。

而紧随其后的是信息的管理与信息的应用阶段，它们都是基于信息的含义内容展开的。前面说的信息的高层处理应用就是指这两个阶段。

信息管理不是简单地将信息堆放在一起存储起来，而是针对一个边界确定的信息集合，按照因信息含义而形成的信息之间的逻辑关系，将信息组织在一起。这种组织信息的结构反映了信息之间内在的复杂逻辑关系。所以，信息存储与信息管理是信息生命周期中的不同环节。

在当前的大数据热潮中，有人将大数据比喻为矿藏，大数据应用就是在这个矿藏中挖掘宝藏。但是，信息与自然的矿物不同。自然矿物是自在之物，其形成过程独立于人的活动。所以对于矿藏以什么形态存在，人是无能为力的。探矿寻宝也成为一件颇具挑战的工作。但是信息则不同，信息是人工产物，从它生成的那一刻开始，就（可以）在人的操控之下。

所以，信息生成之后，不应该让它处于与自然矿藏一样的无序状态，而应该在信息生成之时就把它有效地管理起来。合理的信息管理将为后来信息的有效应用提供一个良好的基础，使我们不必盲目地大海捞针般地搜寻所需要的信息。良好的信息管理将使信息随应用的需求而信手拈来，让信息充分发挥出自身的价值。所以，信息应用，不论是计算机化的应用还是非计算机化的信息利用，它的基础都是信息的有效管理。如何有效地对信息管理，是计算机信息应用的基础性核心问题。之所以引入“全信息”这个概念，也正是为了对包括大量有着复杂含义的、宏观性的非结构化信息在内的各种类型的信息进行有效管理奠定一个坚实的理论基础，提供一个比较完整的框架。

在这里之所以强调信息管理这个并不算新鲜的话题，是因为在今天这个信息技术产业走向成熟的新阶段，大量的与具体应用没有紧密耦合关系的数据/信息以更加随意的方式如海潮般汹涌而来，有效的信息管理尤其成为一个重要的、迫切的，也是颇具挑战的问题。

在第 3 章曾经针对信息技术应用的三个阶段分析了数据/信息与应用之间的关系。数据/信息本身是对某个对象的描述。在大量非结构化信息出现以前，在计算机的数值计算与基于结构化的数据的应用中，数据的生成是为了实现特定的具体应用，数据/信息都是被当作对某个对象的描述来使用的。数据/信息是辅助要素和材料，被用来加工以达到其他应用目的，而数据/信息不是应用的目的。在整个应用中，数据/信息处于从属地位，数据/

信息的生成与管理是围绕具体设定好的应用而有序地进行的。这时数据/信息的内涵相对简单，基本都是数值与不算复杂的结构化数据。

但是当进入非结构化信息大量涌现的时代后，信息常常不再仅仅是为某个特定的具体应用而生成和存在的，它的内涵也变得复杂，而且具有多种不确定的、可能的或潜在的使用价值。比如一张照片，在不同的时间与场合会有不同的可能用途：可能用来怀旧，可能用来分析当时的场景，也可能用来分析人物之间的关系等。如今信息的这种生成与其应用之间的不确定性的特点，使得如何对信息进行有效的管理以便支撑各种潜在的应用，在计算机信息应用的第三个阶段里便成为一个十分重要的课题。

在未来新的信息管理方式中，信息本身不再仅仅是其描述对象的附属，信息管理不是将信息作为手段去达到某个具体应用的目的，而是让信息本身成为管理的主体对象和目的，这与知识管理有类似之处。同时，它又要能实现对各种现实与潜在信息应用的有效支撑。

当人们将关注的焦点由信息支撑的特定具体应用转移到信息本身的时候，当信息本身不是作为手段，而是作为的目的和对象来被审视与管理的时候，特别是当信息的含义变得更加复杂的时候，便产生了对一个信息全面理解与描述的需求，因此引入了“主信息”“附属信息”“形式化表达”“含义内容”与“全信息”等概念。“全信息”试图不仅对信息本身，而且对信息的产生与使用全生命过程，不同信息之间的关系以及信息存在的环境等相关方面作“全息”性描述。或者说，“全信息”的引入正是将复杂的信息自身作为主体对象来全面审视的产物。我们也正是试图基于对信息的全面理解来寻找复杂的非结构化信息的有效管理方式，以及建立在此基础上的新的信息的智能化有效应用方式。

需要指出的是，在计算机应用的数值计算与结构化数据应用的两个阶段里，一方面由于数据/信息不是应用的目的而是特定应用的附属，另一方面由于数据/信息只局限于数值或含义比较简单的结构化数据，因此那时没有引入“全信息”的需求，尽管“全信息”对于简单含义的信息也同样适用。

将信息作为目的对象而不是辅助要素来管理，是信息技术应用新阶段信息管理与前两个阶段信息管理之间的根本性差异。在新的阶段，在所谓的“大数据”时代，信息管理将起到前所未有的重要而核心的作用，推动信息技术应用模式发生革命性变化，向着全面融合与智能化方向不断推进。本书将在第 5 章对此作深入的讨论和分析。

在前面曾经指出，结构化数据的管理是通过有限维度语义空间来实现的，为了探究对以非结构化信息为主要构成的复杂的信息管理，下面先来分析已经被广泛应用的有限维度语义空间。

## 4.5 有限维度语义空间与结构化数据/信息

在第 3 章第 3.3 节中引入了“有限维度语义空间”的概念，并且指出所谓结构化数据/信息就是可以用某个有限维度语义空间中的点来严格定义的数据/信息，在此对这个问题进行比较深入的分析。

在所有的各种不同的信息类型中，结构化信息是语言文字类信息之中含义与结构都比较简单的一小类。从语义学的角度来看，它们主要只有概念的/字面含义以及概念之间的一阶关联，而基本没有概念之间相互作用而形成的复杂语法含义。

同一类结构化数据/信息是由一组明确定义的概念的实例字段组合而成的。比如银行的同一类型中不同的具体账号，都是由同样的一组字段组合而成的，而这些概念具有明确无歧义的特征。明确定义的概念是语义的基础与核心。所以把由一组明确无歧义的概念作为“基”而形成的空间，称之为有限维度（离散）语义空间。而结构化数据/信息自然就是这样一个空间中的一个点。

由于结构化数据/信息属于语言文字类信息，因此它的含义内容也就是其语义内容。同时，结构化数据/信息就是由具有独立明确意义的字段组成的，并没有复杂的语法结构。所以，结构化信息的语义内容完全由其构成的字段所决定。

因此在结构化数据/信息的管理中，通过有限维度语义空间，结构化数据/信息的含义内容，即语义内容，已经被完整而显性地表示出来。有限维度语义空间各个维度正是结构化数据/信息的语义分解。也就是说，有限维度语义空间正是从语义含义的角度实现了对结构化数据/信息的管理。

因为结构化数据/信息是与具体的应用紧密耦合在一起的，数据/信息的产生与使用都是具体的应用过程的一个环节，所以结构化数据/信息的支撑信息也都是融合在应用之中的，有些包含在数据/信息自身中。因此，在结构化数据/信息的管理中，并没有使用全信息的概念将一个数据/信息的支撑信息作为它的附属而管理起来。事实证明，利用有限维度语义空间对结构化数据/信息的语义内容进行完整准确的分解，并由此完成对数据/信息的管理，就可以有效地支撑对结构化数据/信息的含义（语义）内容的完整和充分的利用。

在技术实现上，关系型数据库为建立和操作有限维度语义空间以及其中的数据/信息提供了一个便利而强大的技术工具。利用关系型数据库，可以围绕一个完整的应用将应用中不同类型的数据/信息用不同的有限维度语义空间进行管理，实现对各个语义空间内的数据/信息进行各种操作。也正是因为这个原因，关系型数据库成为计算机应用第二个阶段，即基于结构化数据应用中最为核心的平台级产品之一。

有限维度语义空间以及关系型数据库为结构化数据/信息的管理以及基于它的应用提供了一个统一的处理方法与工具。那么，对于非结构化信息是否也有一个统一的方法来解决所有的问题呢？

在科学技术的发展历程中，曾经出现过一个与此有些类似的问题，那就是线性系统与非线性系统的处理方法问题。线性系统与非线性系统的处理方式，对于理解结构化与非结构化数据/信息处理问题具有一定的启发作用。

在各个不同的领域内都会遇到系统问题。其中，线性系统一如结构化信息，也是有明确的定义的。假如一个系统的传递函数是 $F$，并且定义了“加法”与“数乘”运算，则满足下面两个条件即为线性系统：

$$F(X+Y)=F(X)+F(Y),\quad F(aX)=aF(X)$$

而非线性系统与非结构化数据/信息一样，也是用排除性描述来定义的，即线性系统之外的系统均称为非线性系统。

所以，线性系统是整个系统集合中很小的一个子集，而且性质相对简单。这就如同结构化数据/信息是整个数据/信息集合中很小的一个子集那样，而且也是性质相对简单的一类。

对于线性系统，有有效的数学方法来统一描述。事实上，大部分数学分析工具都是针对线性系统的。与此类似，对于各种结构化数据/信息，也有有限维度语义空间这个工具来有效地统一描述。

对于非线性系统，情况则千差万别。不同的非线性系统的具体描述与处理方法各有不同。其实，这个状况非常自然。因为非线性系统并不是一类具有相同性质的系统，而是系统集合将线性系统排除后剩余的大杂烩。这样，对于非线性系统进行细分归类，然后再想办法来描述与处理就成为必由之路。我们不应该指望有一个统一的方法能够有效地描述与处理所有的非线性系问题。

当然，在描述与处理非线性系统问题的时候还是有一些通用的原则。比如，在一定条件下对系统进行线性化处理。但是最重要和最关键的，还是针对具体的非线性问题的特点寻找具体的方法。

非结构化信息的情况与此类似。非结构化信息是所有类型的信息除去结构化信息后剩余的大杂烩。我们很难指望找到一个简单的方法来处理所有的非结构化信息的管理与应用的问题。对于非结构化信息的管理，也需要针对具体类型的问题寻找具体的方法，而不太可能有一个方法解决所有问题。尽管对非结构化信息作结构化处理，可以利用有限维度语义空间这个工具是一个可能的基本思路，但仅仅作结构化处理并不能解决全部问题。

拿系统问题与数据/信息管理与应用问题作对比，是为了获得一些有益的启示，并不意味着应该简单照搬系统领域里的经验或做法。

如何针对不同类型的问题构建针对包括大量非结构化信息在内的一般性信息的有效管理结构，是未来涉及非结构化信息应用的基础与关键。由于非结构化信息无法用有限维度线性语义空来严格定义，其实际的应用既与信息的直接含义内容有关，也与它的支撑信息有关。所以，对非结构化信息的管理方法应该放在全信息的框架内来分析。很多现在流行的仅仅基于语义的方法无法满足未来应用的需求，或者说，这些方法无法充分利用复杂的非结构化信息的价值。

下面将从前面引入的"全信息"的视角，对信息，特别是非结构化信息进行比较深入细致的分析，来寻找对包括大量非结构化信息在内的一般性信息在特定的、代表未来主要应用场景的情况下进行有效管理的方法或结构，以期实现在这些情况下对信息的充分有效利用。

## 4.6 "全信息"中的"(应用)支撑信息"

在谈到对复杂的非结构化信息管理的时候，业界似乎有一个基本的看法，那就是这不过是一个对信息"打标签"的事情。如果认真深入分析就会发现，要对非结构化信息进行有效的管理以支撑智能化应用，远远不是"打标签"那么简单。全信息结构的提出，正是因为"打标签"不足以满足对复杂的非结构化信息的管理需求。本节结合具体的事例深入分析全信息中的支撑信息。

在前面定义的"全信息"（狭义全信息），由"主信息"和它的"（应用）支撑信息"两部分构成。其中，主信息的"支撑信息"主要包括如下几个方面的信息。

（1）主信息表征对象的其他相关信息。

（2）提取主信息的认识主体的其他相关信息。

（3）获取主信息时，其表征的对象及认识主体所处的环境与条件。

（4）认识主体获取主信息的手段与相关主观意图。

（5）主信息的使用限制。

（6）主信息的编码形式。

（7）主信息被使用的情况。

（8）对主信息的标签注释。

（9）主信息，或其反映的对象、事件、活动等在认识主体的存在与活动空间中的定位。

（10）不同主信息彼此之间的关联。

以上支撑信息从主信息的角度分为如下几个大类：第（1）项属于“与主信息表征对象相关的信息”，第（2）（3）（4）项属于“与主信息生成相关的信息”，第（5）（7）项属于“与主信息使用相关的信息”，第（6）（8）项属于“对主信息自身的描述”。以上四类支撑信息都是只与本主信息有关的支撑信息，可以称之为“主信息的自身支撑信息”。而第（9）（10）项属于主信息与外界其他主信息或环境的关系，可以称之为“主信息与外部的关系信息”。主信息（应用）支撑信息的基本结构见表4-2。

**表4-2　主信息（应用）支撑信息基本结构**

<table>
<tr><td rowspan="10">主信息（应用）支撑信息</td><td rowspan="8">主信息的自身支撑信息</td><td>与主信息表征对象相关的信息</td><td>主信息表征对象的其他相关信息</td></tr>
<tr><td rowspan="3">与主信息生成相关的信息</td><td>提取主信息的认识主体的其他相关信息</td></tr>
<tr><td>获取主信息时，其表征的对象及认识主体所处的环境与条件</td></tr>
<tr><td>认识主体获取主信息的手段与相关主观意图</td></tr>
<tr><td rowspan="2">与主信息使用相关的信息</td><td>主信息的使用限制</td></tr>
<tr><td>主信息被使用的情况</td></tr>
<tr><td rowspan="2">对主信息自身的描述</td><td>主信息的编码形式</td></tr>
<tr><td>对主信息的标签注释</td></tr>
<tr><td rowspan="2">主信息与外部的关系信息</td><td rowspan="2"></td><td>主信息，或其反映的对象、事件、活动等在认识主体的存在与活动空间中的定位</td></tr>
<tr><td>不同主信息彼此之间的关联</td></tr>
</table>

如前所述，这些支撑信息有可能以主信息的附属信息的形态出现，也可能存在于主信息之中，成为主信息的一部分。

摄影是人们获取非结构化信息的典型的，也是常用的手段，照片是需要处理的一种重要的主信息。下面用几个具有不同目的与场景的摄影例子来形象并具体地展示与一幅照片相关的支撑信息。

图 4-3 是一位父亲在给他学摄影的女儿拍照。如果把这个父亲拍摄的照片作为主信息的话，认识主体便是这位父亲，主信息表征的对象则是女儿，而与主信息相关的支撑信息则分别列示在图中不同的注释框中。其中，主信息与其他信息的关联与信息的使用情况等支撑信息没有列示。

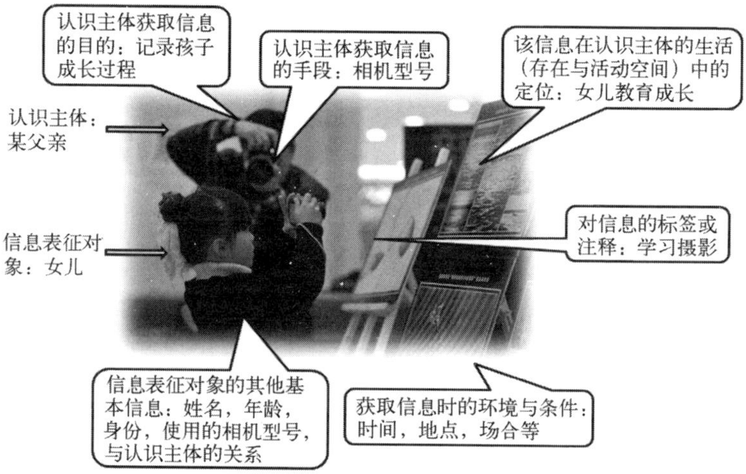


图 4-3　支撑信息示例之一

图 4-4 展示了一个旅游的场景。一位游客正在用照相机拍摄一只老虎。如果把他拍摄的老虎照片作为主信息的话，这位游客便是认识主体，老虎是信息的表征对象，与这个主信息相关的支撑信息，除关联信息、信息的使用与限制及信息编码等之外，同样列示在了图中的注释框中。

图 4-5 是一位摄影师在拍摄核武器试验。如果把他拍摄的核爆蘑菇云照片作为主信息的话，他便是认识主体，核爆则是主体照片的表征对象。

他可能是核武器试验的一个直接的参与者。除关联信息、信息使用情况与限制及信息编码等之外，支撑信息也列示在了图中的注释框中。

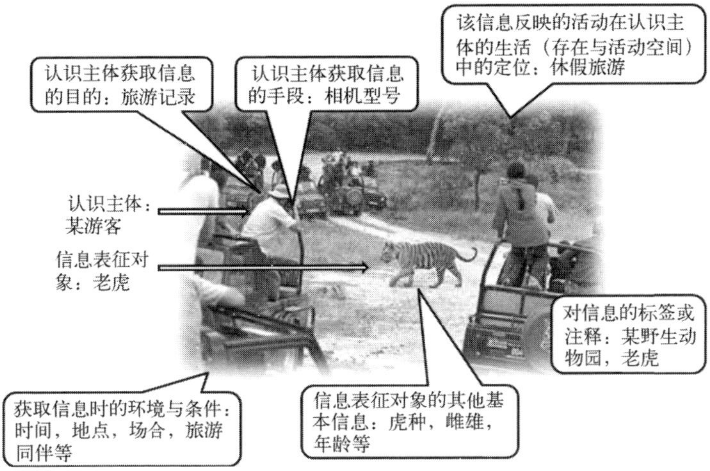


图 4-4　支撑信息示例之二

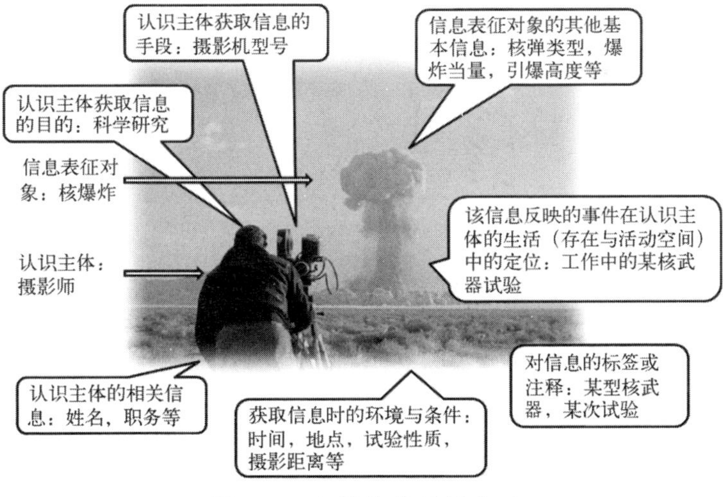


图 4-5　支撑信息示例之三

就对照片的直接使用而言，那位父亲以后给朋友展示这张女儿学摄影的照片时，显然希望能够清楚地介绍这是女儿什么时间、在什么场合学习摄影，甚至女儿在用什么型号的照相机等；老虎的种类雌雄等信息则会给那位游客的照片增添更丰富的内容；而对于科研摄影或者摄影爱好者来说，用什么型号的摄影机，在多远的距离拍摄等信息显然有重要的意义。对于科研摄影，摄影师是谁显然也是一个需要保留的重要信息。

其他的支撑信息，例如拍摄的目的、对象的特征、照片反映的事件或活动等在认识主体的生活（存在与活动空间）中的定位等，显然能够帮助认识主体有效地管理这些照片。或者说应该充分利用这些支撑信息来完成对照片的管理，以便未来更便利、有效地利用这些照片。

从上面三个例子可以清楚地看到，当获取了一张照片后，不同类型的支撑信息将对未来有效管理与利用这幅照片有重要的帮助。

上面三个例子没有充分显示出认识主体获取信息时的主观目的可能起到的特殊作用。下面用一个文字性的信息来揭示主观目的在信息管理中可能发挥的重要作用。

图 4-6 是一个会议通知的编辑界面。会议通知是有明确的主观目的的，而不是对一个客体的简单描述或记录。在这个会议通知中，左边结构化的部分，也就是用有限维度语义空间描述的部分，包括会议主题、时间、地点、参会人等信息。

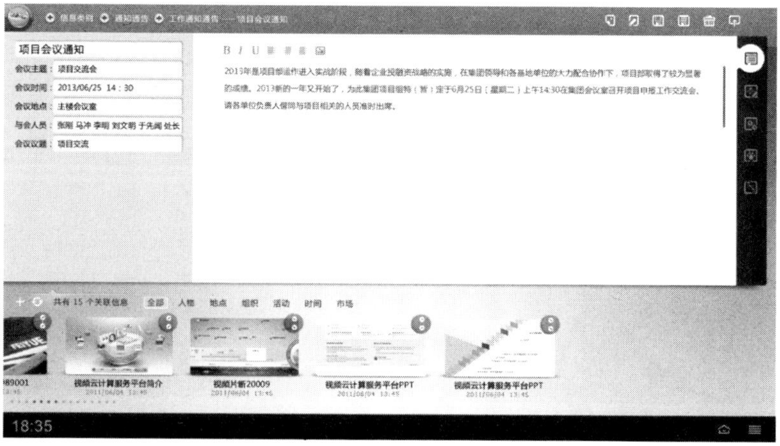


图 4-6　信息获取的主观目的示意（胡涛提供）

会议通知的主观目的就是要求参会人按时到指定地点参会。在这个例子中，这种目的性通过有限维度语义空间而显性地体现为参会人员、时间与地点等。由于这种目的性被显性地展现出来，因此可以利用这些信息让计算机将这个会议通知自动发送到参会人的邮箱中，并且将参会的时间与地点自动填入参会人的日历中以提醒各个参会人按时参会。

在这里，由于信息的主观目的的重要性，它不是作为支撑信息而是作为主信息的一部分而出现的。

上面通过几个例子形象地展示了一个主信息可能拥有的支撑信息，以及这些支撑信息可能起到的作用。

对于主信息的自身支撑信息而言，因为这些信息只是作为支撑信息而存在的，所以它们不需要具有复杂的内容，大多数情况下只要用比较简单的文字符号方式将核心的内容表达清楚即可。所以，这些支撑信息大部分可以用不同的有限维度语义空间来描述。

比如，可以将本节开始列示的支撑信息中的前六个支撑信息用文字来表达，并根据应用的需要进行适度的整合，建立一个或多个有限维度语义空间，定义好相关的维度字段，将这些信息统一地表述出来。目前使用的各种文档格式都有相关的“属性”信息，就是只与主信息自身相关的一部分支撑信息的一种具体表达形态。它们都是以结构化的形态而存在的。

图 4-7 是微软 Office 的 Word 文档的属性信息的一部分，是以结构化信息的形式存在的，包括与文档本身直接相关的一些支撑信息，如作者、使用的编辑工具、信息生成时间等。

图 4-8 则是一张用数码相机拍摄的照片的属性信息的一部分，也体现为结构化信息的形式，包括与这张照片直接相关的一些支撑信息，比如照

相机的型号、摄影师参数的设定等。

图 4-7　微软 Office 的 Word 文档的属性

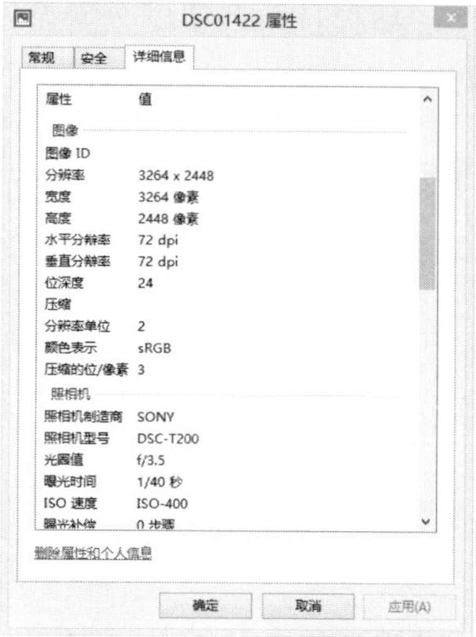


图 4-8　数码相机照片的属性

在本节开始所列的第（7）个支撑信息，即主信息被使用的情况，也可以用一个包括信息分享时间、信息分享对象、信息分享手段等字段的有限维度语义空间来概要地描述主信息被使用的情况。这个支撑信息是一个信息在其生命周期中被使用情况的记录，它使一个信息自生成后的历史过程变得可追溯，对于该信息的使用具有特别的意义，有广泛的应用价值。

对主信息的标签注释，根据主信息的形态不同而可能有不同的表示方式。它可以是文字，也可能是其他信息特征空间的参数。在用文字表达时，它也是一个可以用有限维度语义空间来描述的支撑信息。当主信息是非文字性信息的时候，如音频图像等，对主信息所进行的标注可能会采用文字，也可能采用音视频信号特征空间中的一些参数。在本章第 4.7 节中会结合对主信息的结构化处理对标签注释信息作进一步讨论。

上述分析说明，虽然主信息可能无法做完全的语义分解，但是由于内容大都可以比较简要地用文字表达，因此“主信息的自身支撑信息”这部分文字化的信息能够用不同的有限维度语义空间来描述。因此，不同的有限维度语义空间的组合将在非结构化信息的管理中扮演一个重要角色。在本章的第 4.7 节中将会专门讨论用于非结构化信息管理的有限维度语义空间应该如何构建。

在支撑信息中，“主信息与外部的关系信息”中的两个支撑信息的处理方式相对复杂一些。它们与信息管理的边界相关，而且在信息管理中将在比较宏观的层面起到更为核心和决定性的作用，将在第 5 章进行深入的讨论。

## 4.7 “主信息”自身的结构化

在第 4.6 节中主要分析了主信息的支撑信息的结构与处理方法，对于主信息自身而言，也有一个如何做适度结构化处理进而为对其做有效管理与应用提供基础的问题。

非结构化信息的种类繁多，对这些信息做结构化的处理，首要原则就是要对信息分类。这种分类不是简单地根据其信息表示方法分为文字信息、语音信息及图像信息等，而是要根据信息的内容特点来进行分类。就像处理结构化数据那样，是根据不同的数据结构设计不同的表，即用不同的有限维度语义空间来对数据进行管理。

在众多不同类型的信息中，从内容特点来看，文字语音与文字文本应该属于同一大类的信息，所以下面对它们不再作区分而统称为文字信息。

根据不同应用场景下含义内容的不同，可以把文字信息划分为众多的类型。比如通知类型的信息、事件（如会议）记录类型的信息、阐述类型的信息（如论文、报告）等。这些不同含义内容的信息可以根据一个类型中的信息的共同特点，而将其共性的部分做结构化处理，其余部分依然以非结构化的形式存在。

比如第 4.6 节提到的会议通知，就可以做成由结构化与非结构化两部分组成的一个标准的格式。其中，结构化部分可以用有限维度语义空间来描述。图 4-9 中左下侧是会议通知的结构化部分，左上侧则是非结构化部分。

图 4-9　文字类信息的结构化处理（杜昭提供）

信息分类的粒度会因为可能的应用场景的不同而不同。就好像在结构化数据的管理中，要根据应用的情况来建立不同的数据表一样。粒度划分得细，可能会使信息的管理准确度和灵活性提高，但是同时会使信息应用过程中系统复杂度增加和系统效率大幅下降，甚至带来用户理解上的困难。粒度划分得粗，信息管理的准确度和灵活性会降低，但是系统的复杂度、可理解性则会改善。由于非结构化信息本身的复杂性，这种分类划分比对结构化数据的处理难度要大。

对信息分类以后，每一类信息中哪些内容应该用结构化来表达，也是一项需要结合具体的应用逐一分析的工作。比如，电子病历的结构化与普通办公文档就会有很大的区别。这部分结构化字段（语义维度）的设计，既是这类信息共性的概括，又是区分本类信息与其他类信息的典型特征。

在对每一类的非结构化信息进行结构化设计后，信息通常还会有一部分以非结构化形态存在。对这一部分的信息，可以进行进一步的处理，即采用标签的方式来对主信息作标签注释。对于文字化信息，这些标签注释既可以是主信息非结构化中的一些关键词，也可以是主信息的结构化部分中的一些字段。所以，它们应该被看作是对主信息整体的标注。而这些标注同样可以用有限维度语义空间来描述，比如用人名、地名、时间、组织名称等作为空间的维度。

对于非文字信息，标注可能是文字，也可能是信息自身存在的特定信息空间中的特征参数。比如在音频领域，Asif Ghias 等人于 1995 年提出了基于“内容”的音乐检索算法[3]，随后许多人参与到这个领域的研究之中，提出了对音乐作标注的不同方法。在 2001 年发布的 MPEG-7 标准中，对于音频信息的标注包括以下特征类型：频率轮廓线、音频对象、音色、和声、频率特征、振幅包络、时间结构、空间结构、声波近似值（通过哼唱一段旋律或发出一种声音效果来生成）、原型声音（典型的用例为实例查询）、声源和它的特征与模型、文本内容（如歌词）等。上述音频信息的特征既包括典型的语义内容（如文本），也包括以非语义形式存在的特征，如音色、振幅包络等。

可以将这些非语义形态特征作为“广义”的“语义”概念，而文字语义则称之为狭义语义。可以用广义语义概念独立地，或者与狭义语义概念组合在一起，构成有限维度离散空间，用来描述和管理包括这些参数在内的信息标注。我们将这样的空间称为“广义有限维度语义空间”。对于图像信息，同样存在狭义语义之外的广义语义概念的图像空间参数特征可以作为信息的标注，比如纹理、空间结构等。

因为对一个信息的标注就像文档的属性一样，通常是作为主信息的附属信息而存在和被使用的，所以在前面的支撑信息的讨论中，把这些标注信息划入主信息的支撑信息。这些具体标注信息表现了一个具体的信息的关键特征，既可以用于对本信息的检索，也可以用于分析本信息与其他信息的内在关联关系等其他的智能化应用。

## 参考文献

[1] 钟义信等. 信息科学教程[M]. 北京：北京邮电大学出版社，2005，26.

[2] 钟义信等. 信息科学教程[M]. 北京：北京邮电大学出版社，2005，27.

[3] Ghias A, Logan J, Cham berlin D, et al. Query by Humming-musical Information Retrieval in an Audio Database[J]. Proc. of the 3rd ACM International Conference on Multimdia, 1995: 231-236.

# 第 5 章

## 智能的投影：主体虚拟映像

在第 4 章中从信息的本质出发，借用钟义信老师提出的“全信息”概念，深入剖析了信息的结构。但是信息在绝大多数行情况都不是被单独使用的，而是被组织在一起去解决复杂的问题。

如图 4-2 所示，信息的有效组织管理是信息应用的基础。在信息技术应用进入全面智能化的新阶段，信息管理的方式必将发生新的变化，出现新的形态，以有效地支撑全面智能化融合性应用服务。

本章将在“全信息”的基础上，从整体的角度，紧紧抓住信息技术非结构化信息应用时期的特点，从全面服务于主体的智能化融合应用的角度来分析信息新的管理模式。这将涉及全信息的支撑信息中没有被讨论的“主信息与外部的关系信息”。在全信息的结构中，正是通过设置支撑信息来建立单个信息与信息集合整体的关系的。

当谈到“智能”的时候，“算法”常常成为关注的核心。而将要在本章提出的新的信息管理模式——主体在网络空间内的“虚拟映像”，将在“信息”层面与主体的意识相结合，为智能化应用注入新的、超越局部性算法的系统性智能要素，为信息应用的全面智能化打开一扇新的大门。

## 5.1　以主体为边界的信息管理

在第 3 章第 3.3 节中曾经指出，在结构化信息应用阶段，信息是与应用紧密地捆绑在一起的，彼此不可分离。所以在那个阶段，最通常的做法是以不同的具体应用为依据，确定管理的信息集合的边界和集合中信息之间的关系。也就是说，信息是按照其所归属的应用来划定边界并且按照应用的需求被管理的。

随后在第 3 章第 3.4 节中又指出，信息技术发展到现今这个阶段，信息不再像结构化数据应用阶段那样与具体的应用与生俱来、不可分割地捆绑在一起。数字化信息（其中绝大多数是非结构化的）的生成常常与某个具体的应用没有绝对依附性的紧密关联，而且随后会被应用在多种不同的场景。按照第 4 章第 4.1 节的分析，这些数字化的“信息”此时更多地表现出作为人的意识存在的特点。

在这个阶段，应用所解决的问题也正在从“点”与“线”发展到“面”。因此，在这个阶段考虑信息管理的时候，如果还像结构化信息应用中所做的那样以具体应用为依据来做信息的管理，必然存在严重的问题，无法支撑潜在的各种智能化“面”的应用，限制信息价值的充分发挥。这也是为什么在今天这个信息应用的新阶段，打破“信息”孤岛成为一个迫切的需求，而“信息”的孤岛的产生，正如在第 3 章第 3.3 节中指出的，正是以应用划定信息管理边界的产物。

随着非结构化数据的出现，新的信息管理模式的探索在 20 世纪末就开始了。

受到承载信息分享功能（而非信息处理功能）的万维网成功的鼓舞，Tim Berners-Lee 于 1998 年提出了语义网（Semantic Web）的概念。之后，语义网就成为人们讨论与研究的一个热点。这个领域内的一些研究，从信息的语义开始，直接跨到整个互联网的覆盖范围。它试图通过超链接等手段将整个互联网上的信息作为整体来实现对包括非结构化信息在内的管理与使用。这个设想固然宏伟，但与计算机的本质存在矛盾。如在第 1 章第 1.5 节中指出的，计算机能够有效处理的问题的规模必须是受限的，除非是简单的信息传递分享。把整个互联网作为对象，只能做一些相对比较简单初级的事情，或者从中找一些局部的事情来做。不太可能直接在整个互联网这个几乎无限规模的系统上实现复杂信息管理这样的高级功能。

更为重要的是，语义还仅仅是信息显性含义的有限描述，它难以全面支撑复杂的信息管理功能。语义网领域内的这种类型的研究看似宏大，实际上反映了西方文化传承中注重细节而缺少在整体上对事物完整把握的思维习惯。这种漫无边界的宏大设想，很容易落入当年人工智能遭遇的尴尬境地。当然也会像人工智能那样，逐步产生出许多有价值的局部具体方法而促进产业的发展。

在此将从更为现实和合理的角度来分析面向未来的信息管理这个问题。

那么在当今这个阶段，面向未来，信息管理的合理基点和前提是什么？也就是说，应该根据什么客观原则来确定被管理的信息集合的边界，找出这个集合中信息之间的关系，从而实现对这些信息的有效的管理以支撑未来的各种智能化、高度融合的“面”的应用？为此，大家需要把目光从具体的应用转到信息生命周期的起点、信息的生成环节上来。

不论信息的生成是否与具体的应用有不可分割的关系，信息都是由认识主体产生并为一个或多个认识主体所利用的。失去了认识主体，信息事实上便失去了意义。在第 4 章第 4.1 节中给出信息的定义的时候曾经对此做了比较细致的分析。

因此，虽然信息可以脱离具体的应用，但是它从来都不能离开认识主体。而认识主体与具体应用场景相比也是一个更为稳定的存在，信息技术的各种应用则是为了满足认识主体不同需求的产物。所以，将一个认识主体作为信息管理的基点来确定被管理的信息集合的边界，进而构建信息管理的基本结构，从而有效地支撑全面服务于这个主体的智能化融合应用/

服务，既具有自然的合理性，也具有应用的必要性。这种做法就是将一个认识主体所拥有的所有信息作为管理的范围，并通过对认识主体以及对这些信息的理解，建立信息之间不同形式的关联关系，从而站在认识主体的角度实现对这些信息的有效管理，在此基础上构建全面地服务于这个主体的、深度融合的“面”的智能化应用。不同主体所拥有的信息之间的关系，则应该放在更高层面去处理。

事实上，现在人们所使用的个人信息设备就在努力地将个人这个主体所拥有的大部分数字化信息集中在一起管理，虽然这种管理还远不能满足需求，还没有能够很好地支撑相关的应用。

下面超越单个信息的具体内容含义，首先从一个主体所拥有的信息集合的整体（不论是否已经数字化了）的角度来分析这些信息存在的高层宏观意义，进而理解以主体为基点做信息管理的价值所在，寻找并建立在整体而非微观层面上有效管理信息的结构。将该结构与全信息微观结构相结合，最终实现对信息的全面管理，并以此来支撑全新的信息技术智能化应用模式。

## 5.2 虚拟世界：主体拥有的信息集合的意义

现在考虑最基本的认识主体——一个特定的人，他所拥有的信息（不论是以数字化还是其他的形态存在）作为一个整体，即他所拥有的所有信息构成的集合，对他来说本质的意义是什么。需要指出的是，在这个集合中，绝大部分的信息是非结构化的，（可以）结构化的只占极小的比例。而且在这个集合中，由于信息技术的发展，越来越多的信息正在被转换为数字化的形态。

按照前面第 4 章第 4.1 节中对信息的定义，如果说信息是一个人对他所感受的对象（自然也包括他自身）的性状特征、运动和变化方式的主观表述的话，那就意味着这些信息的总和在他大脑的组织下便构成了他对自己生活于其中的“世界”（包括他自己在内）的认识与理解（或称解释），或者反过来说，是其生存于其中的“世界”在他意识中的投影。

从心理认知的角度来说，尽管都生活在同一个世界中，但是人们对这个世界的解释/认知却各有不同。存在于每个人头脑之中的这种解释/认知才是每一个人生活于其中的“真实的世界”。或者说，这种“真实”是对每一个人而言的，而不是脱离具体的人而存在的客观真实，尽管它来源于客观真实。相对于客观真实来说，人们头脑中的这个“世界”其实是一个“虚拟”的世界，是真实的世界通过每个人的意识认知在自己头脑中以信息的形式存在的一个投影。这个虚拟世界正是人的智能的体现，也是智能产物，还是智能活动赖以存在的基础。

所以，个人所拥有的所有信息作为一个整体——包括信息之间的关联关系，构成了每一个人生活于其中的“真实”的虚拟世界。这个虚拟世界不只包含了主体之外的与主体直接或间接相关的对象的信息，也包括主体自己的人生过程。这个虚拟世界与客观真实世界的复杂辩证关系属于哲学问题，在此不作深入讨论。但是揭示上述本质，有助于人们在未来更加有效地利用这些信息为每个主体做智能化服务，而并非是在故弄玄虚。

对其他类型的认识主体，如由多个人组成的复合性主体，比如一个组织机构，甚至一个城市，也是同样的道理。比如，从一个企业的角度来看，一个企业所拥有的所有信息的总和加上信息之间的关联关系，便是这个企业感受到并且活动于其中的“真实”的虚拟世界，它既包括企业所处的环境，也包括企业的自身状况。

对于一个主体所拥有的信息完整的总集合，可以从不同的角度提取某个子集，比如某个具体应用所使用到的信息。这些子集相当于信息总集合所构成的虚拟世界在某一个特定维度上的投影。比如，一个人的医疗健康信息，便构成了这个人自己的虚拟世界在个人健康维度上的投影；一个城市的空间遥感信息，则是一个城市的信息总集合（城市这个主体的虚拟世界）在城市的地理与城貌维度上的投影；一个业务系统的数据库，则相当于企业主体的虚拟世界在业务主题维度上的投影。

这些子集各有自己的特点，但是都属于总集合的子集。而基于这些不同信息子集的各种应用，都是在主体的虚拟世界中的不同活动。因此主体拥有的信息总集合是各个子集合的前提与基础，后面的分析会主要集中在一个主体的信息总集合的特性之上。

在这个总集合中，就具体的信息而言，特别是复杂度比较高的非结构化信息，其对主体的意义是多重的。主体会从不同的角度去理解使用信息，信息也将支撑主体的多种不同的活动/信息技术应用。这些信息彼此之间是有重叠的，存在大量的冗余，而且一个信息可能会有多种具体的不同的存在形式。

主体拥有的信息，总体上看有多种不同类型与多种存在形态。有极少部分是结构化的，绝大部分是各种非结构化信息。它们有的以意识形式存在于头脑之中，有的以非意识形式物化存在于其他的载体之上。这些信息在大脑的统一管理覆盖下构成了主体的虚拟世界。

在信息技术已经能够将越来越多的、独立于具体应用的信息进行数字化表达的今天，超越像数值计算应用那样仅仅站在一项任务的角度，或者像结构化数据应用那样仅仅站在一个具体特定的持续性活动（应用）的角度，而是以主体的完整视角来管理信息，理解信息和使用信息（设计信息技术应用）已经成为可能，而且这种做法对于主体而言具有内在的不可替代的合理性。这也是信息技术产业向更加智能化发展一个极为重要的、必然合理的努力方向，虽然不是唯一的方向。

综上所述，当采用主体认识论的角度，从宏观上来看一个主体所拥有的信息总集合的时候，信息对主体而言便有了更为深刻和复杂的意义。站在主体的角度，将其拥有的信息作为一个整体来思考和分析，有别于传统的信息理论仅仅针对一个具体的信息进行分析。这种分析将提供新的认识、理解与应用信息的视角。由此将带来信息技术智能化应用理论与应用实践的新发展，开拓新的、更为广泛和强大的信息技术智能化应用，将信息技术应用由主体的一些彼此相对独立的具体活动，提升到主体的全面智能活动的高度。因此必将引发信息技术的根本性变化。

如果回到（狭义）全信息中定义的支撑信息，其中的"主信息与外部的关系信息"在主体的虚拟世界这个范围内中便能准确地表达。

当然，在计算机的信息处理应用中，主体的视角并不是唯一的视角。未来依然会有大量的应用是站在其他的角度、跨主体地去看问题和解决问题的。比如，人们依然需要以应用为基础来做一些信息的管理，也需要以知识领域为基础来做信息（知识）的管理等。但是，站在主体完整的视角看问题和解决问题将是核心而且是非常重要的，这种类型的应用将在本质上影响和制约其他类型的应用，因为认识主体是构成人类世界的基本的、相对独立的、核心的要素，信息技术归根到底是为认识主体服务的工具，而且越来越多的数字化信息与充沛的计算处理能力也为信息技术更好地服务于主体提供了不断增长的空间。

## 5.3 虚拟世界的数字映像

对于一个主体而言，其拥有的信息总集合并不是存储在一个地方。人脑或企业的信息系统都只拥有一部分信息，大量的信息以不同的形态散布在不同的载体之上。这既与人脑在存储信息方面有着先天的不足（如容量有限、遗忘、失真等）有关，也与信息技术应用发展阶段有关。

主体拥有的这些存放在人脑等不同地方的信息，靠人脑关联在一起而构成了自己的虚拟世界。

随着信息技术产业的高速发展，依托信息技术类产品，越来越多的信息正在不断地被数字化。在结构化数据之外，形成了数量更为巨大的数字化的非结构化信息。站在一个主体的角度来看，这些信息虽然已经被统一用数字化形态来表达了，但是依然散乱地分布在不同的地方，没有被有效地管理，更没有被有效地利用。信息系统目前还是更善于管理与使用结构化信息，对于非结构化信息，还没有形成有效的理论和方法来管理与使用。

用信息技术手段将这些快速日益增长的信息聚合在一起，统一存放、统一管理从而发挥应有的价值，成为一个必然的基本而重要的需求。基于前面对主体所有拥有的全部信息意义的讨论，一个显而易见的合理方向，也是信息技术进一步发展而必须面对的一个核心的问题，就是如何以主体为中心来实现信息的融合化有效管理，以便在此基础上建立智能化融合服务，更好地全面服务于主体。这种以主体为边界界定依据来做数字化的信息管理的做法不仅仅有在第 5.2 节所指出的自然合理性，也有信息技术发展到今天而导致的现实必要性。

如前所述，一个主体所拥有的信息的总集合，就是这个主体所拥有的虚拟世界。当这个虚拟世界的很大一部分信息被数字化后存入计算机以便更好地服务于这个主体的时候，显然它们应该以这个虚拟世界的一个数字映像的形态而存在，或者说被管理起来。

或者说，当把这些数字化信息按照主体意识以及信息自身之间的逻辑组织管理起来后，它自然就构成了主体虚拟世界的一个外在的数字映像。

就像在结构化数据应用中，当银行采用信息技术来实现自己全业务流程的时候，其基础与核心就是把原来的传统纸质的账本数字化。或者说在关系型数据库中，通过建立一个有限维度语义空间，形成一个传统账本的数字映像。这个映像借助信息技术拥有了许多传统账本所不能具有的功能，而相关的业务流程都是建立在这个映像之上的。

如果在计算机中成功建立一个主体的虚拟世界的数字映像，计算机必然能够更好地服务于这个主体：这些融合在一起的信息的直接使用不仅会更为方便，而且这个映像可以有效地支撑基于这些这种融合化信息的各种融合化智能应用过程，而不再受信息孤岛问题的困扰。

所以，以主体为基础的（非结构化）信息管理的一个合理和必要的做法，便是在计算机内部用某种结构来实现主体虚拟世界的数字映像（后面也简称为主体的"虚拟映像"）。通过建立这个映像，一方面实现了基于认识主体的信息管理，另一方面也为未来的基于这些信息的智能化应用提供了基础。

如在第 4 章第 4.3 节中指出的那样，这种信息管理是以信息自身为对象和目标的，而不是将信息作为其他的附属来进行管理的，这是虚拟映像这种信息管理方式与传统的信息技术中的信息管理的一个重要的差异。这种管理方式与知识管理类似，但不同之处是它包含覆盖不同领域的属于主体的各种信息。

在第 5.2 节中指出，主体的虚拟世界“正是人的智能的体现，也是智能产物，还是智能活动赖以存在的基础”，所以，它的数字映像在本质上是就人的智能在数字空间中的一个特定的投影。它本身就具有重要的智能意义，虽然它不是人们通常关注的智能类算法，更不是人的智能的全部。

主体虚拟世界的这个数字映像，其本质是一个逻辑的映像，而不是感官意义上的，与虚拟现实技术没有必然的关系。

建立这样的数字映像是否具有可行性？是否会重蹈当年人工智能试图复制人的本质性智能的尝试的覆辙？

主体的虚拟世界是主体智能的产物，是由信息构成的对真实世界的一种描述，而不是智能或智能活动本身。虚拟世界中被数字化后的信息是智能产物的形式化表达。如果虚拟世界的数字映像以这些形式化表达的信息为核心，对其他的内容也做合理的界定，则这个数字映像就可以用数学结构、数理逻辑和算法来实现。或者说，虚拟世界的数字映像是否可以实现，取决于对数字映像边界的界定。只要界定得合理，目标便可以实现，而且对主体而言具有独特的价值。

这种界定，就是在人的智能与计算机的基本计算能力之间寻找一个平衡，让人与机器彼此相互配合和支撑，形成一个缝隙尽可能小的组合体。这个映像以及建立在其上的应用并不是以取代人的智能为目的，而是以弥补人能力上的弱点或不足，拓展人的智能范围为宗旨，这正是在本章第 5.1 节中引入的“外意识”这个概念的缘由。

在这个虚拟世界的数字映像中，主体所拥有的被包含在这个映像中的信息，一部分以数字化的信息形式存在，而且绝大部分是非结构化信息；

还有一部分是以这些信息之间的关系（结构）的形式而存在。当然，还会有一些信息由于各种原因而没有进入这个映像之中。这个映像在性质上是描述性的，而不是规则性的，尽管它内部也需要一些规则来支撑映像整体的描述完整性与准确性。这个映像通过信息及其相互之间的关联描述性地反映主体虚拟世界的性状，而不是试图外化主体智能活动的算法逻辑。基于这个映像的智能类功能，将会以应用的方式构建在映像之上。

简而言之，这个虚拟映像只负责描述，不提供判断。

有多重原因导致主体虚拟世界中的某些信息不进入数字映像（或者说不会以非意识的外在形式存在，因而没有被数字化）。一个原因是有些信息直接由大脑存放和处理比其他方式更为有效，不必借助于外在手段，尽管这些信息以外在的形式存在并不存在困难。比如，同事的特点、背景等信息，大家在头脑中很清楚，通常不需要变成文字保存起来。另外一个原因是有些信息是无法外化为外在形式的。比如，中文中有一个表述是“只可意会不可言传”，它讲的也是一种人对对象的认识。这种信息的存在就与人特有的智能紧密联系在一起，而无法被有效地外化。

因此，相对于原本的主体虚拟世界，其数字映像一方面与其存在永恒的、不可绝对消除的绝对性差距，而这正体现了人这个主体的不可替代性，其实也是人的智能的无法替代性；另一方面，这个映像由于利用了信息技术，在某些方面对主体而言又具有超越性，比如计算机的记忆与逻辑化的操作通常比人脑更加精确、可重复性好、不会遗忘等，因此它会具有原本的虚拟世界所不具有的一些更符合人的需求的功能。就好像计算机中的“账本”的功能会远远超过传统纸质账本那样。而这正体现了信息技术这个辅助与延伸智能的工具对人的智慧能力的补充与提高的价值。

主体的“虚拟世界的数字映像”这个词或许显得有些虚无缥缈。但是，如果回到现实世界中来，可以说，现在每个人计算机中自己建立的文件夹系统，其实就是一个比较原始、非常粗糙的个人的虚拟世界的数字映像。自己设置的文件夹的树形结构，既在一定程度上反映了自身对世界的感受，也在一定程度上体现了人们对自己所拥有的信息之间的宏观结构的理解。只是这个“映像”虽然拥有大量的信息，但是过于粗糙、简单，也过于随意以及严重失真，而没有能够将虚拟世界的一些主要特征充分反映出来。它既缺少每个信息的（狭义）全信息的描述，宏观结构也很不完整。但是它确实是一个人虚拟世界数字映像的原始雏形。

要建立一个能够比较好地反映一个主体虚拟世界的数字映像，不是将数字化的、属于主体的信息存放在关系型数据库或文件夹结构中就能够完成的。因为这个映像不仅要存储信息，而且要能反映出主体虚拟世界的复杂结构。这包括信息及其所反映的对象之间的复杂关系，主体对信息的复杂感受和认知方式，以及与每个信息相关的支撑信息等。

信息的丰富与结构的合理是虚拟映像能够在更大程度上反映主体虚拟世界的两个关键因素。

构建这个虚拟世界的数字映像是一个巨大的挑战，需要在对人内心世界和外在客观世界深入理解的基础上，建立恰当的数学结构来有效地描述这个映像，然后综合利用信息技术的优势将其实现。

这个虚拟映像的目标，不在于试图去取代主体原来的虚拟世界，而是充分利用信息技术的优势，构建一个映像，尽可能与主体实现无缝结合，以信息技术的长处弥补主体及原有信息处理手段的不足，进而帮助主体更加有效地运转自己的虚拟世界及在此之上的各种智能活动。

从另一个角度来讲，这个虚拟映像既是一个独立存在的、主体的虚拟世界，也是主体智能的一个特定投影，同时它也是主体虚拟世界的一个有机组成部分，它的存在更加丰富和完善了主体的虚拟世界。从根本上讲，这是人与辅助与延伸智能的工具之间的有机结合。这也是为什么在第 4 章第 4.1 节中讲"'内意识'与'外意识'的统一，构成了人的完整意识体。信息技术不仅在改变物质世界，而且历史性地改变了人类的精神界"的重要原因之一。

至于主体的虚拟世界如何更加准确地反映真实的客观世界，则在本质上是认识主体自己必须面对的问题，不在本书讨论的范围之内。

在此再次强调，由于主体的虚拟世界中的信息绝大部分都是非结构化信息，因此在信息技术设备大量普及的今天，计算机面对的被数字化的信息绝大多数也是非结构化信息，因此进入了当前这个以处理非结构化信息为主要矛盾的信息技术应用阶段。

在第 4 章中引入的"全信息"为非结构化信息的管理和应用提供了一个可能的微观理论基础框架，而本章中引入的"主体虚拟世界的数字映像"则是未来一大类重要的信息管理与应用的一种宏观依托，信息的许多隐性的、间接的含义也将通过这个映像结构被揭示出来。

## 5.4 不同主体的虚拟世界与数字映像

前面主要是针对"个人"这个最基本的认识主体的虚拟世界及其数字映像做了初步的分析，在信息技术的实际应用中，将会面对不同类型的主体。就目前信息技术应用的情况而言，可以将主体分为三大类。首先就是基本认识主体——个人；处于中间的是由多人组成、具有明确使命和目标的复合型主体——组织，如企业等；再往上就是由众多人聚集在一起、共同生活和工作而形成的复杂复合型主体——城市。目前在全球范围内，智慧城市正在形成一个热潮，所以有充足的理由将城市也作为一个主体来对待。

从信息的角度来看，这三类主体的虚拟世界的结构既有总体上相同的特点，也有具体的不同之处。

首先，这些在量级上有巨大差别的虚拟世界都包括相应的主体所拥有的所有信息的总和，而且是这个主体“感受”到并且活动于其中的“真实”的虚拟世界。它既包括主体所处的外部环境，也包括主体的自身状况。

它们之间的差别则主要体现在以下几个方面。

（1）信息量的差异。很明显，个人拥有的信息量与一个城市拥有的信息量是有巨大差异的。这将导致建立虚拟映像时所采用的具体处理方式和手段有所不同。

（2）主体所处的外部环境的不同。组织型主体企业的外部环境非常复杂，个人的要相对简单很多，而对体量最大的城市而言，如果把城市的自然与人文环境看作城市自身的组成部分的话，它的外部环境反倒显得比较简单。

（3）主体自身状况的差别。个人的自身状况是最简单的，而且很多内容并不需要投影到数字映像之中。企业的自身状况则要复杂得多，包括人和财物等，而且很有必要投影到数字映像中，以便有效地支撑企业的活动。显而易见，城市的自身状况是最为复杂的。

所以，个人的虚拟世界更多的是关于主体对外部的感知，城市的虚拟世界则主要是对主体自身的感知，企业则两者兼具。

主体对外部的感知与对自身的感知有一些本质的差异。主体对外部的感知主要是站在自己的立场用一个有限度的视角去感受，所以主体对被感知对象的感受是带有主观色彩的，而且通常是不完整的。这个过程基本是根据自身的活动和生存的需要来感受外部环境的，个人尤其如此。对这个感知过程的抽象是以对主体的内心活动的全面认识为基础的。这种主观性带来了问题处理上的复杂性。

由于没有客观屏障，因此主体对自身的感知通常是一种完整而全面的感知。像城市这样的复杂组合体是由众多的实体构成的，城市对自身内部的感知是以实体为基本单位的，也包括实体之间的复杂关联。这个结构在整体上更具有客观性，以客观存在的实体及其相互联系为基础。

以上不同类型主体的不同特点导致主体的虚拟世界具有不同的结构特征，或者说虚拟世界数字映像的结构有差异。而同一类主体的虚拟映像具有相同的基本数学结构，可以构成基础性产品用来解决一大类问题，就像关系型数据库那样。

对于城市这样由大量各种类型的实体（包括物质的和非物质的）构成的主体，构造其虚拟映像，既有巨大的困难，也有容易之处。困难在于整个系统的高度错综复杂，容易则在于对于这些实体已经有比较丰富完整的、可以利用借鉴的认识。

城市（或城市的一个区域）的虚拟映像主要包括以下几个主要内容。

（1）相对于外部其他环境，确定映像所反映的主体是谁，确定主体明确的边界。这是主体相对外部而言的。

（2）确定主体内部包括哪些类别的实体及实体的粒度，确定出不在此映像中进一步分解的基本实体。基本实体可以构成高层复杂实体，但基本实体不被再分解。实体的最小粒度取决于映像以后可能需要支撑的应用类型。

（3）建立实体的多维度描述，即一个实体的映像。包括高层实体分解为基本实体的结构、实体的属性特征，以及实体动态活动的记录等。

（4）不同实体之间的关系。这种关系一类是站在一个实体的视角看到的映像的结构；另外一类是站在整体的角度通过对实体之间关系的描述反映出的主体整体的某些方面的特征。

（5）对超越局部实体的那些主体的整体性特征的描述。

（6）映像的整体结构应该是站在映像之外或映像之上看到的结构，应该是多视角、多维度的。这是映像最关键的宏观整体结构。

这种方法与软件设计中面向对象的方法有许多类似的地方，但是它们之间还是有本质差别的。面向对象的软件设计是局限于某个应用范围来做对象的抽象与描述，目的是支撑应用的实现，是微观层面的方法。建立主体映像则是对一个完整独立的主体来做内部实体的抽象与描述，目的是完成对主体相对准确完整的描述，是超越具体应用的宏观处理。

在此不再花费笔墨分析组织性主体的虚拟映像的建立原则。

如前所述，个人的虚拟世界及其数字映像与城市等主体的虚拟世界及其数字映像不同。个人主体意识的主观性更强，而且人是最基本的认识主体，它既是人类世界的起点，也是人类世界的终点，具有特殊的基础性意义。针对人这个主体的虚拟映像的构建将会对整个信息技术应用的发展带来重大的影响。在第6章将对个人的虚拟世界及其数字映像的构建作深入的讨论。

## 5.5 数字化信息与认识主体之间的关系的演化历程

以认识主体获取的已经数字化的“信息”为基础，而不是以“智能”为出发点，也不是以主体的某些特定活动为出发点，这是前面分析的整体思路的关键所在。以智能（算法）为出发点，是传统人工智能的思路；以特定活动（流程）为出发点，是传统信息技术应用的思路。

在信息技术的发展历程中，人们曾经试图设计出与人具有相同智能的机器，也就是说，试图设计出具有独立主体属性的机器。而以主体获取的数字化信息为核心来建立主体虚拟世界的数字映像，不是为了实现一般性广义智能，而是以让计算机在智能的意义上更好地辅助人类为目的。主体依然是人而不是人造的外物。这个目标在原则上是符合在第 1 章第 1.2 节中分析的计算机的本质特征的。

在此跳出对具体问题的讨论，简要回顾一下数字化的信息（数据）与认识主体之间关系的演化历程。

在数值计算阶段，数据的存在是为了完成一个具体的计算任务。数据是与单次任务紧密捆绑在一起的。数据通过计算任务间接地服务于人这个主体。

在结构化数据应用阶段，数据是为了支撑一个由计算机实现的持续的主体特定活动。数据与活动（也就是应用软件）紧密地捆绑在一起。数据通过这些特定的持续活动而间接地与人发生持续的关联。

在以上两个阶段，信息（数据）都是通过中间媒介（信息应用）与人发生联系的。人与信息（数据）并没有在整体意义上的直接对应关系。

而在非结构化信息应用阶段，当利用主体拥有的数字化信息建立主体虚拟世界的数字映像之后，信息首先要支撑的是主体虚拟世界本身，然后是其上面的各种应用。这也就是在支撑主体的全“生命”过程。所以在这个阶段，信息既与前两个阶段一样，通过中间媒介（应用）与主体发生关系，同时还将以主体虚拟世界数字映像的形式，作为主体虚拟世界的一个组成部分（见本章第5.3节），与主体直接、持续且紧密地捆绑在了一起。

由此可见，计算机在信息处理应用领域，随着应用的不断发展深化，信息（数据）捆绑的对象在发生变化。信息逐步更加与人作为一个整体而靠近，而不是仅仅局限在某些局部通过特定的活动与人结合。这实际上反映了计算机信息应用的一个重要变化，即计算机与人整体性的无缝结合正在逐渐成为现实，或者说计算机正在时间与空间两个维度上开始全面地服务于人。这种结合是建立在信息应用系统在智能的基础信息层面与主体结合的基础之上的。这将为信息技术应用的智能化提供一个与传统人工智能的做法很不相同的思路与方向。

从这个意义上看，以主体虚拟映像为基础的信息管理本身就是众多智能化信息应用中的一种。这个结论也符合在第4章第4.1节中分析的观点。

信息技术应用的每一次提升，并不是抛弃或否定原有的模式，而是在以前的基础上发展出更新、更为复杂、与人结合更紧密的模式，使得信息技术的应用更加丰富和深入。信息技术通过虚拟映像在信息层面与人的无缝结合或许是信息技术应用的最高阶段，尽管做这种推测要冒很大的风险。

之所以做这种推测，是因为基于目前对计算机本质的理解，要想超越这个阶段只有一种可能，就是造出与人一样具有相同一般意义智能的主体，而经过从图灵开始的无数天才学者近一个世纪不懈的努力，目前这在理论上还不具备基本的基础，在实践上也没有坚实的支撑。

计算机与人的无缝结合这个话题，在本书后面的章节还会深入地讨论。

# 第 6 章

## 智能系统的起点：个人的虚拟映像

在今天这个计算机可以战胜国际象棋冠军、打败所有围棋高手，好奇号无人火星探测器成功登陆火星并已经进行了长达五年多的复杂科学探测任务的时代，个人数字化信息的管理，这个听起来是一个相当简单和低级的问题，却依然没有一个有效的解决方案。这本身是一个非常怪异的事情。

现代计算机从诞生伊始，便是作为人的辅助与延伸智能类工具而存在的。计算机如何更好地服务于个人，既是信息技术应用的起点，也是它的终点。所以，它必然是信息技术应用最基本与最核心的问题。

所以当人们谈论以主体为基础的智能化信息管理与应用的时候，首先应该考虑的主体就应该是个人。由于人是计算机这个辅助与延伸智能类工具所辅助的最终对象和目的，也是使信息具有存在意义的唯一的主体，而信息又是计算机应用的基本且唯一的材料，因此个人信息管理这个问题的有效解决，即个人虚拟世界的数字映像的建立，对于信息技术产业未来的发展将具有根本性的意义。它将有助于建立信息技术智能化应用全新的模式。

本章将从多个方面通过对个人的虚拟世界的分析，来探讨构建面对个人的虚拟映像的基本原则和方法，为未来构建实际的个人虚拟世界的数字映像以及在此基础上构建智能化融合应用/服务创造条件。这也将为其他复合型主体的虚拟映像的建立及智能化应用的设计与实现提供一个参考示范。

## 6.1 人对外界的感知特点

如在第 5 章第 5.5 节中分析的那样，个人的虚拟世界主要是个人对外部世界的感知。这种感知既带有外部世界的客观属性，又具有认识主体的主观特征。正是这种主观特征带来的巨大障碍，使得个人信息管理这个看似简单的问题一直没有得到有效的解决。下面先从宏观的角度，从主观与客观两个方面来分析一下人对外部世界感知的一些基本特点。

（1）动态有限：人们所生存的外部世界几乎是无限的，但是具体到一个人，受其活动范围、兴趣爱好以及时间精力等因素的制约，感知的世界是有限的。然而，他所感知的这个有限世界的边界又是模糊的。也就是说，这个被感知的世界的基本范围和内容并不能被严格地界定，而且是随着时间的推移在不断地变化。

（2）客观属性：个人感知的外部世界是客观世界的一部分，所以它在总体上是受客观世界制约的。客观世界决定了个人虚拟世界的一些基本结构与构成。这部分属性是虚拟世界中相对固化的内容。

（3）主观属性：在客观基本结构下，每个人的感知又具有主观性，对同一个事物的感知各有不同。这些差异将反映在虚拟世界比较微观的层面。尽管个人对外部世界的感知有个性化差异，但是也有共同的规律，心理学等就是研究这些规律的学科。这部分属性有可以固化的共性原则性内容，也有许多个性化的成分。

（4）多视角：人在认识世界的时候并不是只从一个单一的角度去观察和认识，而是有多个视角的。这导致对同一个信息或对象，人会从不同的角度去理解、联想和认识。多视角在本质上是因为客观世界具有多面性。

比如说，一个人对我们有多重的意义，我们会从不同的视角去理解他。我们可能从与这个人的关系去看待他，也可能从这个人参与的某项活动去看待他，还可能会从这个人的背景去看待他。

不同的视角，构成了个人虚拟世界对信息不同的宏观组织结构，称之为“感知结构”。

在对世界的多视角感知中，基本角度是一个人自己的生存活动的视角，如工作、家庭、社交等。它构成了个人虚拟世界的一个基本的宏观“主感知结构”。个人对世界的感知是逐层细化的。所以，人们的文件夹结构都是逐层细化的树形结构。这种结构就是个人虚拟世界的主要宏观结构形态。随着人的生活内容的变化，这个视角的结构也在变化，所以它具有时间上的动态特征。

除上述基本视角以外，个人对世界的感知还有其他辅助性质的视角，比如不同的对象、主题的感知角度。这些角度也可能随着时间而变化。

所以，虚拟世界的感知结构是多重的，而不是像文件夹那样只有一个结构，而且这个多重的结构还随着时间而动态地变化。这些多重的结构都建立在同一个信息集合之上。这种多重结构使得传统的信息记录手段，包括现在大家普遍在计算机中使用的文件夹结构，都很难支撑对虚拟世界比较有效的表达。

（5）条理结构与随意性的结合：世界是有内在层次结构关系的。每个人自然会感受到世界的这种层次与结构，在自己的头脑中构成一个大致有秩序的虚拟世界。但是同时，人对世界的认识又带有随意性、跳跃性和模糊性。这一方面是因为客观世界本身也不完全有着精确严格的层次结构，也因为人们的意识具有天然的主观随意性，另一方面，人们的虚拟世界不可能精确地反映真实世界的层次结构，并且也必然带有真实世界自身的模糊性，同时由于自己意识的主观随意性，这些原因使得它带有相当程度的随意性。它表现为虚拟世界中的信息、对象等之间的关系并不是都很确定。

在物理学中，只有到了微观层面，才出现不确定的模糊性。在微观以上层面似乎一切都可以是绝对地精确，至少足够精确。但是在社会领域，不确定性和模糊性并不是到了极其微观层面才会出现的现象。社会领域中的问题在宏观层面便具有了模糊性与不确定性。

（6）三分原则：人们在看世界的时候，专业化的精细研究除外，在大的方面对一类事物的看法常常采用的是三分原则。比如，你、我、他，上、中、下，好、中、差，过去、现在和未来等。将事物分为三个部分，既能在大的原则上体现出事物的内部结构特征,也在人脑易于把握的程度之内。它对人们构造虚拟世界的数字映像有重要的启发作用。三分原则体现了普通人的认识既具有层级结构和基本的逻辑性，但又带有模糊性，并不是绝对地精确这一特点。

综上所述，个人对外部世界的感知，主要是站在自己的立场用一个有限度的多视角去感受。所以，它对客观被感知对象的感受是带有主观色彩的，而且通常是不完整的。这个过程基本是根据自身的活动和生存的需要而进行的。个人虚拟世界的主观性使得其具有某种不确定的复杂性，使得有效的个人信息管理成为一个颇具挑战性的工作。

## 6.2 人获取及感知信息的特点

在第 6.1 节主要从宏观及整体的角度，通过人对外界的感知特点，分析了个人虚拟世界主要的基本特征。人对外界的感知最后是以信息以及信息之间的关系（这种关系也可以认为是一种形式的信息）而形成个人的虚拟世界。其宏观整体结构表现为一种基础的、整体性的信息之间的关系。本节将通过分析人在获取及感知具体信息过程中的特点，来讨论虚拟世界中具体的信息以及信息之间的微观和局部的联系。

人们对事物认识的结果主要以信息的形态而存在。人们在获取及感知信息的时候具有如下主要特点。

（1）聚焦与散焦：人在认识世界的时候，通常会根据个人的兴趣与目的有一个关注的焦点，并获取相应的信息。但是人也存在散焦的状态，随意无目的地观察世界，获取相应的信息。

越是杰出的人，越能够聚焦；越是在做有价值的事情的时候，人也越能够聚焦。所以，聚焦体现了人的核心价值或者说价值创造的一面。散焦是一种补充与松弛，也是一种拓展自我局限的方式。

所以，个人的虚拟世界虽然庞杂，但在不同的时间却有不同的主观关注的焦点。

（2）主动选择与被动接受：人会根据自己的目的有选择地获取信息，而不是把得到的信息都存放起来。人获得的许多信息会被忽略掉，无法进入其虚拟世界。选择性使得信息携带了个人的主观意愿。但是在一些情况下，也存在人被动地、没有目的性地接受某些信息。

在获取信息时，人的选择性是主要的。这种选择性既是聚焦性的一种反映，同时也是人的主观性的一种反映。也就是说，这种选择性并不总是理性的，也不总是合理的。它有可能出于主观偏见，也可能因为习惯及潜意识使然。

（3）模糊与冗余：人在认识世界获取相应的信息的过程中，并不是按照严格的逻辑规则进行的。所以，信息具有一定的模糊性而并非总是很精确，而且同时还有大量的冗余。对于同一个对象，可能获得不同层面的信息；对于同一个信息，也可能有多种存在方式；不同的信息可能会含有部分相同的内容，互相有重叠。

比如，参加一个会议，可能会拍很多照片，这些照片的信息有很多是重叠的。它们是对会议的一种模糊的记录。

冗余性，是人脑与传统人工系统的一个重大区别。为了节省成本和提高效率，人工系统通常会严格控制系统的冗余性。人工系统中存在的冗余性通常是为了提高可靠性。而人脑的冗余性则是天然的一个特质，与可靠性并没有绝对必然的联系。

（4）逻辑性与非逻辑性：人是有理性的感性动物，逻辑不是本能。所以人从世界获取的信息既有逻辑的一面，也有非逻辑的一面。其虚拟世界也不是严格按照逻辑来建立的。真实世界存在的一些逻辑甚至也会被人的非逻辑性过滤掉。

这个非逻辑特性与前面讲的比较宏观的随意性、模糊性有关系，但是在此更多的是指底层的具体描述的非逻辑性，比如一个信息内容表达的严谨程度等。

这种非逻辑性是绝大多数非结构化信息所具有的一个特质，导致了它们不可能被用严格的方式，比如有限维度语义空间等手段，来完整地描述。

（5）联系/联想：人在认识世界和思考的过程中，思维过程并不总是按照单一的方向向着一个目标行进，而是带有显著的联想特征，常常脱离既定的思路和目标，出现随机性的联想漂移，将思路引向意外的方向。这反映为人在自己的虚拟世界中常常会按照自己的联想进行漫游。联想是按照一定的线索展开的思维活动。虚拟世界中的信息、对象等之间的关系，为思维活动提供了联想的线索和可能的路径。有能力产生联想是人能够超越形式逻辑思维的一个重要原因。

比如，人们为了一个目的在看一个文档的时候，有可能会突然想看看这个文档的编写者其他的作品，尽管这些作品与读当前这个文档的目的可能毫不相干。

（6）全息性：人在感知一条信息的时候，通常必然会从不同的侧面来理解与思考。或者说，信息在被人感知的时候并不是彼此孤立地存在，而是根据其反映的对象、对象与其他事物之间的联系以及信息的使用目的与过程等，从多个角度来感知信息的。也正是因为这个特点，作者才在第 4 章中定义了"全信息"，以此来帮助大家从全息的角度来有效地管理信息。

（7）时间磨损与难以精确重复：人对世界认识所产生的信息，特别是那些存放在大脑中的信息，大部分都难以精确地复现，存在普遍的时间磨损现象。所以，人们的虚拟世界有一种随时间自然变化的特征。而这种变化并不是人们需要的，应该说是有害的。数字化映像则可以有效地消除这个问题。

（8）时效性与时间演化：世界是在不断变化的，人对世界的认识也由此带有时效性，所以信息也必然带有不同程度的时效性。即使认识的对象本身没有变化，人对它的认识随着时间的推进也会不断地变化，所以虚拟世界是在演化的。这种演化对于绝大多数的成年人来说是非实质性的，或者说是比较表层的。因为成年人对世界的看法的核心部分，如他如何理解人、如果看待人与社会的关系等，是其价值观或世界观，通常不会再有明显的变化。随着时间变化的，本质上是信息具体内容的更新或增减。

以上这些特点属于个人虚拟世界在具体的信息这个微观层面的特征，将在不同的程度上对如何建立个人虚拟映像产生影响。

由于个人思维具有模糊性、非逻辑性以及随意性等特征，因此这两节的分析内容尽管努力地做了条理化处理，但也必然还带有这些特征而不是遵循严格的逻辑。

从以上两节所做的分析总结中能比较清楚地看到，由于这个世界不是一个严格的逻辑系统，人脑也不是完全按照严格的纯逻辑规则运行的，因此其产生的虚拟世界也不是一个严格的逻辑系统。

尽管如此，人们在对个人虚拟世界的结构进行抽象的时候，为了让这个映像是计算机可操作的，应该把那些确定性的、结构化的、逻辑化的成分提取出来作为虚拟映像的宏观主体核心的结构。在此基础上，可以利用动态智能化处理方法，结合不同的视角，去体现虚拟世界那些非确定性、非严格逻辑化以及模糊性等特点。

当然，将虚拟世界这样一个复杂的、非严格逻辑化的系统，映射为一个建立在数理逻辑基础上的数字映像，是不存在唯一解的，也没有一个绝对的标准来衡量映射的合理性和有效性。

主体虚拟世界的数字映像的建立是一个前所未有的挑战性工作。完成这个工作要对客观世界有充分的认识，对主体特性有深入的理解，要有高度的抽象能力、规划设计复杂系统的能力，以及良好的数学逻辑基础。它给信息技术产业带来的深刻变化也将是前所未有的。

## 6.3 个人虚拟映像的一种模型结构选择

建立主体的虚拟映像是一个复杂系统建模的过程。

在前面第 2 章第 2.1 节中曾经指出："建模在本质上是无中生有的创造

性过程，而且针对一个问题可以有不同的模型抽象。”所以，虽然在前两节讨论了人的感知特点，但是并不能够依据这些分析直接逻辑化地推导出构建个人虚拟映像的结构。分析会启发构造模型的思路，但是从对系统的分析到系统模型结构的提出常常是一个跳跃的、不连续的过程。在无中生有地构造出模型后，需要通过反推对比来验证模型的合理性与有效性。

下面将按照层次结构的思路来建立一种个人虚拟映像的结构。当然，在这里不是介绍一种完整的产品设计，而是提供一种思路、一个可以应用的框架和一些在构架个人虚拟映像时有指导意义的原则。

个人的虚拟映像是以个人的数字化信息为基础而构成的。根据前面在第 4 章中的讨论，在虚拟映像中，每一个信息都应该是以（狭义）全信息的形态而存在。

在第 4 章第 4.4 节中，把一个主信息的（应用）支撑信息分为两大类。一类是“主信息的自身支撑信息”，另一类是“主信息与外部的关系信息”。在用于个人虚拟映像的全信息结构中，将主信息与其第一类支撑信息“主信息的自身支撑信息”放在一起作为一个基本单元。这个基本信息单元是（狭义）全信息的一部分，如图 6-1 所示。

图 6-1　个人虚拟映像中的基本信息单元的结构

在虚拟映像中，每一个主信息都是以这种结构作为一个不可分割的整体而存在的。下面将把这个结构称之为虚拟映像中的“基本信息单元”。这是个人虚拟映像的基础微观层结构。支撑信息中的“主信息与外部的关系信息”将通过虚拟映像中的其他结构来体现。

在构建虚拟映像中的基本信息单元的时候，一个基础性问题是获取各部分信息的方式与手段。对于基本信息单元中包括主信息在内的各种信息，可以将其大概分为三大类别。

第一类是必须由人这个认识主体人工生成输入的信息，比如会议通知，就必须由人来书写完成。第二类是可以由机器自动精确完成或比较满意地完成的，比如时间、地点（GPS 坐标）、拍照时摄影器材的参数设定信息的获取等。这些信息的采集录入自然无须由人来操作，应该由应用系统自动完成。第三类信息是介于上述两者之间的。这类信息的生成可以利用智能化算法来实现，但是实现的效果却不能保证达到满意的程度，而需要使用者人工干预。比如可以利用软件对一篇文章进行断词，然后根据规则确定哪些词可以作为对文章的标识注释。但是，这种方法或者可能导致大量的冗余，而减少冗余度又可能导致疏漏。如果后续的应用处理需要依赖这些标识注释的话，冗余或疏漏都将给应用带来很大的困难。冗余会导致大量无效结果的输出，疏漏则会降低应用的有效性。在使用过程中，适当的人工干预显然能够有效地改善这种两难的局面。

所以，第三类信息在处理上最为复杂，既需要在应用逻辑层面在人与机器之间有一个很好的权衡，让人的能力与机器的能力在应用的过程中可以有效地互补，形成比较好的效果，又要在人机交互过程中让两者之间的衔接自然顺畅。这种人机之间的在应用过程中密切的结合，与传统的典型应用是不同的。在这个过程中，机器与使用者不是简单的服务与被服务的关系，而是具有了某种程度上互相服务的性质。当然，这种互相服务的最终结果还是服务于使用者。

对于人机之间的平衡点与结合点，没有一个严格的普适标准可用。有效把握这种平衡，需要对人自身与人造的机器的能力与局限有透彻的理解，再结合具体的情况来权衡。在第 1 章第 1.4 节与第 1.5 节中对计算机本质与智能的可实现性的讨论，就是希望为解决这类问题提供一些帮助。在构造主体虚拟映像以及设计基于虚拟映像的（智能化）应用的过程中，这种平衡点与结合点的确定是一个基础性的核心问题。

在 20 世纪 80 至 90 年代，钱学森指导中国的一些科技人员研究的"从定性到定量综合集成研究厅体系"，强调的也是人与机器在应用过程中的有机结合。钱学森指出："（要）把专家们和知识库信息系统、各 AI 系统、几十亿次/秒的巨型计算机，像作战指挥演示厅那样组织起来，成为巨型人机集合的智能系统。"[1]

下面在建立了虚拟映像的基本信息单元的基础上，引入个人虚拟映像的第二层结构。

主信息的第二大类支撑信息是"主信息与外部的关系信息"。在第 4 章第 4.4 节中，把这个支撑信息又分为两种，其中一种是不同主信息之间的关联关系。个人虚拟映像的第二层结构要表达的就是这种关联关系中的一部分。

不同信息之间关联关系的确定原则可以包括极为丰富的内容，无法用一些简单的规则来确定。可以将主信息彼此之间的关联关系继续细分为两类，一类是直接关联关系，另一类是间接关联关系。

所谓直接关联关系，就是按照某种规则，基于基本信息单元中直接包含的内容而产生的两个基本信息单元之间的关联关系。这种直接关联关系只与两个基本信息单元的具体特征有关，与其他基本信息单元或虚拟映像的结构没有关系。当然，这种关联关系还需要继续细分为不同的关联类型，按照不同的具体规则来建立。直接关联以外的关联关系就属于间接关联关系。由于非结构化信息的内涵可能非常丰富，其间接关联关系可以相当发散。

我们暂时把间接关联关系放在一边，而将两个基本信息单元之间的直接关联关系作为个人虚拟映像的第二层结构。如果抛开具体的关联规则，这种关联是基本信息单元集合上的不同元素之间的随机性连接，是集合上的一种随机性结构。它由基本信息单元具体的个体特征决定，而不是基本信息单元集合上的整体性结构。将基本信息单元与它们之间的直接关联这两层结构综合在一起，就得到图6-2所示的基本信息单元之间的直接关联关系示意图。

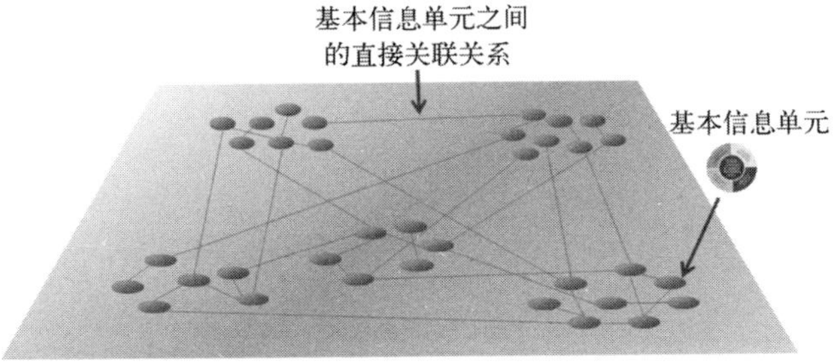


图6-2 基本信息单元之间的直接关联关系示意图

直接关联关系的建立基于相对比较明确的规则，所以这种关系的建立过程可以主要依靠机器通过执行这些规则而自动完成。当然，人也可以在需要的时候进行干预。

到此为止，我们在微观层面为个人虚拟映像建立了一个基础结构。这个结构更多地与信息的自身相关，而没有与认识主体发生密切的联系。下面将要建立的虚拟映像比较宏观的结构，则主要会反映认识主体的特征。虚拟映像的宏观结构建立的依据是个人对世界和信息的感知。

个人根据自己对世界与信息的感知，在对信息宏观把握时，最常用、最容易操作的一个结构就是树形分类结构。这个结构不仅容易理解与把握，而且确实反映了通过信息来完成对世界描述这个过程的主要基本特征。但是，树形结构最大的问题是它只提供了单一的视角，而我们看世界与理解信息都是多视角的。这也是目前使用的文件夹结构的较大的局限之一。

因为多视角是认识世界与理解信息最基本的一个特征，所以，采用多棵树形结构或"准"树形结构作为虚拟映像的宏观结构使得虚拟映像具有多视角的能力。

当把基本信息单元放入一个标准的树形结构中，作为"树叶"的基本信息单元只对应一个父节点，相当于一个类别属性。但是，在多视角下，一个信息可以有多个类别的属性，也就是说，一个基本信息单元可以对应多个父节点。这样就需要一种结构，在这个结构中，从根开始，每个中间节点都满足树的要求，但是末端叶子节点却可以对应多个父节点。这样的结构被称为"准"树形结构。

用数学语言来讲，"准"树形结构是一种在树形结构基础上由有向树衍生出的一种特殊的有向无环图。在这个结构中，只允许叶子节点（即出度为 0 的节点）的入度大于 1，其他节点的入度小于等于 1（根节点入度为 0，其他中间结点的入度为1）。

当然，可以通过数学处理，让“准”树形结构等同于标准的树形结构，但是，这种处理将有损于对这个结构在应用中实际意义的准确理解，所以我们将保留“准”树形结构这种表达方式。树形结构可以看作是“准”树形结构的一个特例。

个人虚拟映像的宏观结构，我们采用多个树形或“准”树形结构。每一个结构代表个人对基本信息单元的一种分类视角。这个视角也是个人对世界感知的一个角度。所以，我们把这种结构称为“感知结构”。一个感知结构采用的是树形结构还是“准”树形结构取决于这个结构所代表的个人认识世界的视角的特征。不同视角并非完全独立，可能彼此有耦合关系，所以，不同的感知结构的中间节点也可能有交叉连接。

在多个感知结构中，会有一个结构代表个人看世界的基本的、最常用的视角，我们把这个结构称为“主感知结构”，其他的则称为“辅感知结构”。参考本章第6.1节第（4）条“多视角”中，对个人虚拟世界中的“感知结构”和“主感知结构”等概念的分析。

并非所有的感知结构都会对虚拟映像中全部的基本信息单元形成完整的覆盖，即并非虚拟映像中的每个基本信息单元都会成为一个感知结构的末端节点。但是，主感知结构应该是全覆盖的，辅感知结构则不一定。

图6-3形象地表达了将多个感知结构与前面讨论过的直接关联结构等综合在一起的情况。

在图6-3中，有A和B两个树形感知结构，其中，A感知结构对基本信单元的覆盖是完整的，B感知结构对基本信息单元的覆盖则是不完整的。

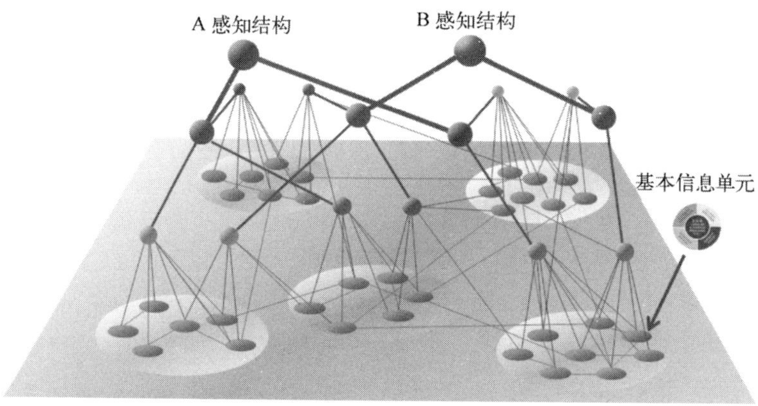


图 6-3　感知结构、直接关联关系与基本信息单元

在具体构建虚拟映像中的感知结构的时候，我们再次遇到了人机之间的平衡点与结合点的问题。有学者倾向于建立一些规则，以此为基础自发地形成这种复杂的结构。我们建议采取另外一种方式。不同人之间虽然有众多的不同，但是我们面对的是同一个客观世界，我们都处于同一个现代文明体系之中，这就决定了在大的方面大家有共同的特征。而在同一个群体中，同一类职业中，人之间的共同点就更多了。感知结构首先是一种宏观的结构，所以感知结构的主体或主要方面应该可以通过预先分析抽象，成为相对固定的结构固化在设计之中。而与个性化有关的细节可以是使用者自己补充，或者由预定的规则动态地生成。所以，这又是一个人与机器相互交融的做法。

之所以建议以人工预先分析设计为主来构建感知结构的第二个原因是，迄今为止，人对复杂事物的分析把握能力还是无法被完整有效地外化为人造工具的能力，而且在现实中也不是多数普通大众人人都具有的。

最后一个原因则与信息技术应用的本质有关。在第 3 章第 3.5 节中曾经指出：“（信息技术应用不断深化的）这个过程既是计算机应用不断完善，不断适应人的过程，反过来，它也是人不断去适应计算机，被计算机改造，并且不断去寻找更好的方法让计算机替人承担更多的工作的过程。……ERP 软件进入中国市场是在 2000 年前后。当时，ERP 的推广遇到了极大的阻力。人们提出了各种各样的理由试图证明 ERP 不适合中国的国情。一个最大的理由是‘中国人不喜欢被管理，太自由。中国企业家们管理企业的方式千差万别，不可能用一个标准的软件来规范’。所以当时很多人断言，ERP 在中国不会成功。但是今天在中国，这种质疑已经完全消失。这既因为人们适应了 ERP 带来的一系列强制性规范的做法，也因为 ERP 在不断地改进提高，努力去适应不同的企业的情况。”个人虚拟映像也将经历这样一个人与工具互相适应的过程。这为人工分析设计的做法提供了另一种合理性依据。

在本节开始建立基本信息单元的内部结构时，曾经把支撑信息中的“间接关联关系”放在了一边。在基本信息单元集合上建立了感知结构后，不难发现这些感知结构正反映了基本信息单元之间的间接关联关系。虽然这些间接关联可能还不是全部，但是如果感知结构设计得合理，它应该能够反映那些有重要意义的间接关联关系。所以，基本信息单元之间的间接关联关系将不作为独立的结构存在于在此介绍的虚拟映像结构设计之中。

最后来讨论虚拟映像中一个基本的也是比较复杂的因素——时间。在本章前两节中讨论人对外界与信息的感知时都谈到了时间或动态性的问题。对于一个具体的信息，它被生成、修改、使用等过程都有时间的标记。这些时间特征将会作为基本信息单元中的字段出现。这是时间在微观上的作用。时间同时在宏观上对虚拟映像有另外的影响。

虚拟映像是一个人虚拟世界的反映，它要能够反映个人生活在时间维度上的变化。比如，一个学生毕业后，将开始一个全新的生活阶段。这个阶段的内容将与他的学生时代有很大的不同。这种大的宏观时间阶段性变化需要反映在虚拟映像的宏观结构上。一个合理的做法就是把虚拟映像按照个人生活的时间阶段划分开，以反映信息的时效性，同时，这样也会使得虚拟映像对信息的管理与使用效率更高。这样时间阶段就成为了虚拟映像中在感知结构之上的最宏观的结构。不同的生活时间阶段，虚拟映像的其他结构（如感知结构）参数的设置可以是有差异的，以适应不同阶段中的个人生活内容的变换。

但是时间阶段的划分不是一个简单容易处理的问题。它的复杂性在于不同的生活时间阶段之间并非是一刀切地分开的。在不同时间阶段之间，虚拟映像感知结构的某些部分可能需要保持连续性。另外，每个人对时间阶段划分的方式可能非常个性化。所以，时间阶段的划分既需要使用者直接的参与，还要提供简单的人机交互方式，使得不同阶段中的内容可以按照使用者的需求方便地连接在一起，不被机械地分割。形象地说，虚拟映像的时间阶段的划分是一种藕断丝连的结构。我们勉强地将这个结构与前面讨论过的各层结构放在一起画在图 6-4 中。

在图 6-4 中，简洁起见，只画了一个 A 感知结构。图中向左指向的箭头标示 A 感知结构中存在局部的跨时间阶段的连接。

到此比较完整地描述了一种虽然复杂但是确实可有效实现的个人的虚拟映像的模型结构以及其构建的基本原则。这个模型结构既是对人的虚拟世界分析的产物，也是综合平衡人与机器各自优劣势、把人与机器有机结合的结果。

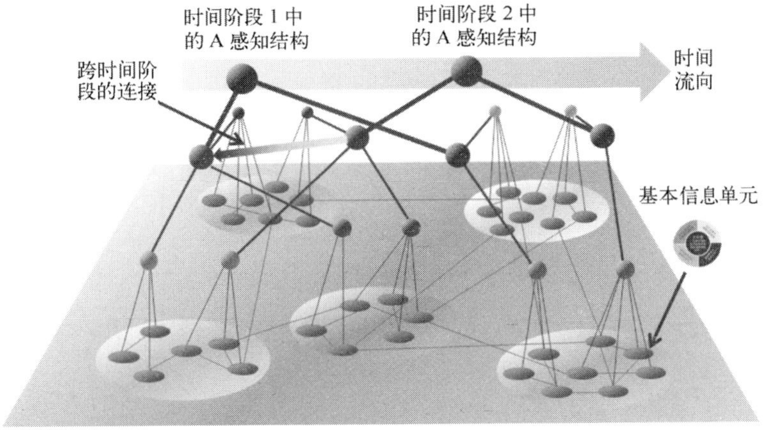


图 6-4　包括时间阶段的虚拟映像的完整结构示意图

最后需要指出的是，每个基本信息单元在这个虚拟映像中的位置，正反映了支撑信息“主信息与外部的关系信息”中的另一个方面，即“主信息，或其反映的对象、事件、活动等在认识主体的存在与活动空间中的定位”。到此，在这个虚拟映像的模型结构中，在第 4 章第 4.4 节中提出的全信息中的（应用）支撑信息都得到了比较充分的表达。由此也不难理解，在这个虚拟映像中，基本信息单元之外的结构其实也是信息的一种表示形式。

分析到此，我们能发现一个有趣的现象：每一个信息都通过虚拟映像的整体结构才得到了比较完整的描述；虚拟映像反过来又依赖于每一个信息才使自己拥有完整的意义。虚拟映像中信息的这种局部与整体的辩证统一，实现了一个认识主体所拥有的信息之间全面的深度融合，将为基于虚拟映像的信息技术应用带来新的本质性突破，实现一种全面融合化的应用。从第 7 章开始，我们将对此进行深入的讨论。

## 6.4 个人虚拟映像模型的分析

本节对前面介绍的个人虚拟映像模型结构的特点进行进一步的分析。通过反推来验证这个模型对个人虚拟世界主要特点的有效反映。

我们建议的虚拟映像的建模方式，显然不同于软件工程中的传统方法。比如在构建虚拟映像各层的结构时，可以使用面向对象的方法，也可以使用面向过程的方法，还可以使用面向服务的方法。在这个过程中还需要使用面对知识主题的方法。但是任何一个方法都不足以比较完整地描述人的感知特征。另外，在虚拟映像的底层，不是简单地采用"裸"信息，而是应用了全信息的理论，将信息组成一个个基本信息单元。如果用一句话来概括这种建模方法，可以这样来表达：这是一种基于对信息全息性描述的（基于全信息的）、面向主体感知的建模方法。这个方法的基础是以信息为基本对象，而主体的感知则包括面向过程、面向对象、面向知识领域和面向主观感受等不同要素。

在第 4 章第 4.3 节中曾经指出："对于非结构化信息的管理也需要针对具体类型的问题，寻找具体的方法，而不太可能有一个方法解决所有问题。"前面介绍的这种建模方法虽然不是普适性的，但是它不仅可以用于建立个人的虚拟映像，还应该可以用来解决其他类似的问题，诸如企业知识管理、医疗电子病历等。而且在设计面向主体的服务模型时，也可以采用这种方法。在第 7 章第 7.2 节中会在"以人为中心的市民融合服务平台"这个案例中提到这种应用。

可以用一个数学结构把基于这种方法的抽象完整地表达出来，并将这种数学结构做成一个通用的产品，就像关系型数据库那样。这样的产品有可能成为未来信息技术产业中一个重要的基础性产品。在这个产品之上加载不同的业务参数，便可以成为面向不同主体的虚拟映像，或映像在某个维度上的投影，或者成为面向不同主题的信息管理系统。

用这种方法建立的虚拟映像，可以比较有效地支撑在本章第 6.1 节和第 6.2 节中讨论过的人对世界与信息感知过程的主要特点，如下所述。

（1）多视角：通过不同的感知结构实现对信息的多维度管理，从而体现人对事物认识的多视角特点。

（2）联想：由于基本信息单元之间的直接关联与间接关联关系的建立，信息在这里不再是孤立的，而是彼此之间存在各种联系。这些根据不同依据建立起来的联系，可以支持使用者在使用信息时的多种联想过程。

（3）结构化：这里所谓的结构化，不仅是指对（非结构化）信息本身的结构化处理，更是指虚拟映像对信息集合本身建立整体的结构性描述。这种描述既是针对信息的，同时也反映了认识主体思维的结构化特征。

（4）主观属性：通过设计基本信息单元中的各种信息，便可以有效地表达认识主体在获取信息的时候的主观意愿，而感知结构的设计同样会在宏观结构层面反映人的主观性。

（5）全息性：在这个结构中，不仅每一个信息自身都是按照全息的角度被构造为一个具有全息特征的基本信息单元，而且通过直接关联关系与感知结构，信息之间建立了丰富的联系，形成了相互的支撑，能够更加全面地反映主体对事物的认识。

（6）时效性：在虚拟映像中设置与人的生活变迁有关的时间阶段结构，可以将与已经过去了的生活工作内容相关的信息“封存”起来，而前台展现的信息都是与当前阶段直接相关的。这样便在一定程度上体现出信息的时效性。

（7）动态有限：整个虚拟映像的结构首先是一个有限的系统，但是同时又是动态的。信息可以随意地增加和扩展。特别是包括感知结构在内的各种结构，可以根据个人的需求而在不同的时间阶段有所不同。这可以灵活地适应个人虚拟世界的动态而有限的这个特征。

（8）聚焦与散焦：虚拟映像的感知结构，反映了认识主体看世界的不同视角以及该视角下的精细结构，这一方面体现了认识主体在不同情况下的不同的“焦点”，也为没有明确焦点的“散焦”感知提供了有效的信息管理手段。如何有效地利用这个模型体现聚焦与散焦，则在于具体的产品设计。

从上面的反推分析可以看出，本章第 6.3 节中介绍的这种实现个人虚拟映像的模型结构，可以比较有效和全面地满足个人对世界与信息的感知特点。当然，在具体的实现过程中还有许多巨大的挑战，其中最为困难的就是前面反复强调的人与机器之间的平衡与衔接。这是计算机这个辅助与延伸智能类工具的应用在未来发展中的一个核心和关键。

## 6.5 个人智能系统的工程实现

采用本章中介绍的针对个人虚拟映像的建模方法，有团队已经开发出面向个人的信息管理与应用系统的产品 Cydow®（慧影®）。该产品整个的开发也是采用了第 2 章第 2.1 节中介绍的“复杂软件产品的完整开发过程”的流程，用系统化的方式推进。图 6-5 是该产品原型的初始界面。

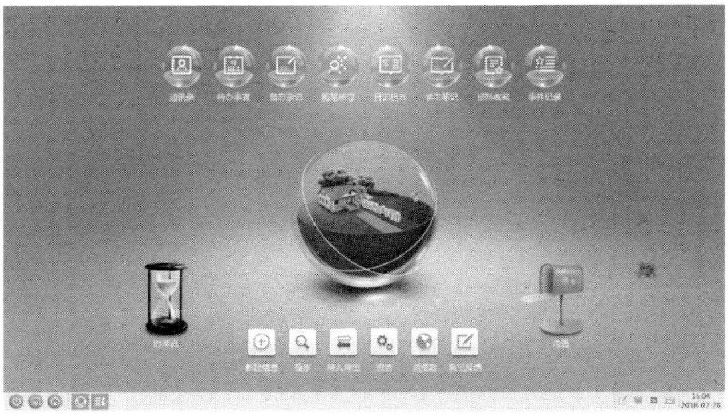

图 6-5　Cydow®系统的初始界面（杜昭提供）

在该界面中，中间的大球就是个人虚拟映像。其他的图标是基于这个映像的不同应用，如通过邮件、微博等渠道进行信息的沟通，时间管理等。这些信息都可以统一存放在中间的虚拟映像之中，而不用再放在“邮箱”内，由此还原了邮件作为信息传递而不是信息管理手段的本质。

在实现虚拟映像的时候，Cydow®遵循了本章第 6.1 节中讲的“三分原则”设计了三个感知结构：生活内容、信息类型与语义概念，以期满足个人的一般思维习惯。其中，生活内容感知结构是主感知结构，对基本信息单元的覆盖是完整的。这个感知结构的第一层界面如图 6-6 所示。

图 6-6　Cydow®系统的主感知结构第一层界面（杜昭提供）

在基本信息单元层，该系统对近300种不同类型的信息做了包括结构化在内的整体设计，比较完整地支持了基本信息单元中的四类（应用）支撑信息。除信息之间的关联之外，这其中一个比较重要的特色就是实现了信息使过程可记录与可追溯。一个典型的信息基本单元的界面在前面已经出现过，现在再次展示在此，见图6-7。

图6-7 Cydow®系统中的基本信息单元（杜昭提供）

图6-8是该系统手机端时间管理应用——“时间流”的界面。

在该系统中，并不是所有的应用都直接与个人虚拟映像发生关系。对于那些只用到特定少量信息的应用，如时间管理应用，系统会将虚拟映像按照应用需求，投影出一个信息子集供应用使用。这些信息子集与虚拟映像的关系就如同传统信息技术应用中各个业务数据库与数据仓库之间的关系，只是两者的逻辑是相反的。在业务系统中，先建立各个业务数据库，然后再整合数据仓库；而在Cydow®中，是先建立完整的虚拟映像，然后再投影出不同的应用信息子集。这种逻辑更为合理。

另外，目前该系统只建立了个人的虚拟映像本身。未来系统的发展将在虚拟映像的基础上，建立基于数据分析而产生的知识库与个人行为描述。三者形成既相互独立又互相依托的关系，支撑更多的智能化应用。其中，个人虚拟映像是面向个人这个主体与信息的，知识库则是面向知识的，而个人行为描述是面向个人主体行为特征的。

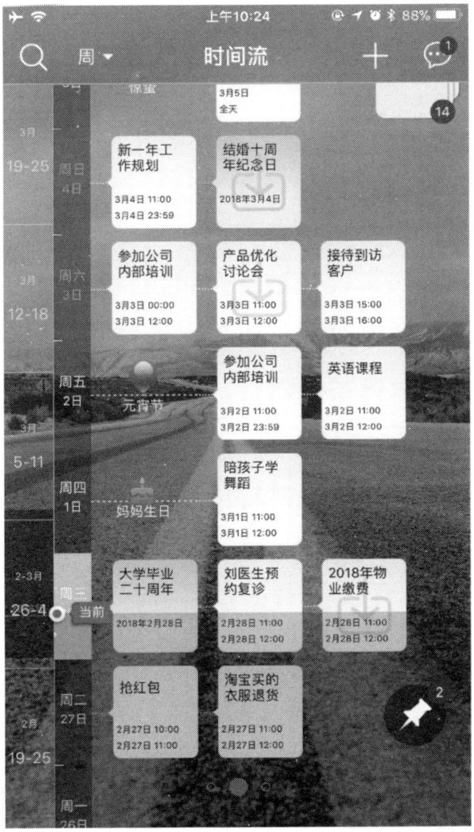


图 6-8　Cydow®手机端界面“时间流”应用界面（杜昭提供）

这样构建出来的系统不是不同应用的简单组合，而是基于虚拟映像的平台化的融合应用（见第 7 章第 7.3 节），与传统的、面向具体功能的个人应用有质的不同。

在个人应用系统基础上，未来将会建立个人之间的网络化互动服务。由于有了全面的个人智能信息管理与应用作为基础，这些网络化的服务将超越初级的信息分享类社交服务，而能够针对不同的人群、不同的沟通需求、不同的互动形态、不同的交流深度等提供多样性的、与个人系统无缝衔接的网络化服务。在这个网络化服务体系中，每个人的虚拟映像就是他在这个虚拟空间中的一个投影，一个化身。这样一个生态与目前散乱随意化的个人的应用与服务相比，将有本质性的提升，其智能化程度不可同日而语。

Cydow®系统比较完整地实现了个人虚拟映像的概念框架，并且在此基础上实现了信息的共享、时间管理等基本应用。它初步验证了虚拟映像的概念与基于对信息全息性描述的、面对主体感知的建模方法的可行性与有效性，以及在此基础上围绕个人的应用/服务的智能化有效融合。

## 参考文献

[1] 卢明森. 钱学森思维科学思想[M]. 北京：科学出版社. 2012：245.

# 第 7 章

## 智能化融合应用：从“点”“线”到“面”

本书以第3章的分析逻辑为主线，从第4章开始，针对信息技术应用的最基本的要素“信息”，从其个体微观结构到整体宏观意义做了层层剖析，在引入“全信息”概念框架后，提出了通过建立认识主体虚拟世界的数字映像，来实现以主体为对象的信息的全面管理，进而支撑信息技术的智能化融合应用/服务。智能化融合应用/服务是信息技术在“暴力计算”能力的推动下，进入新的由应用主宰产业发展阶段时信息技术应用形态的质的飞跃。

本章将延续第3章的分析逻辑，再次简要回顾信息技术应用的历史，从应用功能覆盖这个角度进一步深入剖析信息技术应用正在经历的由“点”与“线”到“面”的转折。以此为基础，结合一些应用的案例来展示信息技术应用将如何在第5章引入的主体的虚拟映像基础上，以全新的模式实现对服务对象的“面”的覆盖，进而揭示信息技术应用未来的长远景象。

## 7.1 信息应用基本模式的跨越

在第3章中指出，信息技术应用到今天为止经历了图7-1所示的三个大的阶段。当时主要是以信息技术产业的基础——“数据/信息”的类型为基本出发点来对这三个阶段分析，随后的第4～6章也是围绕数据/信息深入地分析讨论。本章将延续第3章的分析逻辑，把分析的视角从前面三章所基于的数据/信息层面提升到应用/服务层面，从“计算机所解决的问题本身的特点”，或者说每个应用的功能覆盖特点来审视信息技术应用走过的历程，以及信息技术应用未来的发展趋势。

图 7-1 信息技术应用的三个大的阶段示意图

在计算机数值计算应用阶段，计算机处理的是特定的、孤立的任务型计算问题。从应用的直接作用上看，这个阶段的应用属于“点”上的应用。比如，使用 CAE（计算机辅助工程）软件对汽车外形的空气动力学性能模拟。每次模拟会有一个明确的结果，可以指导汽车外形的改进。这种模拟只是汽车设计中的一个环节，每次计算只是解决一个“点”上的问题。

到了计算机应用的第二个阶段，计算机应用主要是以基于结构化的数据做流程处理，一个流程涉及一系列的环节，比如银行的业务处理，民航从购票到乘机的过程等。一个流程把多个“点”的环节串在了一起，形成了一条“线”。可以形象地将这些应用称为“线”的应用。所以在这个阶段，计算机应用以“线”为主，当然也有很多“点”的应用。

如果说“点”的应用是最简单的智能类应用的话，那么“线”的应用的智能化成分则有了很大的增强，虽然人们更习惯延续传统机械类工具的说法，惯称之为“自动化”过程。在第 3 章第 3.3 节中指出：“此‘自动化’

与机械工具中的彼‘自动化’还是有着本质的不同的。此‘自动化’是计算机基于人类意识所特有的数据/信息（详见第 4 章第 4.1 节）在人类创造的‘虚拟空间’中实现的‘自动化’过程。这已经实在地进入人类智能的领地了。所以，对于以计算机为代表的辅助与延伸人类智能的工具，这个阶段虽然与‘人工智能’的宏伟理想相去甚远，但已经属于信息技术智能应用的初期了。”

随着这种“线”的应用模式的不断普及，在这个阶段出现了所谓的信息孤岛问题，大家在抱怨信息技术应用系统如同一个个独立的烟囱，彼此割裂，不能有效覆盖需求。这些“线”状的应用系统确实只覆盖了粗细不同的各个“线”条，而这些“线”状的应用之间既没有应用逻辑上的联系，也没有底层数据/信息上的联系，彼此割裂独立。从历史的发展角度看，出现这种状况也是计算机发展历程的一个必然，有其历史的合理性。

前些年，在信息技术系统建设中打破信息孤岛的呼声不断高涨。这反映出信息技术应用仅仅通过“点”与“线”的应用模式，并不能有效地满足现实世界的应用需求，同时更重要的推动力来自于信息技术基础技术平台能力的大幅提升，特别是“暴力计算”能力的获得，使得有了超越“点”与“线”应用模式的技术可能性。从需求与技术两方面看，如何让信息技术应用的覆盖更加完整，实现对服务对象的“面”的覆盖，从而更完整地解决现实问题，成为信息技术应用发展的一个必然趋势；信息技术的历史性跨越（见第 2 章第 2.3 节）以及信息技术产品对社会的全面渗透，为信息技术应用进入更高智能化水平的“面”的模式创造了必要的条件。

所谓“面”的应用，是指应用不仅仅解决一些孤立局部的“点”或特定活动对应的“线”的问题，而是将不同方面的数据/信息以及相关的应用有机整合在一起，为服务对象提供全面的服务，而不是让用户自己去不同的应用中获取需要的服务。就好比我们不是建立食品、服装等不同类型的专卖店，而是要建立大型综合的超市。在这样的综合超市里面，不仅有油盐酱醋等日常用品，还包括冰箱、彩电等耐用消费品在内的个人家庭生活所需要的各种商品。当然，这个比喻有偏差，它并不能完全揭示出“面”的应用/服务的本质。

所以在今天，我们不只正在进入一个以大量非结构化信息为主的、网络化的信息技术应用时代，从应用/服务的特征上来看，这个时代还是一个信息技术应用正在从“点”和“线”走向“面”的时代。这不意味着“面”的应用将取代“点”与“线”的应用，而是说未来的信息技术应用将更多的是在“点”与“线”的基础上，产生出综合性的、更为有价值的智能化“面”的应用，更加有效地起到辅助与延伸人的智能的作用。“面”的应用将成为信息技术发展新阶段应用的一种新的重要形态。这也是今天所面临的信息技术产业转折的一个重要内容。这种“面”的应用需要以新的数据/信息管理方式为基础支撑，这就是为什么我们在前面用了长达3章的篇幅来讨论和分析与数据/信息相关的问题。

在今天，如果我们仅仅关注一个产品是否有“杀手级应用（Killer Applications)”，是否能够解决用户的痛“点”，我们看问题的视角还停留在“点”与“线”所代表的过去。

非结构化信息的大量涌现与应用向“面”的覆盖方式发展几乎同时发生并非是一种偶然，两者之间是有内在关联的。结构化数据只是信息中非常特殊的一类，支撑的应用也是以流程为主的活动。做“面”的应用，必然需要更多形态的信息。所以，大量非结构化信息的产生将催生大量新的应用，为形成“面”的应用创造必要条件，反过来，“面”的应用也成为有效利用非结构化信息的一种必然形式。

做“面”的应用，不能仅靠对“点”的问题理解或对“线”的活动的把握，而是要站在主体的角度，从信息层面到逻辑层面对主体的活动有全面的认识与理解，从而深层次把握主体活动的内在逻辑关系，一体化地构建面向主体的智能融合应用/服务。“面”的应用不仅仅是将一些解决用户“痛点”的“杀手级”应用组合在一起，还需要覆盖大量的“非核心”应用，才能完成“面”的覆盖。这就好像一辆高档汽车不仅要把关键的操控性能做好，还要在众多的边角细节上下足功夫，才能成为一个全面出色的产品，让用户得到全面的消费服务。

前面讨论的以主体为基础的数据/信息管理正是在信息层面对主体深层的全面的理解与把握，因此它在构造服务与主体的“面”的应用中将起到关键的作用。我们将在本章第 7.3 节中对此深入讨论。

在信息技术应用的第二个阶段中，最典型的应用之一便是银行业务系统。经过几十年的发展，银行已经把自己从后台核心业务到前台对客户的服务，按照业务流程构建了不同的信息技术系统，形成了大量的“线”型的应用。而今天，银行业务系统正在由“线”向“面”发展。

如图 7-2 所示，左侧是银行传统的、曾经主流的面对客户的服务方式。它是按照传统的业务流程分类方式建设信息技术系统。不同类型的业务彼此独立。虽然可以通过信息技术在后台让不同“线”上的服务能够有效地彼此交换数据，但是在应用过程上，它们还是无法按照客户的需要自然融合在一起。

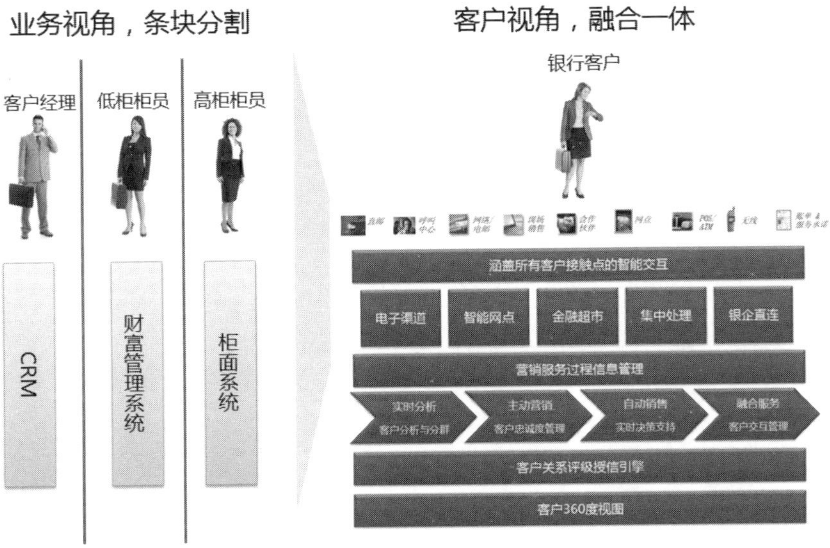


图 7-2　营销服务平台——银行服务由“线”到“面”的转变（黄鲲提供）

所以，目前银行开始建设图 7-2 右侧所示的“智能化融合营销服务平台”。这个平台的设计是从其服务的对象主体——银行客户的角度来分析客户的完整需求，并且通过一个平台化的服务系统让客户可以灵活地获得所需要的不同业务或不同业务组合的服务。所以，这个智能化融合营销服务平台对客户提供的不是条块分割的服务，而是综合性的全面服务，实现了对客户金融服务需求的“面”的覆盖。这个系统是建立在“客户 360 度视图”基础上的，这个视图正是我们说的主体的虚拟映像在金融服务领域的一个投影。只有建立起服务对象的映像投影，才能构建出对其做“面”的服务的应用系统。而整个系统的平台化也是构建“面”的应用的一个关键方法，本章第 7.2 节将对此专门讨论。

另外一个把“点”融合为“面”的典型例子是微软公司的统一沟通平台产品 Lync（Unified Communications）。如图 7-3 所示，信息技术的发展先后出现了不同的个体与个体以及群体之间的沟通手段，如传统的电话、电子邮件、即时消息、电话会议、视频会议等。这些应用原来都是互相独立的。我们常常要在不同的情况下自己选择一个具体的沟通手段来达到自己的目的，并且这个选择是一个个性而随意的过程。而我们所面对的“沟通”其实是信息交互的“面”，承载这些信息交互的各种手段对于沟通的主体人来说只不过是一些松散分布的“点”状的应用。

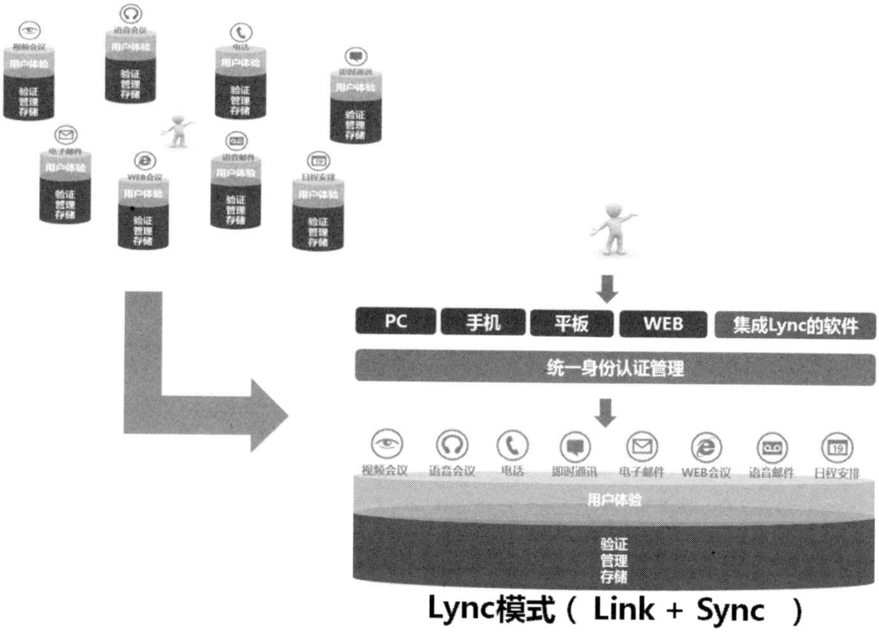


图 7-3　微软统一沟通平台 Lync（周琦提供）

微软的统一沟通平台产品 Lync 则是把这些不同的“点”的沟通手段有机地融合在一起，可以让用户自由灵活地使用，保证沟通的效率与效果，形成一个“面”的应用。它作为一个平台产品，比较全面且完整地覆盖了不同形式、不同场合、不同信息形态、基于不同终端设备的各种沟通分享的需求。

这个沟通平台只能满足个人的信息沟通需求，而不能提供全面的基于信息管理的不同服务，它属于表层的信息类服务，所以它没有建立在服务对象的虚拟映像之上。

当然，上述两个“面”的应用都是在一个特定的方面实现对服务对象主体的“面”的覆盖。这个“面”虽然是有限的，但毕竟与过去的“孤岛”式的应用相比已经有了本质的变化。

如果从应用的三个层面——人机交互界面、应用逻辑与数据/信息来看，“面”的应用是根据对服务对象主体的整体理解，将不同的“点”与“线”的功能或应用在应用逻辑层面做有机融合，由此导致在界面层也将产生相应的交融，而数据层面的融合则是有效支撑“面”的智能融合应用/服务的基础。仅仅实现不同应用之间的数据交换，或者将不同的应用在人机交互界面层整合，并不是真正意义上“面”的应用。或者说，仅仅做数据/信息交换和界面的整合，还只是比较初始形态的“面”的应用，而不是高级形态。

所以，“面”的应用的本质在于基于数据/信息的融合（主体虚拟映像）实现应用逻辑的融合，并由此带动界面的融合，从而使得应用在整体上更加智能化地、全面地服务于对象。在进一步缩小不同应用功能之间的缝隙的同时，也进一步缩小了整个系统与服务对象之间的“缝隙”，使得人与智能化的工具更加紧密地融为一体。

这种缝隙缩小的内在依据是主体的虚拟映像与主体在信息层面的直接对应，核心支撑点是应用逻辑与服务对象之间全面的紧密结合，以及在此过程中，应用不仅提供“杀手级”功能来解决所谓的“痛点”问题，而且可以在不同功能之间灵活地“穿越”，还要提供大量“细小”的功能去满足非关键性、非常态性或非主流的需求。后两者是构建“面”的融合应用与构建传统“点”“线”应用在基本出发点上的一个重大区别。

未来信息技术的应用将会越来越多地以这种“面”的形态出现，完整、自然、方便、灵活地服务于用户，而不需要用户在大量令人眼花缭乱、彼此割裂的“点”与“线”的应用中寻找自己在某个特定情况下需要的特定的应用。这种应用的基本模式的变化正在带来信息技术应用的新一轮繁荣，让信息技术应用走向更加成熟的阶段。

## 7.2 “平台化”的内涵

构建“面”的应用，首先涉及不同“点”和“线”的应用如何在应用逻辑层面的交叉结合，从而形成“面”的覆盖。

最简单的一种形式是“点”的应用“弥散化”到其他不同的应用之中。比如在网络上浏览信息的时候，大部分网站都提供一个“分享”功能，即用户可以将看到的信息直接分享到微博、微信、论坛、贴吧等不同的、原本独立的“点”的应用之中。这种应用的“弥散化”在技术上比较容易实现，只要被“弥散化”的应用将相应的数据输入的接口对外开放即可。这样构造出来的应用是比较初始的“面”应用形态。

如果要实现比较高级而复杂的“面”的应用，要在内在应用逻辑层面融合多种不同的“点”或“线”的应用于一体，就要像第 7.1 节中引用的银行业务系统与微软统一沟通平台 Lync 那样，用平台化的方式来构建这样的应用。

在信息技术大型应用中，“平台化”建设并不是新的概念，甚至它已经成为一个时髦的用语被大量地使用着。但是，用平台的方式建设出来的应用未必是“面”的应用。一个平台上的应用可能只是“点”与“线”的应用或其简单集合而已。所以，平台只是构建“面”的应用的一个必要的基础，但它并不一定是“面”的应用，或者说，它是构建“面”的应用的必要条件，但不是充分条件。

这里之所以强调平台化，是因为未来“面”的应用将渗透到各个领域，包括个人应用这样以前看起来属于在技术上“简单”“低端”的应用领域。在这些“简单”“低端”的领域内，平台化也将成为一种普遍被采用的方法。“平台”已经是一个在各个领域中被过度使用的概念，但是真正好的平台却并不多见。所以在本节用少量的篇幅对用于“面”的应用建设的平台进行稍准确的描述。

所谓的“平台”就是把基础性、共性的技术与应用功能进行合理的抽象与整合，将其有机地组织在一个有一定“弹性”的整体架构中，用来支撑不同的应用在这个框架内的有效实现，并能有效地实现不同应用功能之间在数据/信息、应用逻辑及界面上的互通融合。由此可见，这个“平台”既包括技术含义，也包括业务应用含义，它是一个系统级的产品化支撑环境。

这里说的“平台”，其核心价值不仅仅在于它提供的一些具体功能，也不仅仅在于它提供了一个简单支撑性的“自由市场”式的环境来容纳众多不同的应用，它的主要价值在于其高层整体能力。它从以下三个方面为构造以数据/信息融合（虚拟映像）为依据，以应用逻辑融合为核心，并以此为基础实现人机交互界面融合的智能化“面”的应用提供了有效的支撑。

（1）技术与应用的基础标准的固化：在利用平台把基础性、共性的技术与应用功能进行抽象与整合的时候，是按照相应的基础标准来进行的。这样，这些基础性的标准便被嵌入到平台之中。当在平台上开发应用时，这些应用将自然符合相应的标准，而不必在不同的应用中单独实施这些标准。这为这些应用在数据、应用逻辑与界面的融合，从而形成或者不断丰富“面”的应用创造了便利条件。

平台上采用的技术与业务标准，既有行业成熟的，也有根据具体的业务需求针对本平台专门制定的。没有标准支撑的平台就只是公共资源的堆砌，不能称之为有效支撑“面”的应用的“平台”。这样的系统建设也不能称之为“平台化”的系统建设。

（2）对服务对象与应用的统一整体性理解：“面”的应用需要对对象主体及应用全面整体性的认识与理解。这种整体性的认识与理解同样会被抽象出来，常常表现为各种“模型”，以此为依据在平台上实现对主体及应用的一种整体、基础性的描述，为构造“面”的应用提供支撑，保证这些应用设计的一体化，以及彼此在数据/信息、逻辑与界面层的互通融合。

没有模型的支撑，平台就只是功能的堆砌，无法形成融合的“面”的服务。这里说的用于支撑“面”的服务的平台是实现模型的基础组成部分，模型将平台与建立在平台之上的各种应用有机地融合为一体。

（3）对技术与应用发展的适应能力：“平台”的架构是对技术与应用整体性抽象的产物。通过采用开放的技术与应用标准，平台结构对具体技术与应用具有灵活的适应性。或者说，所谓的“平台”就是指它在相当长的一段时间内能够容纳、适应具体技术的发展及应用的演进，而不会因为要采用新的技术或为了支撑新的应用而不得不推倒重来。这种对未来发展的适应能力就是平台整体架构的“弹性”。这种能力对于复杂的“面”的应用尤其重要。因为复杂的“面”的应用的开发代价高昂，如果系统不能适应技术和应用新的需求的发展，则会付出频繁的系统重建的代价。

对未来适应的“弹性”是平台的一个核心价值。弹性的获得有赖于对信息技术与应用业务的高度抽象层面的理解，在此基础上实现的平台的架构才能有效容纳未来技术与业务新的发展。

以上三个方面既相互独立，又具有内在的联系。比如，模型的构建需要基于基本的标准，而模型本身又会促进新的标准形成；一个有前瞻性的模型，是建立平台对未来的适应性的基础性保证。

下面以智慧城市中的市民服务为例，看一下平台化“面”的应用与传统应用之间的差别。

在智慧城市中已经有了很多面向市民的“点”与“线”的应用，衣食住行、吃喝玩乐无所不包。这些应用常常良莠不齐，各自独立。应用虽然丰富，却也让人无所适从，看上去就像街头的小商小贩，或者是杂乱无章的自由市场。网上应用商店其实就是虚拟世界中的自由市场。

如果我们站在一个市民的角度来认真地思考，小商小贩或自由市场固然有其价值，但是如果能够围绕市民的整体需求建立一个综合性的大型超市，它的价值会更高。综合性的大型超市从商场布局，到品种选择再到质量管理等，都围绕人的生活需求做了全面的设计。它们提供的产品不仅有热销的“杀手级”品种，也有大量的普通的、甚至不常用的品种，由此比较完整地覆盖大众生活消费，提供了“面”的服务，成为现代社会绝大多数人高频度光顾的购物场所。

正是基于这种考虑，由本书作者领导的技术团队于 2011 年在业界首次推出了面向智慧城市的、以人为中心的"市民融合服务平台"。它的基本架构见图 7-4。

图 7-4 以人为中心的市民融合服务平台

这个平台采用动态 SOA 的架构，可以容纳未来新的技术与应用的演化；在基础平台上，固化了基本的技术与应用的标准；在接入层，采用自适应多终端等技术，可以接入各种不同的终端，提供自助性服务与他助性服务；在应用层，有三个功能模块。"一体化互动沟通"提供多种形式的统一沟通渠道，保证各个参与方彼此方便地互动；"综合性个人空间"是基于个人虚拟世界数字映像而建立的，它将个人使用各种应用服务的过程，包括互动的内容，实时记录下来，使得个人在这个平台上的活动变得可追溯查询，形成一个人活动的数字化足迹，也为智能化应用提供依据；"集成化专项服务"则有机地将包括生活、工作、娱乐等应用服务以人为中心，围绕不同类型的人组织在一起，形成一个整体的、一体化服务系统。在它的背后是一个采用“基于对服务全息性描述的、面向主体感知”的方法建立的服务模型，而这个服务系统与个人空间和互动沟通也相互融合在一起。

从上面的描述可以看出，这个市民融合服务平台采用平台化方式构建出一个复杂的面向一个城市市民的综合性“面”的服务系统。相比于已经广泛存在于互联网的那些“点”与“线”的服务而言，这是一种更高级的、代表了未来方向的网络化服务形态。它不会取代原有的各种服务模式，但是它将以新的方式与体验为客户提供更高的价值。

## 7.3 以虚拟映像为基础的智能化融合应用

在第 7.2 节中，在分析用平台化方式来构建“面”的应用的必要性时提到利用平台对对象主体的整体认识与理解的抽象，如果这种抽象包括主体虚拟世界的数字映像，则将导致事情发生质的变化。这种包括对象主体虚拟映像的应用模式，将超越一般的平台方式而具有进一步全新的质的变换。如在第 5 章中所分析的那样，从信息技术应用发展的角度来看，建立主体的虚拟映像将成为一种必然。主体的虚拟映像将为面向主体的“面”的应用/服务提供一个数据/信息层面与系统意义上的智能化、融合化的坚实支撑，让应用与服务从信息层面开始，与主体实现无缝对接。让应用服务不仅成为主体的工具，也成为主体自然的智能化延伸。

在此先看一个智慧城市中城市管理系统的例子。城市管理系统是由建立在物联网之上的各个不同的应用系统构成，不同的应用系统通过自己的物联网实现对城市状况进行实时感知（数据/信息采集），在此基础上，完成对城市运行的有效管理。一个典型的应用系统基本运作过程就是，属于本系统的物联网感知到的数据/信息被实时采集后，计算机将自动对数据/信息进行处理分析。按照事先设置好的各种条件，一旦发现某个条件被满足，则系统触发后续处理程序。系统将作出相应的反应，包括报警、启动预案等。

在这样的系统中，数据/信息与应用直接捆绑，数据/信息直接服务于应用。这属于第 3 章中分析过的“线”的应用模式。但是，如果仔细分析一下就不难看出，不同的城市管理系统所获取的数据/信息并不是只对自己的应用系统有意义。比如，交通路况信息不只可以用于交通管理，还可以用于追捕犯罪嫌疑人。如果把这些数据/信息整合在一起，就可以构成一个城市的（部分）虚拟映像。所以，城市管理系统可以按照一个新的思路来建设，即将各种物联网感知的信息首先集中并整合在一起，构成一个城市的（部分）虚拟映像，再在这个映像之上构建各种城市管理的应用。

从图 7-5 中可以清楚地看出，当以城市这个主体的虚拟映像为基础来构架城市管理系统的时候，数据/信息与应用之间成为松耦合关系，彼此相对独立。物联网获取的数据/信息首先被整合为一个城市的虚拟映像来反映城市自身的实际状况；而各种应用则建立在虚拟映像之上，并从中获取自己需要的数据/信息并加以利用。数据/信息与应用之间被适当解耦，正体现了在第 3 章第 3.4 节中所分析的未来非结构化信息技术应用的一个重要的基本特征。将数据/信息与应用适当解耦既能保证虚拟映像的稳定性，又能保证虚拟映像对应用未来发展的适应性，使得虚拟映像与应用可以相对独立地不断发展完善，数据/信息的利用更加充分，应用的开发也更加灵活。

数据/信息的融合也为应用的融合提供了基本的依据与条件。

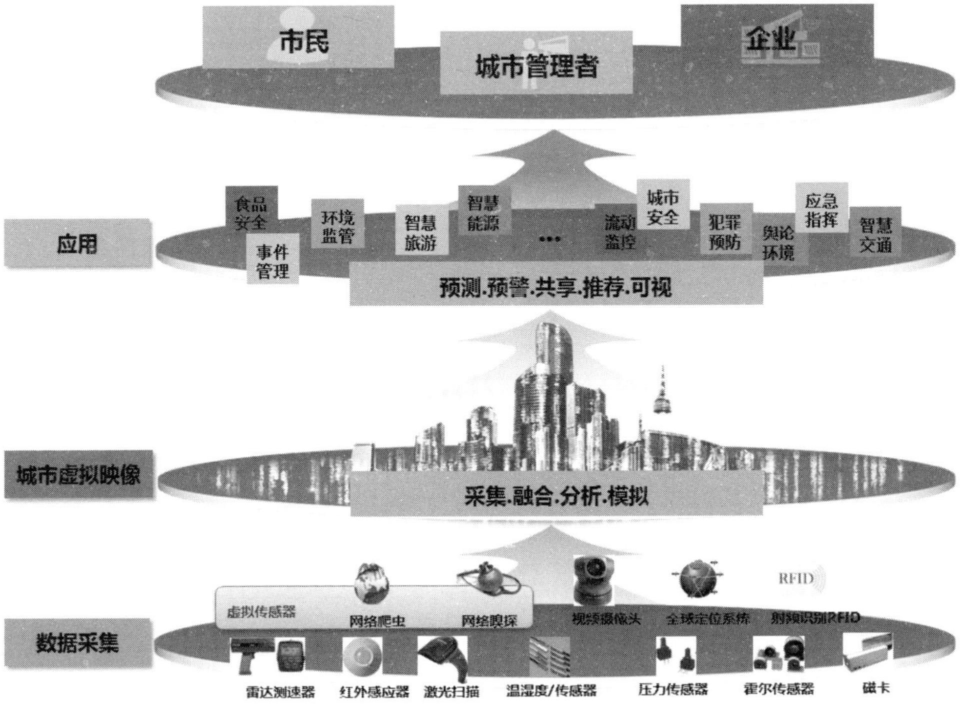


图 7-5　以城市（部分）虚拟映像为基础的城市综合管理响应系统（贾彤提供）

图 7-5 中的“城市虚拟映像”并不是简单地将城市的各种数据/信息集中在一起，它需要按照在第 5 章第 5.5 节中介绍的构建城市虚拟映像的基本原则来建立相应的模型，然后把相关的数据/信息放入模型，由此构成一个城市（部分）在网络空间中的虚拟映像。这个城市虚拟映像既反映了城市（部分）静态的部分，也包括城市（部分）动态的部分。

这种做法在具体的技术层面带来的好处还有：数据/信息汇集在“城市虚拟映像”层次，减少了数据/信息的冗余，并能够有效降低数据/信息的不一致；彻底解除了孤岛式/烟囱式应用对于数据/信息的锁定，使每个应用能够获得更加完整的数据/信息支撑，避免因数据/信息集成的需求导致应用的频繁升级；每个应用的处理结果能够反映到“城市虚拟映像”中，简化了应用集成及应用间的通信。

从图 7-5 中可以看到，各种“大数据”与“人工智能”的方法与工具，在这个框架中能够被充分地利用起来，或者说这种应用模式为“大数据”与“人工智能”的方法与工具提供了一个前所未有的舞台。事实上，城市虚拟映像的模型本身就反映了主体智能的许多要素，这样构建出来的系统在综合性智能化程度上远远超越了仅仅在智能算法层面做的简单组合性应用。

应用/服务的“智能化”不仅是具体的算法问题，更是系统设计问题。

如果把智慧城市中与信息相关的应用综合地考虑进来，以虚拟映像为基础构建一个更加完整的体系，则该体系的基本结构如图 7-6 所示。

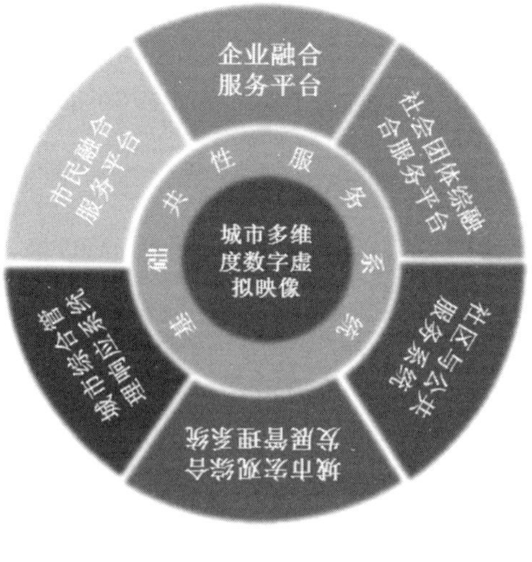


图 7-6　以城市虚拟映像为基础的智慧城市信息服务体系

该体系以城市的虚拟映像为基础，以不同的服务对象为中心，以平台化、针对不同对象的“面”的服务为基本特征。图 7-6 中左下侧是本节前面介绍过的“城市综合管理响应系统”；左上侧则是第 7.2 节中介绍过的“市民融合服务平台”。

整个系统的核心是一个城市比较完整的虚拟映像，包括组成城市的不同实体和物理及虚拟环境的描述与它们之间的关系。在这个映像之上，是基于这个映像的基础共性服务，如基本的数据/信息共享交换，基础性的数据/信息分析等，构成了各个应用平台所谓“人工智能”或“大数据”应用的基础。

这样构造出来的体系将从根本上改变原来信息技术应用孤岛式的建设方式，使系统成为一个以主体为基础、以服务对象为核心的有机整体。今天的信息技术已经让这样的系统建设成为了可能。

对于个人这个基本主体而言，同样可以用个人的虚拟映像构造类似的系统来更好地满足个人对信息应用的需求，实现用信息技术对人在智能意义上的延展。目前，针对个人的应用基本上都是“点”与“线”的应用，而且应用的架构也都非常简单，基本没有采用平台的方式。个人应用一直处于信息技术应用技术的低端，虽然种类繁多，但是缺少系统化的研究、分析与设计。这种状况显然不能适应今天个人数字产品不断且持续丰富发展的局面。

图 7-7 是以个人虚拟映像为基础的个人信息应用系统的示意图。它不是不同应用的简单集合，而是系统化分析设计的产物。

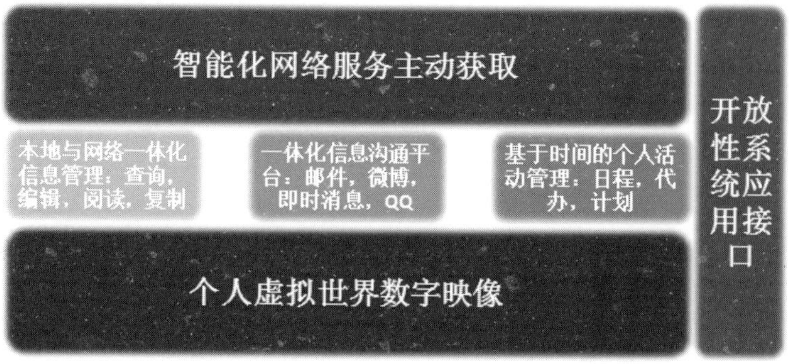


图 7-7　基于虚拟映像的个人信息应用系统示意图

这个系统将从根本上改变个人应用中信息处于分散、无有效管理的状态，它通过个人虚拟映像将不同的应用有机地连接在一起，实现了“面”的覆盖，同时，信息可以被不同的应用充分利用。通过多维虚拟映像，信息的管理更加符合人的思维习惯；通过信息使能化设计，以及智能化服务主动获取等，系统不再是被动的工具，而是具有了一定的能动性。由此，个人信息技术应用不仅从“点”与“线”进化为“面”，而且系统与人之间的“缝隙”将进一步缩小，人与系统融为一个复合体。

对于以人或城市的虚拟映像为核心建立的服务系统，其服务对象就是主体本身或主体的一部分。而对于以企业虚拟映像为核心建立的服务系统，其服务的对象既有企业自身，也有企业的客户。不过，一个主体的虚拟世界包括其自身以及其存在的相关环境，所以企业的客户也是其虚拟世界的一部分。因此可以认为客户是广义的企业主体的一部分。在这个意义上，以企业虚拟映像的服务系统也是服务于主体自身的。

如前两节所述，一般的以平台为基础的“面”的服务系统是以应用逻辑层面融合为核心的，所以整个系统与服务对象的结合的内在基点是在应用逻辑层面。而以虚拟映像为核心的平台化“面”的服务系统与服务对象结合的内在基点，则从应用逻辑层深入到数据/信息层，也就是虚拟映像层。这种底层的结合将更加有效地促进应用逻辑与界面层与服务对象的进一步结合。这就是以虚拟映像为核心的应用模式与一般的平台化模式的最本质区别。

除此之外，这种模式还具有一些其他的特点。结合第5章中的分析，把重要的特点集中总结如下。

（1）虚拟映像是在数据/信息层面以不断更真实反映主体为导向，应用则是在应用逻辑层面以完善对主体的服务为导向。

（2）数据/信息既通过应用这个中间媒介与主体发生关系，同时还将以主体虚拟映像的形式，与主体直接、持续且紧密地捆绑在了一起。

（3）数据/信息与应用之间是松耦合的。一个数据/信息在不同的情况下可以支持多种应用。

（4）不同应用之间彼此有重叠和交叉，没有严格的分界，形成“面”的覆盖。

（5）应用有多种发起方式：人工发起，场景（事件、地点、时间等）触发，信息自动发起，智能引擎发起。

（6）同一个应用因为主体的个性而可以有不同的个性化特征，这将由底层虚拟映像的差异决定。

（7）这些应用之间的内在联系体现在两个方面。一个就是它们都是建立在统一的主体虚拟映像之上，有相同的底层信息结构支撑；另一个就是它们都是在主体虚拟世界自身的逻辑基础上建立的。所以，这些应用不是孤立地设计出来的，而是有统一的基础和出发点，并且彼此之间有不同层面的内在联系，由此组合成“面”的覆盖。

（8）虚拟映像使得信息系统全方位为主体服务成为了可能。

从上面的分析可以看出，以主体虚拟映像为基础构建智能化融合应用/服务，与传统的做法有根本的不同。这种不同体现在从系统架构到用户体验的方方面面。图 7-8 是这种新的应用模式的基本系统架构示意图。

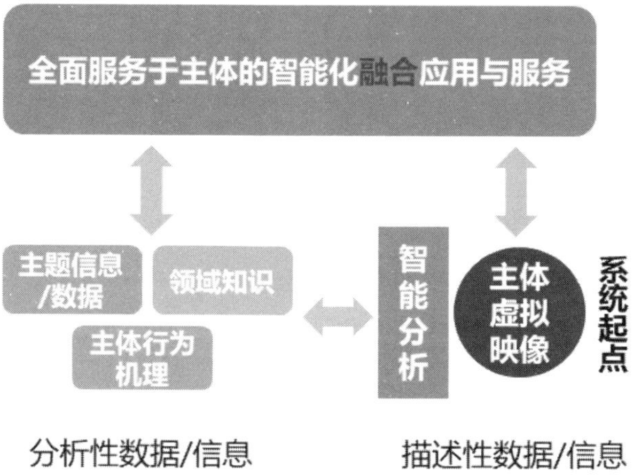


图 7-8　以主体虚拟映像为基础与起点的新型应用系统架构示意图

在这个系统中，右边的“主体虚拟映像”用主体描述性模型聚集了对主体做完整描述的数据/信息。这些/数据/信息只表征主体是什么（见第 5 章第 5.3 节），是整个系统的基础与起点。

数据/信息智能分析技术，一方面支撑虚拟映像的构建、发展和完善，如建立不同数据/信息之间的动态关联；同时，它会按照不同主题维度将虚拟映像中的数据/信息投影到特定的维度之上，形成左边的“主题数据/信息”；其次，它通过对虚拟映像中数据/信息的分析进行知识的抽取，不断丰富左边的“领域知识”；最后，它通过对虚拟映像在应用过程中的理解形成“主体行为机理”，它是关于本系统所服务的这个“主体”的知识。由于主体的特殊地位，因此这部分知识被从“领域知识”中独立出来。“主题信息/数据”“领域知识”与“主体行为机理”不仅会有效地支持各种应用服务，而且会从应用与服务中获取新的数据/信息，反馈到虚拟映像之中，反过来促进主体虚拟映像的不断完善。

当然，应用与服务并不是只能从上述三个地方获取自己需要的数据/信息，它也可以直接访问主体虚拟映像。

在这个系统的上层，是“全面服务于主体的智能化融合应用与服务”。如果把这层展开，能看到更多的细节，如图 7-9 所示。

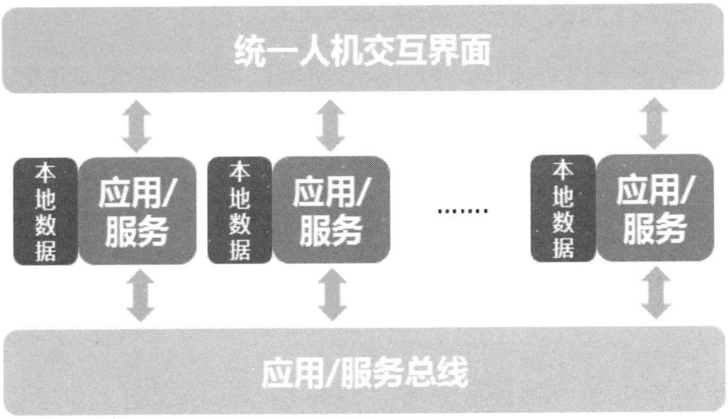


图 7-9　融合应用与服务架构示意图

在这个架构下，不同应用/服务的彼此融合不仅通过共享底层的数据/信息，而且通过业务逻辑的相互调用，以及交互界面层的整合得以综合、全面地实现。其中，基于主体虚拟映像的底层数据/信息的共享，为应用/服务从数据/信息基础层面开始向上逐层地有机融合奠定了坚实的基础。

## 7.4 智能化应用与主体的全方位融合

在展望未来的时候，我们从人与信息技术应用之间的关系的角度再一次回顾一下计算机应用的历史过程。

计算机在刚刚诞生的时候，不只计算能力十分有限，而且使用也极不方便。为了输入一个计算任务，最开始的计算机是用硬件电路连接来告诉计算机该做什么。后来出现了纸卡和纸带输入的方式，程序员需要将程序与数据用穿孔的方式写在纸卡或纸带上，通过光电输入设备输入到计算机中。这个时候的计算机毫无“用户体验”可言。

后来随着计算机运算速度的提高，计算机的输入方式也在不断进步。从简单的字符终端，到形象化的图形终端；从键盘输入，到手写触摸、语音及体感识别等输入。同时，其应用的范围也从数值计算发展到不同行业的业务处理，以及普通大众日常生活工作的信息处理及应用。

从这个过程中可以明显地看出，计算机作为人类的辅助与延伸智能类工具，其在信息类应用领域的发展过程就是不断地走近人、更广泛深入地融入人的工作与生活中的过程。在第 3 章第 3.5 节中曾经指出，这个过程不是单向的，而是双向接近与彼此适应、互相塑造的过程。在机器适应人的同时，人也在被迫接受机器的很多“僵化”的方式。但是，这个过程总体上依然是以机器不断适应人为主，人对机器的妥协是次要的因素，尽管在某些时刻这个因素也起了关键的作用，比如在一个颠覆性新应用刚刚出现并且尚不完善的时候。

如果将计算机应用分为界面、应用逻辑与数据/信息三个层面，计算机在过去一直是在这三个层面不断地拉近与人的距离，但是在不同阶段的主题有所不同。

在20世纪90年代初期，随着计算机处理能力的提高，以图像视频处理为主的“多媒体”应用成为计算机应用的一个重要话题。在计算机“多媒体”能力持续提高的基础上，苹果公司在2007年推出苹果手机，以人机界面的创新开启了苹果新一轮的神话，也引发了信息技术产业对人机交互界面设计改进的热潮。从触摸，到语音，到肢体动作，再到可穿戴，众多厂商投入其中，不断改进人机交互层面的“用户体验”，让计算机在人机交互界面层面不断与人靠近。当界面的潜力被挖掘到一定程度之后，必然要再次关注应用系统人机界面之下实质性的内在本质内容。

越过应用逻辑层，直接看支撑信息技术应用的基础——信息层的问题。在信息技术应用中，除结构化的数据外，数据/信息依然杂乱无章。品目繁多的各种数字化设备在不知疲倦地产生越来越多的数据/信息，在给人带来方便的同时也带来了巨大的困惑。造成这个局面的一个重要原因，是没有在数据/信息的理论方面深入地思考，因而也没有实质性的突破让计算机在信息技术应用的最底层——数据/信息层面向人再走近一步。

本书从第4章开始花了大量篇幅讨论的全信息结构、主体虚拟映像，以及基于虚拟映像的应用，正是为了在数据/信息层面来解决遇到的这个困境。

当能够建立起主体虚拟世界的数字映像时，数据/信息与主体之间不再是一种无序随机的关系，数据/信息以一个整体与主体在意识层面形成对应关系。这种关系的建立使得信息类应用系统第一次有了在数据/信息层面与主体对世界的认知方式接轨的能力。因此主体虚拟映像的建立在信息类应用的历程中有着里程碑的意义，使得我们可以把机器与包括人在内的主体不断接近的过程推进到信息应用系统最下面的信息层面，而不是仅仅局限于界面与应用逻辑。这将引发信息类应用的一场深刻的变革。

有了虚拟映像这个基础，就可以在虚拟映像之上构建更加符合主体特征的、与主体结合更加紧密、对主体的服务更加全面的智能化“面”融合的应用。这时人机交互界面的自然化设计也会更加有用武之地，而不同的应用逻辑也会更加有机地彼此融合。

应用的三个层面持续地互相有机配合支撑，将使得信息类应用与包括人在内的主体之间的缝隙在未来不断变小，信息系统与主体的配合将更加默契，彼此在智能的意义上融为一体。关于信息技术信息应用的三个层面在未来发展的方向如图 7-10 所示。

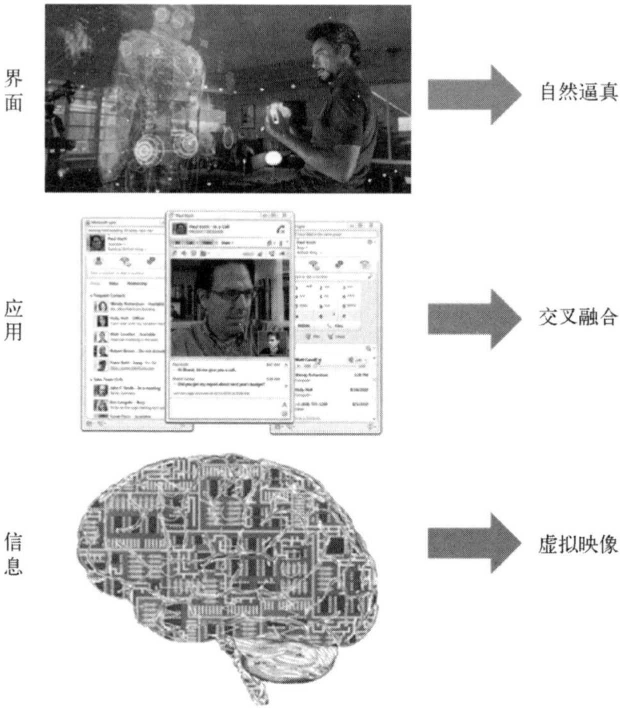


图 7-10　界面、应用逻辑与信息层面的发展变化

界面层的完善，将不断提高系统与人之间“沟通”的畅通程度；应用逻辑的交叉融合，将使得应用在内在功能上更加全面、体贴地服务于主体对象，同时为界面层与主体的紧密结合提供更多的内在依据；主体虚拟映像的建立，将使得整个系统与主体在智能信息层面直接建立对应连接，由此推动应用逻辑在更深层次的交叉融合，从而进一步促进界面的改善。

所以，以虚拟映像为核心构建应用系统在计算机与人不断接近的历史进程中是具有根本性意义的。主体虚拟映像的建立在根本性的智能信息层面上消除了阻碍信息类应用系统与主体间的隔阂。未来的信息类应用将不断地减小与主体之间的缝隙，也将更加全面地服务于主体，更加有效地延伸主体的智能。或者说，虚拟化的信息类应用与真实的主体存在由此将进入彼此水乳交融的境界。而这种水乳交融应该是一种对服务对象的立体性覆盖，信息技术应用将实现从“点”“线”到“面”的演化，进而在未来最终形成“体”的应用，使得信息技术应用全方位、立体性地服务于不同的主体，全方位地拓展主体的智能所达范围。这也就是对在第 4 章第 4.1 节中讲的“内”“外”意识的结合与统一的更具象化过程的描述。

如果把眼光从独立的应用/服务再扩大到整个网络这个虚拟世界，未来网络连接的最重要的对象就是各个主体的虚拟映像以及围绕其构建的应用，见图 7-11。

如果把网络也看作是一种应用，所有的应用则构成一个宏观的虚拟世界。我们面对的是无数的虚拟映像，沉浸在这个虚拟世界的海洋中，虚拟世界中的应用与各个主体虚拟映像的耦合有松有紧。每个真实主体则以与自己相关的虚拟映像为基础与网络化的虚拟世界相连。这个虚拟世界是人类集体意识的外化产物。

图 7-11　不同主体的虚拟世界沉浸在网络化宏观虚拟世界的海洋中

当然，在这个虚拟世界中还有围绕其他主题构建的融合应用系统，比如在第 7.2 节中介绍的市民融合服务，围绕旅游出行将购物、行程安排、住宿、购物、娱乐游玩等按照不同的需求整合在一起的融合服务，以及那些已经熟悉的网上购物、新闻网站、不同主题的知识系统等。大量的“点”与“线”的应用也会持续不断地涌现出来。这些应用/服务在虚拟世界中彼此互动融合在一起，形成一个不同于物理世界、有着自身结构的完整虚拟世界（详见第 9 章第 9.2 节）。

在这个应用/服务不断智能化、深度融合的大潮中，还有一个有着重大深远影响的趋势。那就是在这个虚拟世界中，以个人虚拟映像为基础的智能化融合应用系统将扮演越来越重要的角色，具有特殊核心的价值。信息技术应用是从各个领域的高端应用起步的，所以在初期都是以组织（如企业）性任务活动为核心而设计实施的。在信息技术应用的历史上，那是一个“组织”独裁的年代，个人只能作为组织的一个基本构成单位，被动地接受“组织”的要求，扮演组织性信息技术应用系统中的一个特定的“角色”。

随着技术的惊人进步，社会正在发生结构性变化，人不再仅仅是组织的被动依附，个人在组织中的能动性不断增强，个人相对于组织的独立与自由空间不断加大（详见第9章第9.2节）。这将导致组织性信息技术应用系统的基本设计原则发生重大变化。在虚拟世界中，个人应用/服务系统将作为独立的存在而与传统上独霸天下的组织性系统分庭抗礼。个人应用/服务系统将与不同的组织性、主题性应用/服务相互互动、融合、渗透，彼此的边界将变得模糊甚至消失。许多组织性功能将会在个人应用/服务之上构建。这就是为什么在本节前面说：“每个真实主体则以与自己相关的虚拟映像为基础与网络化的虚拟世界相连。”

今天这种以个人应用/服务为主的趋势已经明显地出现了。随着个人社交服务的逐步成熟，人们利用个人社交工具来进行大量的组织性活动，在美国甚至开创了用总统个人“推特”治国的“历史新篇章”。

在虚拟世界中，个人应用/服务系统所扮演越来越重要的核心基础性角色，也是对人作为信息技术服务的起点与终点的这种地位的进一步的肯定。这也是为什么在本书第4～6章中花了大量的篇幅围绕个人这个基本主体去展开深入讨论的重要原因。

面对这个景象，我们不禁要问：在这个虚拟世界的海洋中，每个主体的虚拟映像会在多大程度上超越主体自身的局限而不断发展，反过来再促进主体自身的成长？智能化信息应用的极限在哪里？它会反过来主宰人类吗？

# 第 8 章

## 系统级创新引领智能化的未来

前文从信息技术产业发展的宏观视角开始，从历史中寻找信息技术产业发展的本质规律；随后逐步深入到信息技术的最底层，去追寻其微观基础“信息”的本质；继而一层层向上阐述了产业“中观”层面的、面向未来的以主体虚拟映像为基础的智能化融合服务模式。在这个过程中，还结合信息技术产业的发展，从不同的角度对“创新”进行了深入分析。本章再回到宏观的视角，回到信息技术产业的 DNA 本质——“智能”上面。针对“人工智能”众说纷纭的前景，审视一下最本质的问题：智能是什么。然后结合前面章节对信息技术应用未来发展的分析及对人工智能曾经走过的道路的回顾，将从信息技术产业的技术结构分析“人工智能”技术的真实地位，以及信息技术“智能”的一般性表现形态“机器智能”，探讨未来信息技术智能化应用核心的创新将会呈现在哪一个层面，以及带来的长远影响。

本章将指出，在这个过程中，系统级创新在未来将具有超越具体技术进步的决定性的意义，“机器智能”才是信息技术对人类智能的辅助与延伸作用的未来体现形式。

## 8.1 人类“智能”的本质：无中生有的自觉与主动

人工智能领域的大师级人物 H. A. Simon 在 1957 年说的一段话曾经被不断地引用:“我的目标不是使你惊讶或者震惊——我能概括的最简单的方式是说现在世界上就有机器能思考、学习和创造。而且它们做这些事情的能力将快速增长直到——可见的未来——它们能处理的问题范围扩展到人类思想已经得到应用的范围。”这段话表达了在人工智能起步的时候，人们对智能类工具的期待就是造出一个完整的、独立的、与人相当的智能化机器，也许它长得与人并不相像。

那么，“智能”到底是什么？对此学术界至今也没有给出一个标准的答案。在第 1 章第 1.5 节中也回避了这个问题，而仅仅从计算机的本质出发，分析了什么样的智能“活动”是计算机可实现的。下面通过对人的智能活动的分析来深入地探讨一下人类智能的本质特征，即使我们难以给智能下一个准确的定义。

智能显然是深藏在人（或其他生命）的大脑中的一种能力。不考虑宗教的说法，从科学的角度来看，人在出生之时，除本能以外，就知识与具体的能力而言，大脑是一片空白。然后随着一天天成长，通过、而且仅仅通过与外界的交互，人就能逐步获得越来越多的知识与能力，学会说话、走路、唱歌、写字、分析、思考等。人的智力随之不断增长，进而成为一个有健全智能的人。

这个过程与现代计算机实现的人工智能是有本质不同的。计算机实现的高级智能目前都是与领域相关的，虽然也包括一定程度的“自学习”过程，但是这些智能的基础还是大量人工直接“植入”的与领域相关的知识与能力，如针对领域中各种具体问题的算法等。而人的成长却完全不同，人仅仅依靠与外界的交互就可以获得各种高级且复杂的、与不同领域相关的能力与知识，而无须打开大脑对大脑神经元进行底层“编程”或“设置”。

显然，在人的大脑中，与生俱来就拥有了某种初始内在底层的“智慧能力”，这种能力与具体的领域知识技能无关，是一种高度抽象的能力。它让人从一片空白的无知逐步获得各种不同意义的具体的智能，包括具象的情感与抽象的逻辑认知能力。我们可以认为人具有的这种初始能力也是被“植入”的。但是它与计算机被植入的与领域相关的能力却有本质不同，这种智能在本质上与知识经验等无关，是通过与外界的交互而获得知识与经验的基础性能力。而在此基础上的“智能活动”，则是智能发挥作用的过程，也就是人思考的意识过程。如果这个过程是可以逻辑化描述的，则就能够物化为机器的行为，实现对人脑的思维机制模拟，否则就只能寻找别的方法去做机制替代（见第1章第1.5节）。

为了方便，我们把人所具有的这种高度抽象的、与领域无关的基础性智能称之为“基础核心智能”。它不仅仅是一般意义上的智能的基础，也是人的自觉性与主动性的来源。基础核心智能与其他智能及智能活动之间的关系如图8-1所示。

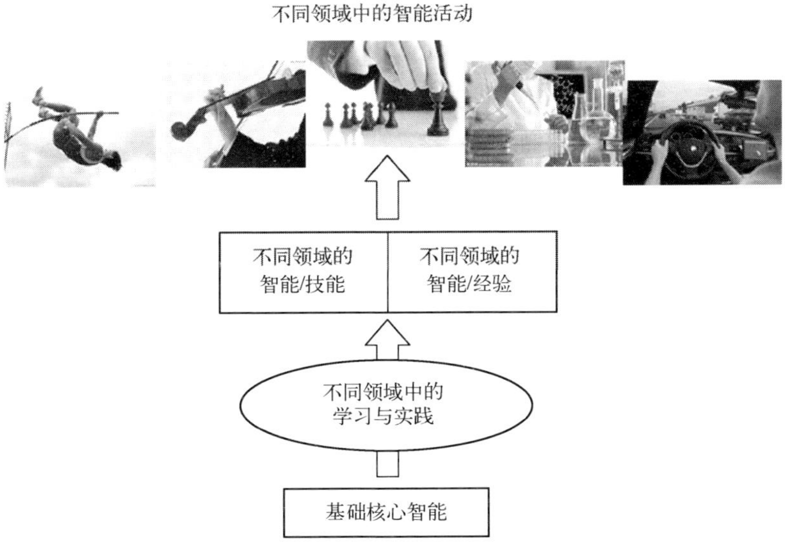


图8-1　人的智能层次示意图

对于这种基础核心智能到底是什么，我们显然知之甚少，如果不是一无所知的话。也许就像人无法揪着自己的头发将自己从地上拔起那样，这种基础核心智能也许是人自己的智能自身所永远无法认识的黑洞。如果我们不能够理解这种基础核心智能，谈论人工智能对人的完整模拟乃至超越就显得依据不足。当年那些科学家们信誓旦旦声称在10～20年内就可以造出拥有与人同样智能的机器，显然是认为我们可以掌握这种“基础核心智能”，然后将其“植入”到计算机中，从而实现完整的人工智能。

在人工智能兴起的初期，那些抽象的、与领域无关的逻辑规则，如推理、归纳等，就被认为是“基本核心智能”。但后来的实践证明虽然这些能力确实也具有与领域无关的特质，并且也许确实与“基本核心智能”相关，但远不是“基本核心智能”的关键或全部。

实现完整的、与人相当的人工智能这个梦想，至今依然非常遥远。能够战胜国际象棋世界冠军的深蓝，也只是具有特定领域内的“智能”，而不具有“基础核心智能”。所以如果它还“想”下围棋的话，它没有办法自己去学习，而是要由人再另行“植入”一套下围棋的知识与能力，那才会成为后来的AlphaGo了。

我们不知道如何描述这种“基础核心智能”，也不知道这种“基础核心智能”是否是基于“数值计算”的，或是否可以用某种算法来表达。当然，许多人相信人的智能的基础是可以用数值计算来完成的，这种信念可以追溯到古希腊时期的毕达格拉斯（约公元前580年—前500年，古希腊哲学家、数学家和音乐理论家）。他在两千多年前就坚信“万物皆数”，认为这个世界的一切问题都可以归结为数字计算问题。虽然许多智能活动属于计算问题，虽然今天用计算的方法实现了越来越多的智能类活动，但依然没有足够的证据证明人类智能的基础就是数值计算，也还没有充分的理论或实践证据证明可以用数值计算来直接完整地模拟人类的智能过程。

所以，认为用数值计算可以直接完整地实现人所拥有的智能，甚至可以超越人类的智能，更多的是一种信念，而非被理论或实践证明了的科学意义上的结论。

当然，还有人认为人脑的这类智能过程是量子过程。但是量子计算到今天还是仅仅去做一些数值算法，而没有找到其他的与人的底层智能契合的、在数值逻辑计算之外的基本机制（见第 1 章第 1.3 节）。

我们对大脑内在机制的知识缺失还不仅仅限于此。

神经生理学家经过近百年的努力，已经可以将大脑的不同部位与不同的功能对应起来（见图 8-2）。枕叶主要负责视觉加工，躯体感觉联合区接收多通道感觉信息并进行整合，顶叶主要进行感觉加工，颞叶负责语言、听觉加工，运动功能区支配肌肉、眼球等的运动，而额叶既负责推理、决策等高级认知加工过程，也是掌管人格的区域。并且，越来越多的研究发现，人类的任何一项认知加工都不仅依赖于某一侧脑区，而是由左右两侧大脑共同协作完成的，但对于特定加工会有单侧化优势（Hemisphere Advantage），即主要依赖于左侧半球或右侧半球来完成任务。

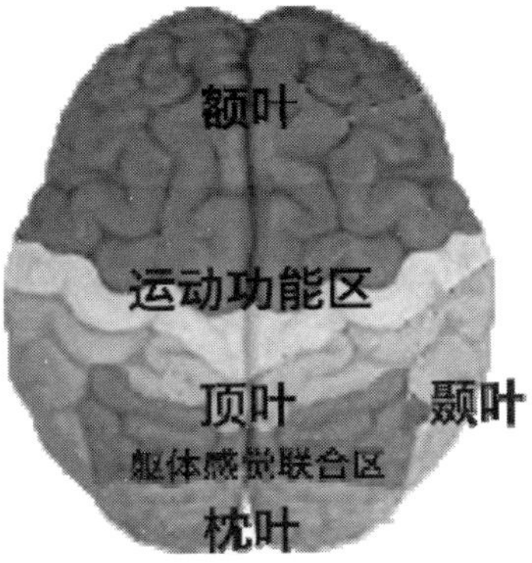

图 8-2　大脑的不同区域（陶然提供）

大脑的运动功能区左右分别交叉控制着人体的右左侧，这是两侧大脑最明显的一个分工。但是事情远非这样简单。尽管正常情况下各脑区分工明确，但我们的大脑还具有强大的动态调整能力，即可塑性。这种能力强大到了令人瞠目的地步。

2009 年 2 月，中国中央电视台 CCTV-10 科教频道《科学探索》节目讲述了一个“半脑人”的故事。这个病人在刚出生不久就发高烧而被诊断为脑膜炎，当时医生认为他会有后遗症。但是他的病症不久就消失了，没有发现异常而一直健康成长。到了 12 岁的时候，他出现了癫痫症状。随后，癫痫发作间隔逐年缩短。在他 17 岁时，癫痫发作间隔已经按星期来算了，家人只好带他到武汉的大医院诊治。图 8-3 是他的脑部 CT 片，从中能够看到他的一侧大脑严重病变萎缩。

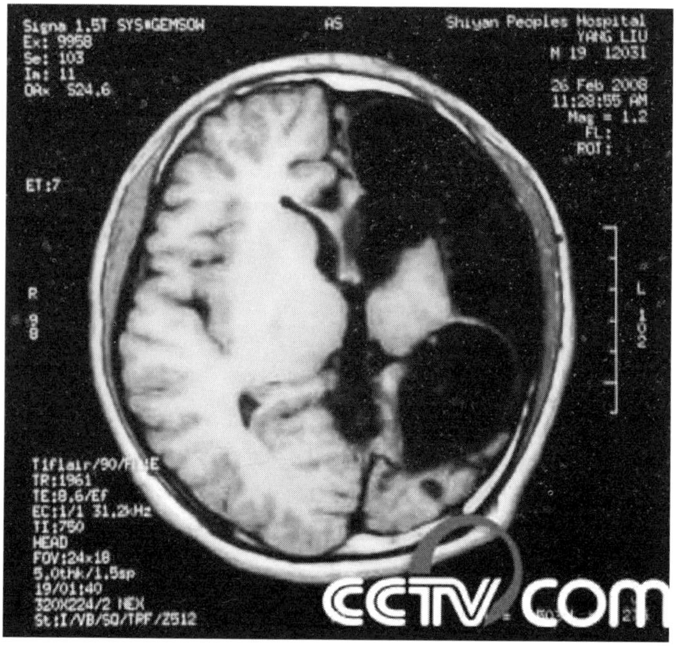


图 8-3　一侧严重萎缩了的大脑

医生看到这种情况，决定摘除已经丧失了基本功能并且严重萎缩的一侧大脑。手术后，病人的癫痫症状彻底消失，而且各种表现也一如常人。医生推断，在他小时候那次得病之后，一侧大脑就逐渐失去作用，另一侧逐步完整地接管了大脑的所有功能。这个例子似乎支持了人的大脑在正常情况下利用率不高这一结论，虽然对此结论尚有争议。

可能是因为这个病例在普通人眼里有点儿“不科学”，所以《科学探索》节目特别做了连续三期的报道。其实在世界上，这种“半脑人”并非绝无仅有。从这些半脑人身上，我们看到大脑具有高度的动态自我调整能力，生理学称代偿作用。病变的脑区所应负责的功能由剩余部分的大脑建立新的神经通路与神经联结来承担。这种能力与现在风起云涌的、可以动态配置资源的云计算分布式系统有着某种类似的地方。

下面把人脑与云计算分布式计算机系统作一下对比（见图 8-4）。我们知道，在人的大脑底层，有海量的神经元连接在一起的大脑神经网络，每个神经元相当于一个处理单元，尽管我们不清楚在神经元内部发生的物理与生化过程是否可以被解释为数值计算过程。神经生理学家还告诉我们许多不同部位的神经元在控制着我们的某些活动。

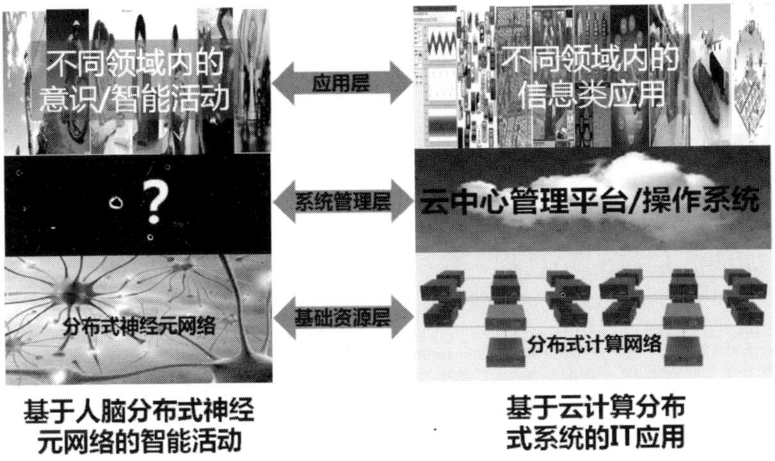


图 8-4　人脑与云计算分布式计算机系统的对比（1）

心理学家分析的重点则是大脑外在的、可观察、可度量的各种意识行为表现。这些表象相当于大脑的各种具体应用，对应于云计算平台之上的各种具体应用。

在云计算系统中，在基础的计算、存储和网络之上，有一个动态配置管理这些资源的云平台，或称之为云中心操作系统。这个平台处于基础计算能力与具体的应用之间，从应用层面看，它隐藏在应用之下。正是这一层的存在，使得云计算分布式系统具有了高度的动态自我调整能力。

从半脑人身上能够看到，大脑在神经网络与大脑的意识/智能活动之间，应该也有一层类似云平台的功能，负责神经元网络的形成与动态调整，它不属于人的意识活动层面的功能。而现在我们对大脑的这一层的存在形式与作用机制几乎一无所知。

简而言之，我们迄今积累了丰富的心理学知识，对大脑在应用层面的表现即“智能类活动”有着比较深入全面的理解；我们也知道大脑由众多的神经元连接而成，并且知道在正常的情况下，不同的区域主管着哪些活动。但是我们不知道神经元内部过程的智能意义，也不知道这些神经元动态组织的机制。所以，我们对人类外在的上层智能活动有了相当多的了解，据此可以做出深蓝、AlphaGo 那样的系统战胜人类，但是我们对大脑的本质，对智能的底层机制和过程，包括“基本核心智能”，如果不是一无所知的话，也只能说知之甚少。

尽管如此，我们还是可以努力地将人的智能的特质做一个深入的分析描述。就个人而言，我们是从一无所知的状态，通过他人的帮助教育和自己的探索而逐步具有了各种不同的智力能力。在这其中，自己主动的探索又最为重要，因为它可以突破别人的帮助的边界，而认识新的未知，抽象形成新的知识。如果我们把视野扩展到整个人类文明，就更能看出自主探索能力的重要性了。

抛开宗教的观点，我们从科学的角度来看，人类从茫然无知、一片空白的原始状态走向智慧文明，并没有外来智慧的“引导”，而是完全依靠自己的力量，依靠自己与生俱来的“基本核心智能”去发现世界，认识世界，并且改造世界,而且目前还看不到人类智能这种不断拓展能力的失效边界。这种自觉的主动性就是人类智能的最本质的特质，应该属于“基本核心智能”的基础，是其最重要的组成部分。

目前，任何人工智能系统都还不具有这种特质。人工系统需要外来的、人的智慧的植入，并且只能在人的智慧植入的范畴内，实现与人类相比非常有限的“自我学习”，远不具有探索全新未知的能力。其根本原因就在于被植入的人的智慧仅仅是人的表层智慧能力，而不是人所具有的底层根本性的智慧机制。随着人工智能的发展，虽然我们对表层能力的理解与物化更加有效，但对深层机制的认识却依然举步维艰。

近百年来，对人工智能的追求正是在这种状态下艰难前行的。

## 8.2 人工智能从理想到现实

我们再次将目光投向历史，看看“人工智能”从诞生到现在走过了怎样一条路。

在第 1 章第 1.5 节中曾经指出，在人工智能诞生之后，人工智能的发展有两个不同的方向。一种是以联结主义/人工神经网络为代表的，依靠缺少内在神似的外在形式上的模仿来实现人工智能；另外一种则是采用某种机制去实现智能化的功能。由于第一种方法没有取得明显的效果，而退化为第二种方法中的一个组成部分，所以下面集中讨论人工智能的机制实现方法。

在用机制实现人工智能的过程中，还可以细分为两个不同的途径，一种就是遵循人类思维过程，然后在通用计算机上加以复现。在这种途径中，人类和机器在解决问题的时候采用的是同样的方法。我们把这种思路称之为“机制模仿”（Mechanism Imitation）方法；而另一种思路也是成功的人工智能应用大多采用的方式，就是用完全不同的机制（或者说我们不清楚它是否与人脑内部的机制相吻合），来完成某项人类的智能活动。我们把这种思路称之为“机制替代”（Mechanism Replacement）方法。

不论是采用机制模仿还是机制替代的方式实现智能，大都走了一条相似的路：试图用一些基本的逻辑推理规则构造出具有完整智能的机器，至少能够完整地解决一类问题。从科学史的角度来看，这就是我们在第 1 章第 1.6 节中讨论过的：“寻找精巧、简洁、普适性的数学方程或系统模型去解决问题，成为科学技术领域无须讨论的基本共识。”

在传统力学领域，不论是牛顿力学还是爱因斯坦的相对论，只需要几条基本的定律就能解释几乎所有的（宏观）力学现象。所以，当初人们试图用一些基本的逻辑化推理机制就能实现复杂的智能活动是一种合乎情理的期待。

从对人的智能过程的理解角度来看，这种做法也无可厚非。在第 8.1 节中我们推断，人脑确实存在一些与领域无关的抽象的“基础核心智能”机制，使得我们可以以此为基础从零开始不断学习开拓。日本第五代计算机便是这种努力的典型代表。但是我们并不理解大脑的这些机制到底是什么。经过几十年的尝试，以日本第五代计算机的失败为标志，说明这种方法有着致命的缺陷。

这种方法不仅仅无法实现一般性的完整智能，即便在特定领域解决比较复杂的智能化问题，它也不能让人满意。这方面的一个典型例子就是机器翻译。人们在开始的时候，就是期望将语法规则完整地表达出来，然后加上对词汇和语义的理解，就能够造出一个良好运转的机器翻译系统。但是，现实无情地打破了这种期待。事实上，哪怕是在一个特定的领域内，我们所面对的智能问题也是相当“复杂”的。相比之下，以力学为代表的绝大多数“经典”科学所处理的问题，则显得相当“简单”。

人们经过多年的探索，终于发现在大多数的“智能”问题领域，普适的一般性逻辑化推理规则或机制，以及领域内少量的逻辑化推理规则或机制都不是解决问题的充分条件。我们必须把人在具体领域内积累的经验或知识融入进来，才有可能比较满意地解决复杂的问题。而经验和知识与一般性逻辑化推理规则或机制之间本质的区别就在于经验和知识是局限于某些特定的场合或具体领域的，而一般性逻辑化推理规则或机制具有跨领域的普适性，可以适用于广泛的不同领域。我们在第 1 章第 1.1 节最后引用的钟义信老师提出的“人类智能系统的基本模型”（图 1-3），就反映了信息及知识在人类智能过程中所起的重要作用。

充分利用人的经验与知识来解决复杂性问题的典型做法就是在 20 世纪七八十年代蓬勃兴起的各种“专家系统”，见图 8-5。这些专家系统都是针对特定领域中的一些特定问题的，融入了大量领域专家的知识和经验。在这种系统中，专家的知识与经验比普适的一般性逻辑化推理规则或机制更重要。在专家系统的发展历程中，一个标志性事件是 1977 年斯坦福大学的费根鲍姆在第五届国际人工智能大会上提出了“知识工程”的概念。它标志着AI研究从传统的以推理为中心进入以知识为中心的新阶段。

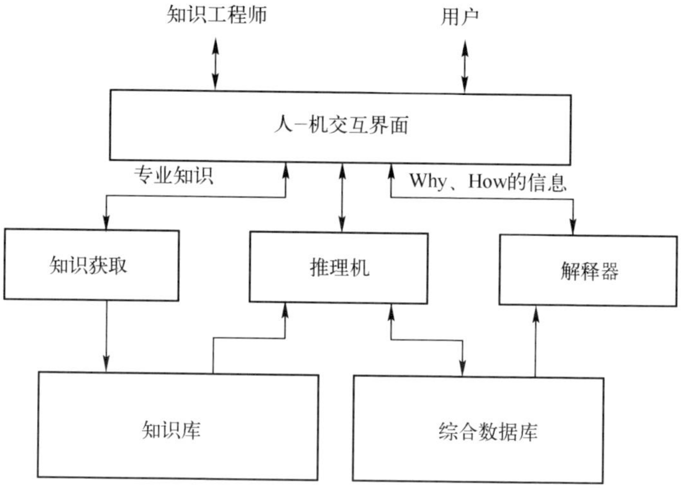


图 8-5　专家系统示意图

当人们意识到自己没有能力用一些普适的基本逻辑化推理规则或机制去有效地解决各种“智能问题”时，人工智能的研究便扎入各种具体的问题之中。针对不同类型的问题发展出花样繁多的解决方法，也取得了很大的进展。当然，受计算机形式化方法的影响，这其中也有很多形式大于内容的产物。

人工智能发展出来的这些方法所针对的问题包括问题求解、搜索、规划、机器学习、知识表示、模式识别、自然语言处理、机器感知、数据挖掘等众多性质各异的主题。这些进展使得大量的计算机应用的智能化程度都今非昔比了。

也正因为如此，人工智能目前更多地被当成将一些具体的应用工具方法融入不同类型的应用之中，以自己具体的技术性名称出现，默默无闻地发挥着自己的作用。这些年关于人工智能的一本经典的教科书是《Artificial

Intelligence：A Modern Approach》[1]，它的副标题“A Modern Approach”就是指试图采用“智能体”（Agent）的概念将人工智能在各个不同领域中的方法整合到一个统一的框架之中。

在这个过程中，“人工智能”与“非人工智能”之间的界限也越来越模糊，比如用一些传统的统计方法对数据进行处理，也被纳入“智能”的范畴。其实这就反映出信息技术从一开始就是辅助与延伸人类智能的工具这一本质。“人工智能”到底该如何定义似乎更加困难了。当我们用信息技术去解决具体问题的时候，我们讲哪个技术是“人工智能”技术、哪个技术不是人工智能技术已经没有什么技术意义了。

不过，从被归入人工智能类的方法中能够清晰地看出，被冠以“人工智能”的方法都是用来处理“复杂”问题的。所谓“复杂”问题，并没有一个严格的定义，通常是指无法用一些“简单”“常规”方法来解决的问题。

时至今日，随着信息技术产业发展催生的大数据现象的到来，人们对人工智能追求的热望再次被点燃，以至于像物理学家 S·W·霍金（1942—2018，物理学家，英国剑桥大学）这样的知名人士，都对人工智能的研究发出了警告，更有人预测机器智能很快会达到失控的程度，以至于出现了“奇点临近”这样耸人听闻的说法[2]。抛开这些对未来科幻式想象不谈，智能类的方法确实再次发生了变化，沿着固有的逻辑向前迈出了新的一步。

今天在被归入智能范畴的“大数据”应用中，人们不如人工智能开创时期那样关注对基本的普适智能机制的探索，也不像专家系统那样努力地从数据中去发现基于因果关系的领域知识来指导我们解决复杂的问题，而是利用各种现成的方法，在浩如烟海的“大数据”中去发现统计“相关性”，而在一定程度上解决不同的具体问题。“深度学习”在本质上也是基于大数据的统计方法。

“因果关系”与“相关性”不是处于同一个层面的事物之间的联系。因果关系更为本质，体现了事物之间的相互作用；而相关性仅仅是表层的现象，甚至可能是假象。通过数据统计可以发现相关性，但是却很难用简单的统计来发现因果关系。因果关系需要对事物之间的作用机制进行深入的分析才能确定。

“不问因果，只关注相关”，成为大数据应用的一个理直气壮的原则。站在传统的科学理念的高度，这是从探索内在规律向表象归纳的倒退，是由“深刻”向“肤浅”的退化。但从现实的角度来看，这种做法却也不无合理及有效之处。虽然大数据应用中并没有新的原理性机制或算法的发现，利用的都是已有的成果或它们的改进，但是由于获得了前所未有的数据，拥有了前所未有的“暴力计算”能力，因此这些成熟的、甚至是陈旧的、可以追溯到牛顿时代的算法，也产生了前所未有的效果，解决了人类从未能解决的问题。这就是大数据所采取只关注相关性的做法的合理性所在。但是，我们也不应该因此就无限地夸大这种做法的意义，而认为我们在追寻智能的本质上有了新的革命性突破。这也是有学者对“深度学习”提出质疑的原因。

所以，之所以能够用“大数据”的“方法”来解决以前无法解决的问题，并不是因为我们发明了前所未知的新的方法或机制，而是因为今天计算机的能力发展到了在绝大多数情况下不再成为应用瓶颈这个历史性转折点，从而使得我们有了现实可行的技术手段获取足够多的数据，拥有了足够强大的计算能力，来用早就知道的方法，甚至是一些“低级”与“简单”的方法，去解决以前无法解决的问题。今天使用的很多方法当初被认为并非有多么高深和有效，但是借助计算机充沛的处理能力以及获取的丰富数据，这些方法在今天可以产生更加有效的结果。这也是今天计算机应用水平普遍持续提高的一个最重要的因素，这背后的动力源泉就是计算机的处理能力，以及存储能力与通信能力的持续提高。

在某种意义上来讲，以计算机为代表的信息技术确实有一种强大的、不可思议的“化平庸为神奇”的力量。只要计算能力足够强大，无须原理上的突破，用那些看上去平淡无奇、甚至相当笨拙的方法就能够创造前所未有的奇迹。我们可以形象地将这种奇迹称之为“暴力计算”的成就。这就是信息技术产业蓬勃发展的最重要的真相之一。这同时也是今天在信息技术产业中时常会出现一些缺少科学常识、似是而非的说法的原因。

如在第 1 章第 1.6 节中讨论的，信息技术这种“化平庸为神奇”的本事，就是源于计算机生而固有的唯一能力——“数值计算”。只是在计算机获得“暴力计算”能力之前，我们没有意识到信息技术使用的“低级”“粗暴”的计算方法应用可以如此广泛、有效。毕达格拉斯在两千多年前认为这个世界的一切都是计算问题这一断言，今天看起来“几乎”是“绝对真理”了。

与此相对应的是，虽然计算机的能力空前强大，但我们依然没有能够借助它去解决智能的基本机制问题。当然，它或许确实就不是一个能够通过计算来解决的问题。

从主流上看，人工智能从当初对智能基本机制的探究以期一劳永逸地整体性解决智能问题，到利用人的知识与经验解决具体领域中的复杂问题的专家系统，再到今天在充沛的计算能力基础上，利用大量的数据及已有的各种成熟算法和工具及它们的改进，以人类的知识与经验为基础更多地依赖统计性分析去解决具体的问题。这是一个从理想不断回归现实的过程。在这条发展道路上，我们能够看到两条有趣的、站在"传统"科学的立场上看似矛盾的线索。

一条线索，就是在对智能本质规律的探索上不断退化，从对基本智能机制的探究到对因果性领域知识的利用，再到对数据进行统计性相关分析，实现智能的方法一步步地在趋向"肤浅化"。在这个过程中，我们从对一般性机制的一往情深，逐步转向对知识、经验、数据等信息的日益依赖，不断地把更多的知识、经验、信息融入解决问题的方法中；另外一条线索，则是依赖于计算机日益强大的数值计算能力，"智能化"应用范围不断扩大，解决的问题不断增多，计算机因此看上去越来越"聪明"，越来越强大，对人的帮助也越来越大，见图 8-6。

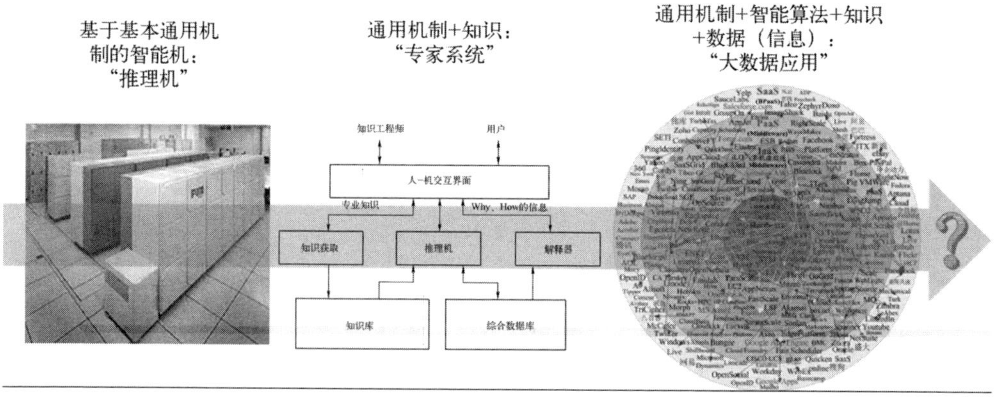


图 8-6　人工智能从理想到现实的演化

今天，人工智能的含义已经十分模糊，大量的当初不被认为是人工智能的技术与方法都被纳入这个概念之下，而大数据从一开始就是一个模糊的、非技术性的概念，这两者也已经难以分割。随着这些技术被广泛地使用，已经很难说哪个应用不含有人工智能的技术了。其实，从一般的智能意义上来讲，计算机最初实现的数值计算应用也应该属于“智能”应用，因为计算就是人所特有的智能的一种表现。而基于计算，利用人的意识产物所做的各种应用，就更应该属于“智能”应用了（见第 4 章第 4.1 节）。所以，计算机应用从一开始就是智能化的应用，只是随着技术的进步，智能化程度在不断地提高。正因为如此，我们在第 1 章第 1.1 节就指出，计算机的出现是人类工具的一次实质性跨越，人类从此拥有了辅助与延伸智能的工具。而且如前面所分析的，在实现一般性人的智能的路一直没有走通的情况下，迄今为止，它还没有能够摆脱这样的附属性命运。

在此需要追问的是：计算机这种变得越来越强大、越来越“聪明”的趋势，在本质上意味着什么？众多新的智能化应用功能的累加能否产生质变性突破，弥补在智能本质探索上的退化而达到最终全面实现一般智能的目标？还是它难逃宿命，始终只是作为人类一个越来越好用的辅助性工具而存在？

虽然这是一个最终需要用实践来检验的问题，但是理论分析对未来还是有一定的指导意义，也远比浪漫的想象更加可靠。

按照人工智能目前的发展趋势，我们可以设想不久就能够不断地将基于不同方法策略的各种智能化应用集成在一起，从而获得一台功能日益强大的智能化机器。我们可以预测，当集成的功能足够多，它的综合能力完全可能超过某些甚至是很多普通人。那么是否可以说我们已经造出了拥有与人一样智能水平的机器？

如前所述，计算机的各种智能应用都是借助了人在相应领域中的经验与知识加上相应的逻辑化机制而实现的。这些功能即使具有有限的“学习”能力，也无法在根本上超越人工植入的领域经验与知识的局限。所以，当我们能够把大量的智能化应用集成在一起时，系统固然可以覆盖更广泛的领域，在这些领域中的表现也完全可能远超一般的人、甚至是顶尖的人，就像“深蓝”与 AlphaGo 那样。但是它却依然不具有主动探索未知的能力，更不要说自我意识的自觉性了。而这种能力的缺失，在根本上是因为系统只是在相对表层集成了人在某些领域中的智能或智能的产物，而缺少人所具有的、在底层与领域无关的“基本核心智能”。

现在人工智能领域的一些学者认为他们已经可以不需要预制人的知识经验，依靠计算机的“强化自主学习”就能够从数据中“自我”学习积累从而完成复杂的任务。比如谷歌旗下开发出下围棋程序的 DeepMind 团队就在其 2017 年发表于著名杂志《Nature》的论文中声称，在新的 AlphaGo Zero 中，没预制先验知识，它是靠自己学会下围棋的。他们说：AlphaGo Zero 说明“一种纯强化学习方法是可行的，即使在最具挑战性的领域，它也能训练到超过人类的水平，并且无须人类的案例和指导。除了基本规则外，没有任何领域的基础知识。”他们的说法是“starting tabula rasa”，即从一片空白开始。

但是针对这个说法，Gary Marcus（1970—，心理认知学家，纽约大学任职）指出：“我认为这些说法是夸大其词的……他们系统中的很多方面延续了之前在围棋程序上积累的研究，比如构建游戏程序中常用的蒙特卡洛树搜索。这种技术可以用来评估动作和对策，在树状结构上快速得到测试结果。问题来了，蒙特卡洛树这种结构**不是通过强化学习从数据中学习的**。相反，它在 DeepMind 的程序中是与生俱来的，根深蒂固地存在于每个迭代的 AlphaStar（注：这个词是 Marcus 用来指 DeepMind 开发出来的 AlphaGo 系列下围棋程序）。……可以发现，DeepMind 给出的卷积结构很精确，有很多下围棋的精确参数在里面，这不是通过纯碎的强化学习学到的。……并且，（人为预制的那些）固有算法和知识的整合的取样机制不在 AlphaZero 的下棋学习实验中，因为那样做可能会导致模型效果变差。……与其说 AlphaGo 是从白板开始学习，不如说它在构建的开始就站在了巨人的肩膀上。”[3]

DeepMind 团队可能自己都没有意识到自己设计的程序算法中暗藏了多少人类在围棋方面的知识与经验。

没有类似于人所具有的“基本核心智能”作为支撑，智能化的机器恐怕就只能是被动地附属于人的辅助与延伸智能类工具，而不能成为独立的智能主体，哪怕它通过了著名的“图灵测试”，哪怕它在众多的领域比很多人都更“聪明”，更“优秀”。

当然，这种“基本核心智能”的来源可以有两个。一个就是将人脑研究清楚而“复制”人所具有的这个能力；另一个可能的来源就是抛开人脑，独立创造出一套这样的“基本核心智能”，然后从理论与实践上证明基于它能够构造出一个智能系统，达到人的智能水平——可以自我学习（starting tabula rasa）。显然，目前对于这两条路我们都还没有找到它们的起点在哪里。

在 2005 年，瑞士的洛桑联邦理工学院与 IBM 一起发起了由欧盟支持的“蓝脑计划”（The Blue Brain Project，见图 8-7）。该计划由科学家亨利·马克拉姆领导，准备走一条与上述各种基于对应或相当于人脑的高层意识层面活动的计算机算法及知识、数据等来实现人工智能完全不同的路。他们利用海量的计算能力，基于计算机模拟技术，用对应于人脑的基础性物质层面活动的算法去模拟人脑内部的物理生化过程。该项目计划在2023年左右实现在分子水平上对人脑的完整模拟。其直接目的是研究阿尔茨海默氏症和帕金森氏症的发病机制及治疗方法。

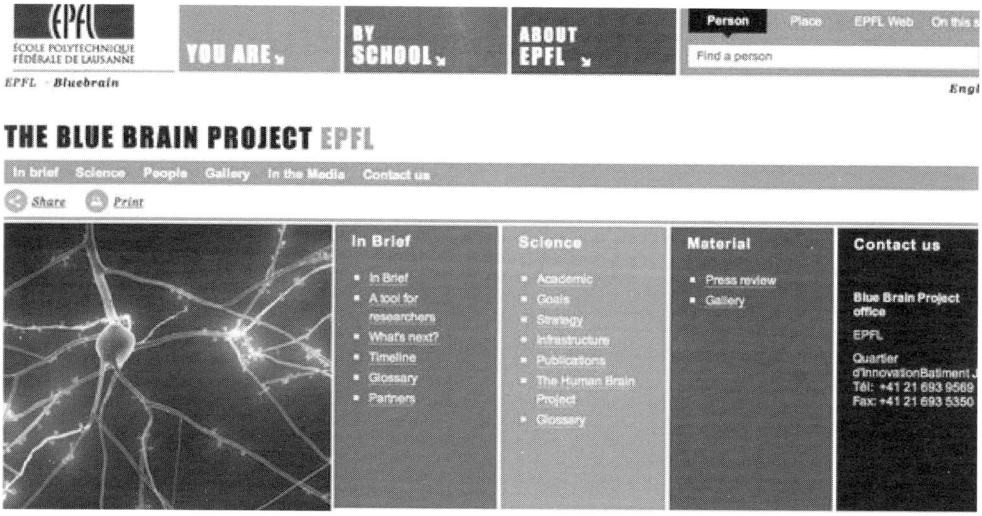


图8-7　蓝脑计划官方网站首页

在经过几十年艰苦努力依然无法破解人类智能本质的情况下，许多从事人工智能研究的学者对该计划抱有很大的希望。它采用的方法可以看作是一种比联结主义/人工神经网络更为彻底的对大脑在形式上的模拟。如果这种彻底的模拟成功了，就达到了神似的程度，而可以认为是一种对人脑的机制模拟了，只是其模拟的机制不是在高层意识层面的活动，而是基于底层物质层面的作用。如果成功，我们就可以在不了解人类智能本质的情况下用非生物的方法人工再现人类智能。

这种做法相当于在没有足够的空气动力学知识的情况下，完全依靠模仿鸟的各种动作而实现飞行。虽然在人类历史上鲜有类似的成功案例，但也不能认为这种做法全无成功可能，特别是在计算机获得了空前的处理能力的今天。比如，我们已经能够借助计算机强大的处理能力，结合先进的材料制造采用与鸟一样的方式飞行的机器了（见图 8-8）。达·芬奇五百年前如鸟一样飞翔的梦想，今天借助强大的信息技术终于得以实现。当然，这个机器鸟的设计除了简单地模仿鸟类，还是基于空气动力学知识的。

图 8-8　德国 Festo 公司于 2011 年研制出的仿生人工机器鸟

当然，要通过对大脑底层物质过程的模拟实现全面的人工智能的目标，必须跨越两个巨大的障碍。一是对人脑内部的物理生化过程有完整的理解；

二是能够将人的意识活动与大脑的物理生化过程完整地对应起来。虽然在这两个方面取得了许多进展，但是离完整的把握还有非常遥远的路程。对于一个非常简单的、只有302个神经元的低级生物秀丽隐杆线虫，在清楚这些神经元之间连接关系的情况下，还无法解释它最基本的生存行为（如进食等）是如何产生的[4]，而人的大脑保守估计也要有150亿个神经元。所以从目前对大脑的认识水平来看，如果蓝脑计划是一条可行的、通向完整人工智能的道路的话，目标的实现很可能要用百年的尺度来计算。事实上，欧盟支持的这个蓝脑计划在2016年被发现有严重问题，项目负责人被撤换，并且实质性地改变了项目方向与目标。

自人工智能的研究于1956年正式开始之后，我们一直希望能够造出一台与人相当的智能化的机器，它有能力来解决各种复杂性的问题。时至今日，我们发现虽然取得了巨大的进步，但依然只是找到了越来越多处理复杂具体问题的方法。这些方法被用在不同的场合，而我们依然无法基于它们构建一个能够灵活应对不同复杂问题的、拥有完整意义智能的系统。

**计算机“修炼成精”是尚未找到有效途径，还是遥遥无期的事，虽然它是很多人的梦想乃至信仰。对此，我们不必杞人忧天。**

也许，我们原本的期望就有不合理之处。面对未来，我们更应该关注的不是不能做什么，而是能够做什么，也许应该换一个思路从更为现实的角度来重新审视一下：应该如何有效地利用各种具体的智能类方法构建更加强大的服务于人类的智能系统。为此，首先需要把各种智能类方法放到科学、技术与应用系统的整体框架中，分析它们实际的地位，从而把握它们的本质。

## 8.3 “深度学习”与工匠技艺

今天，大数据、人工智能等概念由于商业炒作等多方面的原因已经变得模糊不清了，许多具体的技术也被罩上了夺目的光环，或有意被赋予了能够引发奇妙想象的名字，如“深度学习”。

任何事物只有放在它所存在的环境中，才能准确理解它的本质。在第2章第2.4节中，用图2-8“技术性产业的基本层次结构”分析了“云计算”的本质。下面从不同的角度分析信息技术产业中的不同要素在从科学到应用的这个链条上各自处于什么样的位置。为了不陷入不必要的细节而又能揭示本质，将这个链条分为五个环节：科学原理、基础共性技术、具体应用技术、基础系统原理/技术及具体应用系统（见图8-9）。

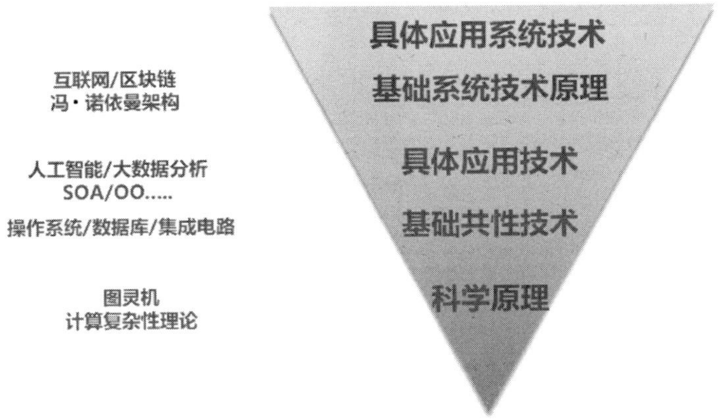


图8-9　信息技术（从科学原理到应用系统）

科学原理是对基本运动规律的认识总结，而技术是对规律的运用。所以，新的科学原理的提出常常会对社会产生深刻而广泛的影响。正因为科学原理的意义如此之大，所以“科学”这个词也常常被盗用。许多技术性的产出也被戴上了“科学”的帽子。在计算机领域，图灵机与计算复杂性理论（分别见第1章第1.2节与第1.5节）基本上属于科学原理这个范畴。也正因为如此，计算机学科才被冠以“科学”的称谓，虽然对此并非没有异议。

在第1章第1.4节中曾经指出：“从根本上看，人工智能热潮（在20世纪90年代）的冷却，是因为人们在人工智能领域经过了几十年的努力，没有能够理解一般意义上的智能过程的本质，因而也就没有能够取得科学意义上的原理性突破，在理论上抽象出类似数字基本计算那样的基本智能操作，用以支撑更为高级复杂的智能过程。”所以，人工智能领域的产出虽然丰富而且在应用领域影响巨大，但是却始终没有达到科学原理的高度。因而“人工智能”至今只能委身于计算机学科而无法独立存在。

在一个产业中总会有一些基础性共性技术（有时也被称为核心技术）支撑着整个产业。在信息技术产业中，操作系统、数据库、集成电路等就属于这个层面的技术。这些技术的进步对整个产业的影响也是全局性的。正是集成电路技术的进步，使得计算机拥有了“暴力计算”能力，促成了2010年前后整个信息技术产业发生了历史性的转折（见第2章第2.3节）。人工智能领域不仅没有科学原理层面的成果，而且至今也没有能够产生支撑一个产业的基础共性技术，不论我们给那些技术/方法起个什么样的名字。

在基础共性技术之上，还有面向不同问题的具体应用技术去解决不同类型的问题。在这个层面，我们才发现了“人工智能”的踪影。如在本章第8.2节中所述：“当人们意识到自己没有能力用一些普适的基本逻辑化规则或机制去有效地解决各种‘智能问题’时，人工智能的研究便深入各种具体的问题之中。针对不同类型的问题发展出花样繁多的解决方法，也取得了很大的进展。……也正因为如此，人工智能目前更多地被当成将一些具体的应用工具方法融入不同类型的应用之中，以自己具体的技术性名称出现，默默无闻地发挥着自己的作用。这些年关于人工智能的一本经典的教科书是《Artificial Intelligence: A Modern Approach》，它的副标题‘A Modern Approach’就是指试图采用‘智能体’（Agent）的概念将人工智能在各个不同领域中的方法整合到一个统一的框架之中。”其实，用智能体这个概念整合与人工智能相关的技术方法也是没有办法的办法，显示出这个领域让人感觉无奈的现实：只有一些实用的具体技术方法，缺少科学原理或基础共性技术的支撑，也没有基础性系统级的有效理论。这些年被热捧的“深度学习”也是具体技术这个层面的。

大家现在把“深度学习”的功劳主要归于 Geoffrey Hinton（1947—，认知心理与计算机科学家，多伦多大学任职）。他从事人工神经网络研究 30 多年，不论潮起潮落，矢志不渝。在苦熬了 30 多年后的 2004 年，他领导的团队得到了加拿大高等研究院（CIFAR）为期 10 年共 1000 万加元的支持。据说，这是当年全球唯一对人工神经网络研究的上规模的资金支持。当时参与这个计划的主要成员还有：蒙特利尔大学的 Yoshua Bengio，纽约大学的 Yann LeCun（杨立昆），斯坦福大学的 Andrew Ng（吴恩达），加州大学伯克利分校的 Bruno Olshausen 等学者。

仅仅用在第 1 章第 1.4 节中提到过的“反传”（BP）算法来训练人工神经网络，当网络的隐含层多于一层后，训练效果明显变差。所以，后来人工神经网络只能用来解决一些比较简单的非线性分类性质的问题。Yoshua

Bengio 说："从 2005 年开始，由 CIFAR 支持的一些工作不断取得突破。2006 年时，我们找到了训练深层网络的算法，所用到的技巧就是逐层训练。"[5] 所以，"深度学习"是指用多层人工神经网络（目前的应用常常达到几十层甚至上百层）来对数据（训练样本）进行学习的方法。在这些算法中，BP 算法（或者说梯度下降算法）依然扮演着基础性的角色，但是不同的算法融入了其他不同的方法与技巧，用于到达不同的效果。之所以能够训练"深度"网络，不仅仅是算法与技巧有了改进，还要仰仗计算机的"暴力计算"能力才行。没有"暴力计算"能力，如此"深度"的学习是完全不可能的实现，甚至都不会有人有兴趣去研究那些"奇技淫巧"般的算法技巧。"深度学习"中使用几十层甚至上百层的网络的做法，是否让我们想起了在第 2 章第 2.6 节中提到的计算机越来越依靠"粗暴"的方法去解决问题？但是，如果考虑到人脑的神经元是以百亿来计算的，这种"粗暴"也并非是没有道理的"野蛮"。

Hinton 与其他学者于 2006 年分别在《Neural Computation》与《Science》上联合发表了题为"A Fast Learning Algorithm for Deep Belief Nets"与"Reducing the Dimentionality of Data with Neural Networks"的两篇论文，它们被认为是"深度学习"崛起的先声。但是让他们的工作真正产生影响力，让人工智能"满血复活"、"深度学习"名扬天下的并非这些论文，而是 2012 年 Hinton 带领学生参加的 ImageNet Large Scale Visaul Recognition Challenge 大赛。在此之前，参赛者的最好成绩是图像识别错误率为 25.7%。2012 年，Hinton 与他两个研究生 Alex Krizhevsky 和 Illya Sutskever 使用了一个有 8 层结构、65 万神经元、6000 万个可调参数的卷积神经网络，将识别错误率降到了 15.3%，第二名的错误率是 26.2%。当时其他参赛团队使用的都是非神经网络的、从科学的角度来看更加严谨完备的支持向量机（SVM）技术。用 Yoshua Bengio 的话来说，这次突破是基于将“以前存在的各种零碎的方法整合在了一起”。

2012 年 10 月 23 日，“深度学习”因 ImageNet 大赛一鸣惊人，“人工智能”也由此“死而复生”。这与在第 2 章中讲的计算机历史性地获得了“暴力计算”能力，由此开启智能化时代的时间点高度吻合。这是人工神经网络方法 20 多年来在图像识别领域第一次以无可置疑的优势超越了其他的技术方法。随后，“深度学习”的各种改进技巧不断出现。到了 2015 年，中国的微软亚洲研究院团队在这个比赛中使用了 152 层网络，引入了“深度残余学习”的技巧（由于他们的网络深度太大，为了避免有效信息在逐层处理中损失过大，他们做了一些神经元跨层级的连接），将错误率降到了 3.57%，首次超过了自然人的错误率。

“深度学习”这个概念也并没有严格的定义。通常，规模“足够大”、层数“足够多”的神经网络模型都被认为是“深度学习”网络。它包括深度信念网络（Deep Belief Network，DBN）、卷积神经网络（Convolutional Neural Network，CNN）、循环神经网络（Recurrent Neural Network，RNN）等多种不同的具体网络模型与相应的算法。

深度信念网络是第一批成功应用深度学习架构的训练模型之一，它也因 Hinton 在 2006 年的相关论文而成为深度学习崛起的代表。Hinton 用它向人们展示了可以通过逐层设定目标、逐层训练而构造出一个深层的神经网络，并且用它来有效地解决一些问题。DBN 由多个受限玻尔兹曼机（RBM）相邻彼此重叠一层级联而成为一个“深度”网络。每一个 RBM 都采用无监督学习。与卷积网络层间部分连接不同，深度信念网络是层间全连接的。一个训练好的 DBN 可以作为一个概率生成网络来使用，也可以用来为分类网络做参数的初始化优化设置，能有效改善分类网络的学习效果。随着其他无监督学习及生成学习算法的发展，深度信念网络已经较少被使用了，在某种程度上它成为"深度学习"的"先烈"。

卷积神经网络是第一个在解决实际问题中有出色表现的深度学习神经网络模型。将卷积运算引入到人工神经网络中来在 20 世纪 80 年代就出现了，这种结构是受大脑的视觉神经系统结构过程启发而来的。它是一种分层前馈、以有监督学习为主的神经网络。这种网络主要采用两个并不复杂的数学方法：一个是用输入比较少的、可以提取不同局部特征的"核函数"对输入做离散卷积运算（从网络结构的视角看，实际上就是通过两层神经元之间的网络连接的设计实现的），这也是这种模型名称的来源；另一个就是"池化"。它与卷积运算有类似的地方，也是对较少的局部神经元的输入做相应的处理形成输出。这两种方法都是采取某种处理方式对局部数据做处理，然后在整个输入数据集上重复同样的操作计算。除了处理算法的技术特征外，它们都能够大幅降低深度学习的运算量。卷积神经网络在许多领域都有出色的表现，其最成功的应用就是二维图像的处理。这个结果很正常，因为它就是受启发于大脑的视觉过程而出现的。

循环神经网络也是多层神经网络，但是它的部分神经元具有状态记忆存储功能，因而是一种"动力学"系统，处理起来要比无记忆的静态网络复杂很多。循环神经网络也是在 20 世纪 80 年代就出现了。它的学习也是以有监督为主，用于对时空动态序列型数据做处理，典型的应用就是做语音数据处理。相比之下，卷积神经网络则是一种无状态记忆的静态网络。

深度学习中不同的模型方法并不是互斥的，在实际应用中，不同的模型、算法与技巧，也包括那些非深度学习的方法和技巧（如支持向量机）常常根据问题的特点被整合在一起来解决特定的问题。

不论是哪一类“深度学习”网络，实际上都是以计算机的“暴力”计算能力为基础，用大规模的、含有多个隐含层、高达千万级的可调参数的非线性人工神经网络，使用特定的有监督或无监督的“学习/训练”算法或它们的组合，通过对大量样本的统计处理，实现对这些参数的调整，从而通过非线性变换完成对输入数据特征的提取、信息表达的变换以及后续的分类、预测等功能。它们是解决特定类型问题的一些具体的方法与技巧，而不是具有像人那样的一般意义上的学习能力，尽管“深度学习”这个名字确实引发了许多不了解这个技术的人的这方面的想象。“深度学习”这个词中的“深”指的是使用的神经网络的层级很多，并非是一般意义上的“学习深”。其实，信息技术领域内的绝大部分技术，包括与大数据分析相关的方法或技术，基本都属于技术体系中解决具体问题层面的技术，而且它们也都属于辅助与延伸智能性质的技术。所以，大数据分析、人工智能方法与其他的技术之间的界限日益模糊。

信息技术中这些解决具体问题的“智能”性实用技术，包括“深度学习”（人工神经网络），常常是有强烈实验性成分的方法或技巧，在应用于一个新的具体问题之前，我们无法确定它是否能够有效地解决这个问题，或者能够将问题解决到什么程度。

正因为如此，以深度学习为例，在《深度学习》[6]这本被认为是深度学习领域奠基性的经典教材中，作者为了阐述深度学习的这种实验性特征，专门在第二部分的第 11 章来讨论这个问题，它的题目取为“实践方法论”。在这一章的开头，作者写了这样一段话：“要成功地使用深度学习技术，仅仅知道存在哪些算法和解释它们为何有效的原理是不够的。一个优秀的机器学习实践者还需要知道如何针对具体应用挑选一个合适的算法以及如何监控，并根据实验反馈改进机器学习系统。在机器学习系统的日常开发中，实践者需要决定是否收集更多的数据、增加或减少模型容量、添加或删除正则化项、改进模型的优化、改进模型的近似推断或调整模型的软件实现。尝试这些操作都需要大量时间，因此确定正确的做法而不盲目猜测尤为重要。”这段话比较完整地揭示了深度学习这个具体技术的实验性特征。我们在前面提到的蒙特利尔大学的 Yoshua Bengio 也是这本书的作者之一。

作为一个具体的例子，在前面提到过“深度残余学习”的技巧，它是对严格分层网络连接的一种局部改动，利用一些跨层级的连接来保证“有用”的信息不会在“深度”网络中过早地衰减而影响网络的性能。但是这种连接如何设置才更合理，则没有精确严格的普适性理论原理来支撑，主要靠自己的经验直觉去尝试。

纽约大学的 Gary Marcus 在 2018 年 1 月 2 日发表的引起很大争议的文章“Deep Learning: A Critical Appraisal”[7]中提出了深度学习的十个局限，其中第十个“Deep learning thus far is difficult to engineer with”指的也是这个问题——“深度学习”还只是一个就事论事的方法，没有办法作为一个标准普适的有效的工程方法被用来去有效地解决不同的问题。换句话来说，以深度学习为代表的人工智能方法更像传统的工匠技艺，而不是现代工程师使用的工程化普适方法。

人工智能的这种状态多少有点像现代科学出现以前的传统领域，人们通过经验摸索也能够设计制造出很多不同类型的精巧工具来解决各种具体的问题。而具体的实用技术再丰富精妙，也未必能够产生出更深一层的原理性、普适性的成果。中国历史上无数的能工巧匠都没有能够让中国赶上现代科技发展的潮流就说明了这个问题。它映衬出伽利略与牛顿为人类打开现代科学之门的开创性贡献，远远不是过去人类实用技术积累的必然结果。工匠的技能再高，也不会必然让他成为有科学理论指导的工程师。

不过，不同的人对此有不同的看法。所以在 2018 年初，Gary Marcus 与 Yann LeCun 等人就深度学习与人工智能技术在网上发生了激烈的公开争论。不过，这也正常，伟大的爱因斯坦对量子力学的看法至死也与波尔相左。但是不论怎么争论，人工智能至今都无法在现代科技体系中成为一个独立的学科是一个基本的事实。从这个事实出发去理解一些问题可就不会离真实情况相去太远。

如果反过来问一个问题:“人工智能需要成为一个在传统科学意义上的学科吗？”历史的跨越常常发生在基本概念的颠覆之上。也许计算机的“暴力计算”正在推动科学技术的内涵与外延发生着我们尚未察觉的质变。或许，人类在科技领域的发展走过了从工匠技艺到科学理论与工程方法的飞跃之后，在信息技术这个辅助与延伸智能工具的推动下会形成一个否定之否定，进入到一个在科学技术基础上由新一代工匠技艺主导的“高科技大众化”的“发展新阶段”？

## 8.4 “区块链”启示：用系统级创新去开疆拓土

前面谈到，从科学原理到具体应用技术各层的产出都还不能直接服务于人，所以在它们之上还有把技术变成实用产品/系统的原理与技术。简便起见，在此只分了两层。特别需要指出的是，由于人工智能等技术属于具体应用技术，而不是系统级技术，所以事实上它们自己无法成为构造实际应用系统/产品的基础，而必须依附于系统级原理与相关技术才能发挥作用。比如，促使人工智能再次兴起的“深度学习”之图像识别技术，必然要放到具体的应用系统中才有实际意义。虽然当初对主要基于人工智能技术的构造系统努力过，比如日本的第五代计算机，今后这种努力也不会完全消失，但是，从人工智能技术的客观本质来看，将其作为具体层面的应用技术来使用才是合理的选择。

对底层技术发挥自身价值起决定性作用的，是基础系统原理及相关的技术，比如冯・诺依曼架构就属于这个范畴。它之所以成为计算机领域的核心成就，就因为这个架构使得能够利用相关的具体技术设计制造出实际可以使用的计算机系统产品，借助计算机系统产品让相关的具体技术在各个领域发挥出自己应有的价值。

这一层的基础系统原理及相关的技术与具体的应用领域相对独立，所以其影响也是全局性的。它们不仅包括独立基础性系统的原理与相关系技术，还包括大量独立系统之间的交互连接组成更宏观的基础性大系统的原理与相关技术。互联网就属于这个类别。在网络化的信息技术领域，组成宏观大系统的原理与技术在起到日益重要的作用。当然，独立基础性系统的创新是大规模互联系统的前提，其作用更为基础。

这一层基础系统原理与相关技术有价值创新的重要性，可以远远超过具体应用技术，至少可以与基础共性技术比肩，有些甚至接近科学原理。所以，冯・诺依曼架构在计算机领域才有了如此崇高的地位。而人脑的强大功能，不仅仅体现在具体的智力能力上，还体现在它的系统层面。人脑这种系统层面的优势，在本章第 8.1 节中用实例指出，它不仅仅在于大量神经元之间的分布式连接而形成的高度分布的网络，在下一节还会从另一个方面分析人脑在系统层面的一个重要的、没有被充分重视的特征。

同属于这个层面的基础系统技术原理，除了互联网以外，还有最近备受关注的“区块链”技术。2009 年，伴随比特币出现的区块链技术很好地说明了系统层面的突破能够让下层具体的应用技术发挥出最大的价值，开拓出信息技术应用全新的疆域。

**区块链**：2008 年 11 月，一个自称为“中本聪”的匿名人士在互联网上发表了一篇简短但影响重大的文章“Bitcoin：A Peer-to-Peer Electronic Cash System”（比特币：一个对等网络上的现金系统）。2009 年 1 月 3 日，中本聪自己在比特币系统里建立了第一个区块（创世块），由区块链支撑的比特币系统开始运转，区块链技术正式登场。该技术的示意见图 8-10。

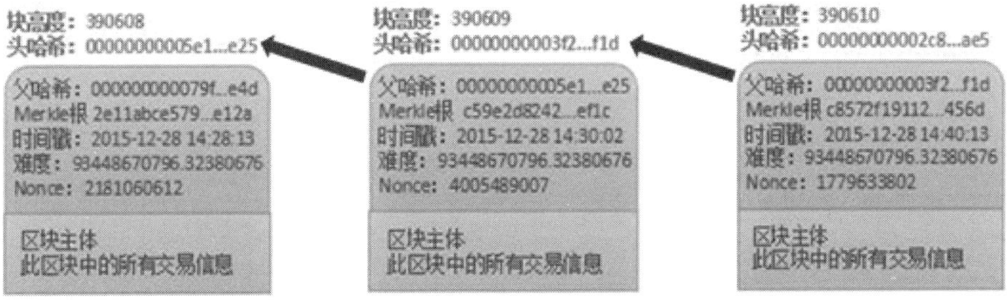


图 8-10 区块链示意图

仔细研究区块链中的具体技术就会发现，区块链所使用的解决具体问题的技术，如非对称加密、防篡改、对等网络等，都是现有的技术，没有任何一个是中本聪发明或改进过的。仅仅使用这些现成的技术，中本聪却创造出了一个在开放互联网上分布式运行、不用监管、人人可以参与记账、账目公开透明，同时又可信、可靠、安全、精准无误的现金系统。如果说创造出与人有着同样智能甚至超越人的智能化系统至今依然是无数人的梦想的话，一个比特币这样的现金系统在被创造出来之前，不曾有人有过这样的梦想。这是一个建立在现有信息具体技术之上、超出了所有人想象的信息技术奇迹。

这个奇迹依靠的不是解决具体问题的技术的新突破，而是一个创新的系统性原理与设计。中本聪充分利用分布式开放网络环境下人的行为特征，巧妙地创造出可以运行在开放的互联网上的基于区块链的分布式系统。比特币中保证账务记录准确无误的所谓“共识算法”，正是这个分布式系统的系统级运行机制的一部分。或者说共识算法是通过分布式系统的系统级运行机制的设计而实现的。区块链技术之所以难以被准确把握与理解，就在于它的许多本质的特性是由系统级机制决定的，而不是依靠单点技术来实现的。理解系统级原理远远比理解解决具体问题的技术困难。

区块链是一个任何人都可以平等参与的一个的“游戏”，大家对这个“游戏”是否能够持续“玩”下去共同负责任。它的奥妙在于所有参与区块链“记账”这个“游戏”的人，都有一份完整的历史数据记录，可以依据自己保存的数据记录去核实新产生的数据记录的准确性与合规性。新产生的不准确合规的记录将被大家共同排斥在系统之外。这就是区块链的所谓“共识机制”的基础；数据记录被分割成一个个按照时间进度排序的“区块”，系统运行机制的设计保证了每个区块的记录人是随机选取的，这就是区块链的“去中心化”的核心。它有效地防止了单个人垄断数据记录权而获得伪造数据的机会；在避免了单个人有能力与机会破坏系统的情况下，分布在全球不同地方的、互相不知底细的网络上的参与者，不论其参与这个“游戏”的背景与动机如何，大家不太可能联合起来伪造记录。因为在一个完全封闭的系统中，陌生人之间如果按照系统设定的原则行事有可能获得期望的利益的话，他们很难彼此“信任”而一起去做“失信”破坏系统从而通过损害另一些人的利益获取自己利益的事。而且这样做等于是掀桌子——让大家都玩不下去了。这是区块链“可信”的系统级保证。

以上三点就是区块链可以在开放的网络之上由任意的参与者共同运行一个可信、准确、合规的现金系统的核心基础。它不是简单依靠某个加密防篡改技术，而是在这些具体技术的基础上，利用系统运行机制的巧妙设计，保证了整个系统可信、可靠地运行。这个设计不仅基于对技术的理解，也包括对人性的认识。

不论区块链技术未来会有什么样的应用，它的出现本身都给我们带来了非常深刻的启示。

首先，它让我们在信息技术产业中看到了一个活生生的、利用成熟的具体技术做系统级创新所能够创造出来的、超出所有人想象、超出具体技术所能够达到的、奇迹般的颠覆性效果。其实，远在区块链出现之前的互联网，利用在传统通信领域看上去相当“简陋”的分组交换技术，在长期不被传统通信领域认可的情况下，基于其特有的、有别于传统通信网络的系统级创新，让信息技术产业跨上了一个全面互联、全面开放、灵活接入的全新高度，发生了质的飞跃，进而深刻而全面地改变了整个人类社会的方方面面。

“系统”的重要性在20世纪80年代就被高度重视了。当时在科技界有着著名的三论之说，即信息论、系统论与控制论。对系统论的高度重视，是对近代科技发展历程认识深化的结果。本书核心的部分就是从对信息的分析开始，用系统的视角来审视信息技术中信息类应用的未来前景。而控制论主要应用在信息技术控制类应用中，不在本书的讨论范围。

在传统的产业中也能看到大量的系统性创新超越了具体的应用技术而引发了改天换地的变化。下面简单看一下航空工业中的例子。早期的飞机所采用的动力是活塞发动机。后来在 20 世纪 30 年代末，德国率先将喷气式飞机送上了天。随后，涡轮喷气发动机成为航空动力的主角。这两种发动机在科学原理上是相同的，都是利用燃料燃烧导致气体膨胀而将热能转化为机械能。但是两者的系统级原理却完全不同。涡轮喷气发动机是航空动力系统的一次基础性系统级颠覆式创新。它所带来的进步不是活塞发动机在任何具体技术层面或材料的改进所能够比拟的。它给航空产业带来了划时代的变化。图 8-11 是两种发动机的结构。

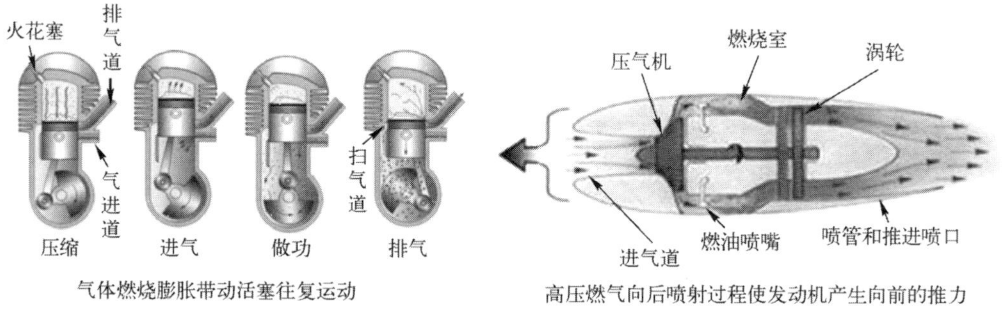


图 8-11　活塞发动机与涡轮喷气发动机

区块链的出现让我们看到了信息技术产业在现有的具体技术基础上的系统级创新所带来的超出想象的颠覆。我们有充分的理由相信，区块链绝不会是信息技术产业中最后一个这样的系统级创新。在信息技术产业开启了其黄金时代的大门之后，必然会有更多的、超出想象的、超出解决具体问题的技术层次、基于系统级的创新不断出现，为信息技术产业的发展不断开拓出超出想象的全新疆域，从而对人类社会的各个领域产生颠覆式的影响。

区块链技术与当前人工智能、大数据与云计算这个几个热点领域并没有特别紧密的关联。当看到区块链吸引了越来越多的注意力后，许多人现在急于将其与如日中天的人工智能拉上关系，似乎要获得一种心理上的安全感，以示人工智能的无所不能、无所不包。

我们把自己对信息技术产业未来的想象集中于用信息技术模仿人或让信息系统具有人的智能上，虽然很有道理，但是面对区块链创造的奇迹，这样的视野可能过于狭隘了。人工智能起源于用工具去实现人所具有的智能的追求，但是区块链让我们看到，信息技术系统可能会拥有人所不具有的、独特的而且是超出人们想象的能力。这种能力是人创造出来的，与一般意义上人所具有的能力不同。正如在第 4 章第 4.1 节中分析的，信息系统的这种能力是基于人的智慧创造而且建立在对人类意识的产物——“信息”的利用之上，它是人类智能活动的物化性延伸，因此没有道理把它排斥在“智能”之外。从这个角度来看，“区块链”当然也是智能类技术，不必非要给它贴上一个“人工智能”的标签。“人工智能”并不能独自来完全代表信息技术的“智能”化未来前景。未来信息技术的应用必然会包含大量的这种与人原有的智能无关的、机器独有的“智能”。这种“机器智能”，不仅会体现在解决具体问题的技术方法层面，更会体现在全新的系统技术原理层面，就像区块链那样。在这些智能化系统中，各种解决具体问题的技术方法，包括人工智能在内，会找到实现自己最大价值的舞台。比如，如果区块链在未来得到广泛应用，各种具体的“人工智能”或“非人工智能”的智能类技术融入其中也是必然的趋势。

图 8-12 形象地描绘了人的智能、人工智能与机器智能之间的关系。其实，按照真实的比例，机器智能应该远比图中画的还要大很多。人工智能是机器智能与人的智能的重叠，而机器智能则是应该包括所有基于信息的信息技术应用，它是对人的智能的替代、拓展与延伸。

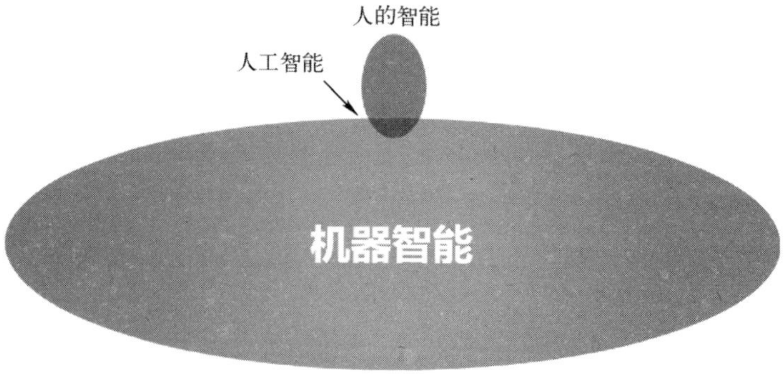


图 8-12　人的智能、人工智能与机器智能

在当今信息技术产业的热点中，与大数据和人工智能等技术相比，由于它的专业性，区块链是一个相对“偏门”的技术。但正是它打开了一扇独特的观察信息技术产业未来发展的窗户，为人们提供了一个独特的视角。它所揭示的信息技术具有的潜在可能，对我们有效地把握信息技术产业的智能化乃至整个人类文明的未来发展或许具有更本质而重要的意义。

当前信息技术应用系统越来越多地成为软件的设计，而正如在第 2 章第 2.1 节中指出的那样，“与实物产品的设计开发相比，软件开发几乎是在一个无限资源的虚拟空间里的随意发挥。以至于软件设计开发甚至被认为是一种纯精神化的艺术创作过程。”正是这种随意创作的自由，才出现了区块链的奇迹，也将催生更多的、超出我们今天最浪漫的想象边界的、各种不同系统规模的颠覆性系统级创新。许多系统将要实现的功能在整体上将远远超出今天我们对人工智能的期待。它们不会拥有人这样的主体地位，但是在功效上却会极大地超越人在智能上作为一个个体所能达到的高度与广度——就像辅助与延伸体能的机械性工具在体能的各个方面实现的对人的全面超越。而这些系统所具有的“智能”是将机器对人的智能的模仿与机器独有的“智能”的有机融合，在性质上将会与人的“本有智能”有重大区别，正如区块链系统展示给我们的那样。这些系统正在被逐步创造出来，并将形成一个空前复杂的虚拟世界（见第9章第9.2节）。

在充分重视“传统”的、对人的智能活动模仿的人工智能具体应用技术的进展与带来的冲击的同时，我们应该展开想象，更加重视基础系统级原理及相关技术的创新。信息技术产业发展的未来将更多地由这个层面的颠覆式创新所决定。而人工智能等解决具体问题的技术，将在这些创新中找到更好的、更大的发挥舞台。反过来，系统级创新也为解决具体问题的技术与方法的进一步发展提高提供了强大的牵引力。

我们今天无法预测未来会有哪些颠覆式的系统级创新出现，就像19世纪最优秀的物理学家也无法预测20世纪初量子力学与相对论的诞生。开疆拓土的创新来源于实践，来源于对实际问题的深刻理解与剖析，以及在此基础上系统性的理论构建与技术设计。正是由于20世纪初物理学中的两个困扰：黑体辐射与迈克尔逊-莫雷实验，普朗克才提出了破天荒的量子概念，爱因斯坦才推导出了匪夷所思的相对论。把已有的框架、技术或方法作为出发点去套问题，固然是创造价值的一条有效的途径，但是颠覆式创新，开疆拓土奇迹，确是以问题为出发点的思考与探索的结果。量子力学与相对论如此，区块链也是如此。区块链是因为中本聪为了解决在开放的网络上设计一个无中心的可信的现金系统的问题才被创造出来的。

**从实际问题出发而不是从已有的方法出发，一直是人类科技发展的基本主线。信息技术的未来属于那些直面真实问题的人，而不是抱着已有的框架、技术与方法的人。**

本书前面的各个章节都是站在系统的层面来看问题的；在第 5～7 章引入的以主体虚拟映像为基础构建全面服务于主体的方法，正是在面对信息技术发展的新时代所必须解决的基本又重大的问题而提出的一个系统级创新。在下一节将从系统的角度来分析这个方法的深远意义。

## 8.5 主体“虚拟映像”在系统级创新中的意义

人类对人工智能的追求，是从对大脑功能的探究与模仿开始的。人工智能的研究一直相对集中在对大脑具体功能的复现方面。或者说，我们一直更多地用“解析”的方法来推进人工智能的发展。如在第 8.4 节所指出的，综合性的系统级创新将会成为信息技术开辟智能化新天地的重要手段。那么，大脑在综合性的系统级层面是否有一些我们未曾重视的重要启示呢？

下面把图 8-4 中的“不同领域内的意识/智能活动”再展开一层——数据/信息层，站在系统整体的角度看看人脑这个系统与传统的信息技术应用系统之间在数据/信息管理方面的一个重要的差别。

如图 8-13 右侧所示，在传统的信息技术应用系统中，也就是在第 3 章中讲的信息技术应用的第一阶段与第二阶段的应用中，数据/信息是按照应用来组织管理的。对此在第 3 章第 3.2 节和第 3.3 节中深入分析过。那大脑是如何管理数据/信息的呢？在大脑中也是按照不同的应用对信息进行分门别类的管理吗？情况显然不是这样。

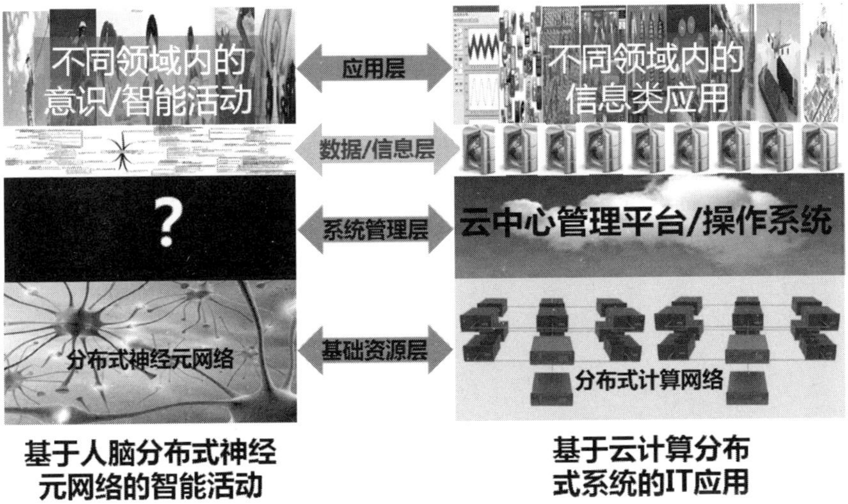


图 8-13　人脑与云计算分布式系的对比（2）

如图 8-13 左侧所示，大脑在高层的意识层面是把各种来自不同场合、涉及不同领域范畴的数据/信息（也包括知识）统一管理的。在不同的场合，针对不同的活动（应用），大脑会根据当时场景的需要调用相应的数据/信息。在这里不存在“信息孤岛”或“烟囱式”的应用模式。这是大脑智能在综合性的系统级层面的一个重要特点。而这个特点并不体现为特定的智力能力，而是以系统结构的特征存在的，并且没有引起足够的重视。其实，大脑在应用层面的能力虽然体现在不同的领域而看上去彼此相对独立，实际上这些能力也是相互交融的。不过，我们暂且不讨论这个问题，而是把注意力集中在数据/信息管理上。

大脑内在的、目前还无法破解的智能机制固然是它强大的根本原因，但是这种可以理解认识的意识层面完整的一体化数据/信息管理方式，显然也是它在智能上的一个巨大的系统级优势。而且由于其可以被认识分析，这个优势在很大程度上可以在设计的人工系统中学习或模仿，它理应成为智能化系统设计的一个重要方法。大脑的这种一体化数据/信息管理由于可以对其进行（部分）逻辑化的认识与分析，因此属于曾经在第 1 章第 1.5 节中分析的人脑的可（部分）实现的智能活动。在第 6 章也对此专门做了深入的分析。

大脑的这种系统结构显然是有着充分的客观存在依据的，而从第 4 章开始，从数据/信息的本质开始到数据/信息的管理模式等，层层剖析推导，在第 7 章第 7.3 节提出"以虚拟映像为基础的平台化应用的构建"模式，从数据/信息管理与应用之间的关系看，这正是对大脑在意识层面的这种系统级结构机制的复现。由此可见，以主体虚拟映像方式来管理数据/信息，并且以此来支撑全面服务于主体的应用，不仅像第 4～7 章中所分析的那样，有信息技术产业发展的内在逻辑的有力支撑，而且在人脑意识的系统级层面找到了可信的依据，由此能够看到这种方法具有"智能"在综合性的系统级层面上的深远意义。

第 4～7 章中分析并论述了计算机的信息类应用的未来发展，着重指出以主体虚拟映像为核心的平台化应用系统在未来的信息技术信息类应用中将起到关键而核心的作用。其中，以个人这个基本主体的虚拟映像为核心，全面服务于人的应用系统，尤其具有重大意义。当时还是主要从传统的信息技术应用的视角来分析的，下面从信息技术智能化系统级创新的角度，再来审视一下这种系统方法所具有的巨大价值。

在第 7 章第 7.4 节分析的基础上，以个人智能应用为例进一步分析这样构建的服务于个人的系统，在与人这个主体的关系上与传统的系统相比有什么样的区别，特别是虚拟映像如何使这种区别具有了智能意义上的质变。

传统的应用针对具体的任务或活动而设计，从而辅助人更好地完成自己的某些活动或任务，所以，应用与人的结合是在具体的、外在的活动层面实现的。当以人的虚拟映像为核心来构造应用系统的时候，这种系统便有了本质的不同。这个系统与人这个主体之间有了一个更为底层、更为本质的内在结合点，那就是以数据/信息为基础构成的虚拟映像与人的主观虚拟世界（对应于图 8-13 中的数据/信息层）的结合，因为个人的虚拟映像就是图 8-13 中人的意识中的“数据/信息层”的外在投影。

这种结合打破了各个应用在自己完成的活动范围内与主体结合的杂乱状态，为不同的应用构建了一个统一的、以数据/信息为主的基点。因为作为这个基点的虚拟映像，既是个人虚拟世界的一个数字化反映，同时也是个人虚拟世界的一个有机组成部分（详见第 5 章第 5.3 节），所以这个基点将使得在其上发展出来的应用可以与人结合得更加深入、更加全面、更加贴切、更加系统化，成为人的智能的自然延伸。

如果说数字的基本计算是计算机基础技术平台与人的智能的基本结合点的话（见第 1 章第 1.2 节），虚拟映像则是计算机信息类应用在综合性系统级层面上与人的智能（意识）的基本结合点。仔细分析会发现，这两个结合点在性质上有着极大的不同。

毫无疑问，数字的基本计算是一种智能，尽管是最简单的智能。它简单到人们在一开始并未将其当成人工智能的一个基本组成部分。主体的虚拟映像却不是一种“能力”，而是智能的产物。这个产物是以数据/

信息为主构成的。我们可以把虚拟映像理解为一种复杂的数据/信息组合体。所以，计算机基础技术平台是以与人在能力上的结合为基点，而以虚拟映像为核心构建的信息类应用系统却是以与人在数据/信息上的结合为基点。

如果再深入地看，就可以发现数字的基本计算是计算机基础平台与人的智能在非意识功能上的简单重叠；虚拟映像则是信息应用系统与人的智能在数据/信息层面的有机融合，因为这个虚拟映像也是人的虚拟世界的一部分。这种有机的融合使基于虚拟映像的应用系统与其他一般的信息技术应用系统在本质上有了不同，这种系统具有了天然的、来源于人的“活的智能”（意识）特征，或者说具有了人的“活的智能”（意识）的一部分。

如上一节所分析的那样，以数据/信息为基点来构造系统不是人工智能系统的初衷。在探索人工智能的前期，一个隐性的假设是系统应该以智能机制为基础。但是如第 8 章第 8.2 节所述，事实表明必须有足够的相关知识和经验，乃至大量的数据，也就是信息的介入，才能够用计算机有效地解决很多复杂的问题。用于描述需要智能系统来解决的问题本身之外的数据/信息与知识，已经成为人工智能必不可缺少的一个前提，成为人工智能方法本身的一部分。但是，前提并不等于基点。所以，以主体虚拟映像为基础的应用系统与传统的人工智能系统代表了两个不同的发展方向。或者说，虚拟映像的方法将促进智能化系统在已经走过的发展道路的内在逻辑上再向前跨出一步：从以问题为导向的注重数据/信息的利用，到把数据/信息作为应用系统的核心基础。

不论人工智能如何定义自己未来的方向，它所发展出来的许多技术方法，包括那些没有被冠以“人工智能”的、信息技术中解决具体问题的许多方法，在以主体虚拟映像为核心的应用系统中都会找到自己的位置与价值，这些解决具体问题的方法不断提升发展创新的空间，并将给信息类系统沿着这个方向注入强大的活力。

首先，在虚拟映像的构建与完善中，许多人工智能的方法，如知识表示、机器学习、语义分析、模式识别等，都将起到重要的作用。如第 5 章第 5.3 节中所述，虚拟映像对于主体来讲具有双重含义：“这个映像既是一个独立存在的、主体的虚拟世界的一个特定投影，同时也是主体虚拟世界的一个有机组成部分，它的存在更加丰富和完善主体的虚拟世界。”所以人工智能的方法一方面通过介入投影过程，使得虚拟映像更加完整准确地反映个人的虚拟世界，另一方面通过介入虚拟映像的演进过程，反过来作用于个人，帮助个人不断丰富和完善自己的虚拟世界。这将使虚拟映像不仅仅是一个主体的被动映射，而且成为促进主体发展的一个能动因素。在第 7 章第 7.3 节的图 7-5“以城市（部分）虚拟映像为基础的城市综合管理响应系统”中，“城市虚拟映像”里就嵌入了融合、分析、模拟、预测、推荐等各种智能化算法。

其次，一如人工智能方法在大量的应用中所起到的积极作用，在以虚拟映像为核心的各个应用中，人工智能方法的恰当引入不仅会帮助各个应用更加智能化，更加贴近个人的需求，还能够将映像与应用更加有机地结合起来，全方位服务于个人。比如，在第 7 章第 7.3 节中的图 7-7“基于虚拟映像的个人信息应用系统示意”里，智能化网络服务主动获取就需要根据映像对个人的行为做智能化分析，同时结合对当下环境的感知决定获取哪些服务。

就这样，人工智能的各种方法与其他的信息技术方法将会一起弥散化地融入整个系统,从而使得整个系统事实上成为一个高度智能化的整体。这个智能化系统不是如传统的人工智能方法期望的那样，以支撑智能的规则/机制为起点，也不是以特定领域内的知识为基础，而是以主体对象智能的产物、信息的复杂组合体——人的虚拟映像为基础。而由于虚拟映像本身也是人的智能（意识）的一个组成部分，因此这个系统将会与人从意识层面开始实现无缝连接，而不是像传统应用那样仅仅做到在具体的应用上变得方便可人。在这种连接关系中，以人的智能为中心，人与外在工具将会各自发挥自己的长处并互相支撑，从而形成一个人-机复合体。人机之间的界限也将因此而模糊化，机器会介入人的智力活动，人也会参与到机器的过程当中。所以这种人机的无缝连接，不是两者之间一种硬性的拼对，而是两者之间的一种双向的融合渗透，如在第 7 章第 7.4 节中所分析的那样："主体虚拟映像的建立，在根本性的智能信息层面上消除了阻碍信息类应用系统与主体不断接近的障碍。未来的信息类应用，将不断地减小与主体之间的缝隙，而且也将更加全面地服务与主体。或者说，虚拟化的信息类应用与真实的主体存在由此将进入彼此水乳交融的境界。而这种水乳交融，应该是一种对服务对象的立体性覆盖，信息技术应用将实现从'点''线'到'面'的演化，进而在未来最终形成'体'的应用，使得信息技术应用全方位立体性地服务于不同的主体，达到信息技术无所不在的境地。"

这种与人无缝连接、全方位服务于人的智能化系统，作为人的辅助与延伸智能类工具，它不同于完全基于人工智能理念试图构造的独立的智能系统，但是却能够把散乱的各种类型的智能方法吸纳进来从而形成系统化的应用，为它们有效发挥自身价值提供一个更大的舞台。这也许不是人工智能的最终归宿，却不失为各种智能方法应用的一个远大前景，见图 8-14。而这个美好的前景，都是建立于主体的虚拟映像之上。

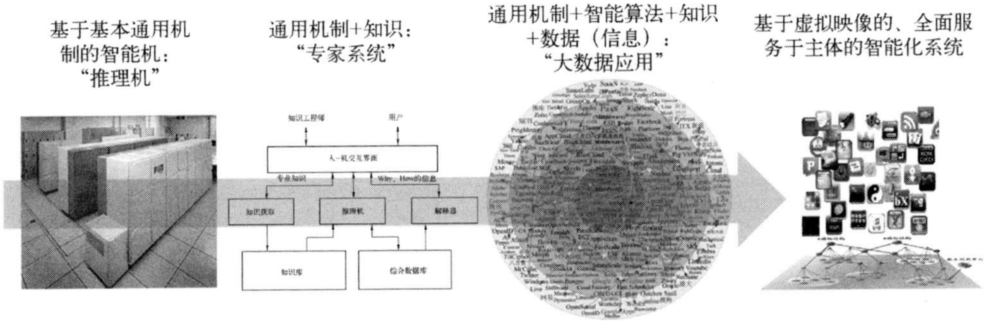


图 8-14　智能系统众多可能的前景之一

在第 1 章第 1.1 节中曾经指出：“信息是人类创造的借助机械物理过程（非生命过程）实现的辅助与延伸智能工具最初的起点，也可能是终点。这与计算机是辅助与延伸智能的工具这个特性并不相悖。因为信息一方面是智能活动的产物，另一方面是智能活动主要的、必不可少的支撑。”

这样的以信息的复杂组合体主体“虚拟映像”为核心的智能化系统，使得信息技术信息类应用系统得以与图 8-4 中左侧人脑中“不同领域内的意识/智能活动”更好地对应起来。类似于区块链将最独特的功能化为系统性设计，它把人的一些关键智能要素体现在系统设计之中，而具体的智能类方法则弥散化地存在于系统的各个环节。这样构造出来的系统既超越了传统的信息技术信息类应用及那些具体的人工智能方法，又不像蓝脑计划那样激进、缺少坚实的科学原理与技术的基础。

**以主体虚拟映像为核心构建的智能系统是信息技术产业中基础系统技术原理层面的、具有系统性智能意义的一个开创性的方向，可能会带来人类在智能追求上的一个巨大进步，以及人类辅助与延伸智能类工具的一个质的飞跃。**

从现在的技术来看，这也是高级智能系统的一个现实可行的发展方向。而制造独立的智能系统，除了专用的领域外，作为一般性的通用类人智能机，还有许多原则性的困难没有克服，甚至不知道是否能够克服。

上述分析虽然是针对个人这个主体展开的，但是对于企业这样的组织类主体，以及城市这样由大量不同基本主体构成的复合性主体也同样适用。而这些系统之间必然会发生复杂的相互作用，形成不同规模的更大的系统，在第 7 章第 7.4 节中简单地讨论过这个问题。将这个话题延伸下去，便是未来虚拟世界（见第 7 章第 7.4 节）的层次构成的问题。不论这个虚拟世界未来有什么样的结构，它都是为人服务的，所以主体虚拟映像作为主体在虚拟世界中的“化身”，必然成为构成这个虚拟世界的基石。

如果我们相信进化论是正确的话，那么人类是经过了几百万年的进化才具有了今天的智能。这几百万年的时间可以理解为是大自然积累与验证每一个新进化出来的功能的有效性的时间。对于人工系统而言，借助人类的智慧，也许我们只需要经过千百年的积累与验证，就能造出独立的、具有与人可以相比的智能系统。即使果真如此，这千百年的跨度也提供了一个充足的理由，让我们把这个话题留给科幻作家和未来学学者。我们这些所谓的“业内人士”自己则应该向着更为现实可行的方向努力。建造并不断完善以主体的虚拟映像为基础的应用系统，使其与主体实现无缝连接，作为辅助与延伸智能类的工具，全方位地服务于主体便是有着远大前景的方向之一。

## 8.6 复杂系统的有效性与可实现边界

“系统”的视角一直贯穿本书的分析过程，因为“系统”是真实世界中事物存在的基本形态，是信息技术应用的本质特征之一，更是开创信息技术智能化未来的创新基点。

在第2章第2.1节中曾经指出：“从技术的角度，特别是系统学的角度来看：由于应用软件大多数情况下是在一个几乎无资源限制的虚拟空间内随意编制的，除了逻辑规则之外，没有其他客观规律的制约，从而导致大型应用软件系统的复杂度在快速增加，其复杂度远远超过了一般的物质化实体系统。因为实体系统有物理规律等方面的硬性限制，其设计构造不能随意发挥，所以其复杂度不可能随意扩张。而软件的开发则非常不同，系统的复杂性只受到设计人员思维能力甚至仅仅受他们的主观意愿的限制。”

随着信息技术产业跨过今天这个关键的转折点，使得计算机的处理能力在绝大多数形况下不再是应用的瓶颈，那些主要由软件构成的信息技术信息类应用的系统将日趋复杂。

回到现实中来，从工程实现的角度提一个现实性的问题：在没有物理限制的虚拟空间中，我们可以发挥自己的创意将系统设计得任意复杂，并让其遵循设计的原理和初衷可靠地工作吗？且不管这些原理是否正确。

人类科技发展的一个重要使命就是借助工具不断拓展人类能力的边界、体力或脑力。在前面讨论的内容也属于这个范畴。但是，这种拓展并非是可以随心所欲或漫无边界的。所以，确定各种工具与方法能力的边界极限也是科技探究的重要问题之一。而且对极限的认识可以让人类的努力减少盲目性，更加具有自觉性。比如，山农在其论文《通信的数学理论》中给出的第一个定理，就是如何确定无噪声离散信道的理论通信容量，也就是通信信道能力的上限。

我们无法预测未来会出现哪些构型各异的智能化系统，因为这些创新一如区块链及以虚拟映像为基础的融合服务系统那样，是面对真实问题而出现的超越已有模式与框架的创新。但是，对复杂人工系统的“边界”问题进行基本的一般性分析，对信息技术未来的系统级创新具有重要的现实指导意义。

随着复杂度的增加，系统的有效性与可实现性成为一个重要的问题。首先来看一下有效性的问题。

如图 8-15 所示，当一个系统仅仅实现了基本功能的时候，系统常常是手工实现的，它的效能是非常有限的。随着系统功能复杂度增加，信息技术常常开始支撑系统的实现。系统的效能会持续提升。但是，随着系统复杂度的增加，效能提升并不总是一个单调上升的曲线。

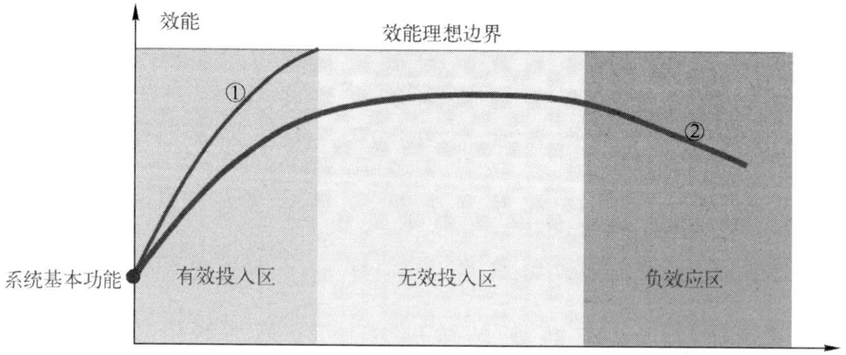


图 8-15　系统的有效性

图 8-15 中，曲线 1 的情况是系统所需要实现的功能具有严格的逻辑规范。在这种情况下，随着系统复杂度增加，系统效能也持续提高，直到系统完全实现所有的逻辑规范。这时系统全面满足需求，并且效能也达到理想的边界。

但这只是一种比较特殊的情况。大多数情况下，特别是随着信息技术应用范围的不断扩展，系统需要实现的功能并不都是完全由严格逻辑来规范的。或者说，需求不能完全被逻辑化。这个时候，随着系统复杂度的增加，出现了三个不同的区域。第一个是有效投入区。在这个区域内，系统的效能与系统的复杂度及系统建设的投入是成正向关系的。但是，系统复杂度增加到一定程度后，将进入“无效投入区”。这个时候，系统复杂度的增加不再对系统的效能有贡献，所以这个时候的投入实际上是无效的。如果投入继续增加，就出现了“负效应区”。这个时候，系统复杂度/投入的增加将导致系统效能的下降。

之所以会出现这种情况，主要有以下两个原因。

（1）有些需求是不能全部用形式化的逻辑来描述的。如果超出了这个界限，新增加的形式化逻辑描述对于系统的效能并没有贡献，甚至有负面影响，因为它可能扭曲了系统整体的功能。以员工考评为例，为了更准确地评价员工，现在已经发展到对员工作所谓的 360°的量化考评。这已经超出了管理规律的合理范围，带来了负面的影响。

（2）任何系统的运行都是有开销的。这其中有两个主要因素。一个是维持系统正常运营并使用系统来解决问题时所付出的劳动；另一个就是任何信息技术系统都需要人适当的行为改变，这种改变也会造成相应的付出。这种系统运营开销随着系统复杂度增加而增加。当它的增量与系统效能的增量一样时，系统复杂度的增加就不再带来效能的提升。而当系统运行的开销增量超过系统效能提高的增量的时候，便进入了"负效应区"；当然，信息技术的发展中很重要的一个方向就是不断降低信息技术系统的运行开销，但是只能减少，而不能消除。

所以，虽然软件系统可以几乎无限制地增长，但我们要小心地衡量，一个系统的复杂度到底应该做到什么程度才是一个合理的平衡点。只有对需求、系统的运营以及对应用对象的影响、信息技术发展水平等进行全面的评估，才能找到这个平衡点。这个平衡点也是随时间变化的。我们可以发展出一些更加细化的指导原则，但是并没有一个完整而严格的可操作逻辑程序能够完成这个评估。

上面谈到的是系统的有效性问题。随着系统复杂度的增加，尽管系统可能已经进入"负效能区"，但是它依然是可以正常运行的。如果系统复杂度继续增加，我们可能会遇到另一个更为严重的问题，就是系统崩溃的局面。系统的"有效性"问题转变为系统的"可实现性"问题。

当年，美国成功地发展出航天飞机这种革命性的天地运载工具，但是由此也酿成了人类航天史上的两次空前巨大的悲剧。在航天飞机投入使用后的第 5 年，1986 年 1 月 28 日上午，美国航天飞机"挑战者"号从佛罗里达州卡纳维拉尔角肯尼迪航天中心的发射架上升空。73 秒钟后突然爆炸（见图 8-16），价值 12 亿美元的航天飞机被炸成碎片坠入大西洋，7 名机组人员全部遇难。其中包括美国 37 岁的中学女教师麦考利夫，她是从 1 万多名申请者中选拔出来的美国第一位参加航天飞行的普通公民。

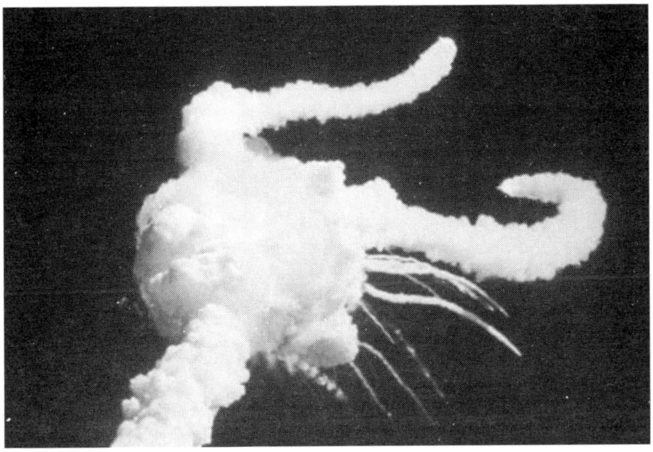

图 8-16 “挑战者”号航天飞机在发射升空时爆炸

在第 1 章第 1.3 节提到过，提出量子计算的著名物理学家费曼参与了这次事故的调查，他通过实验证实是航天飞机固体火箭助推器的密封圈在低温下变脆而引发了事故。随后，美国宇航局对航天飞机的每次发射都极为小心，但是 7 年后还是再次出事。2003 年 2 月 1 日，载有 7 名宇航员的美国“哥伦比亚”号航天飞机在结束了为期 16 天的太空任务之后返回地球。但在着陆前发生意外，航天飞机解体坠毁，7 名宇航员罹难。这次的事故原因则是航天飞机的防热瓦在发射时受损。至此，5 架航天飞机损失了 2 架。

美国宇航局于 2010 年初宣布全部航天飞机在年内退役，并且不再发展后续同类型航天器。2011 年 7 月 21 日，美国“亚特兰蒂斯”号航天飞机于美国东部时间 21 日晨 5 时 57 分在佛罗里达州肯尼迪航天中心安全着陆，结束了航天飞机的“谢幕之旅”，美国 30 年航天飞机时代宣告终结。

航天飞机是一个极为复杂的人工系统，其工作环境也十分恶劣。两次灾难性的事故其实表明这个系统触及了复杂系统的可实现边界。所以不论如何谨慎小心，也不能保证系统安全可靠地运行，系统的漏洞变得防不胜防。

对于一个系统的复杂度，我们主要从以下几个方面来描述：构造复杂度、功能复杂度、功能精确度及可靠性等。为了表达方便，图 8-16 中只显示了前三个维度。一个系统在这几个维度上都只能达到一定的要求，而不可能无限制地提升，而且不同维度之间还有相互之间的制约影响。比如，功能简单，精度通常就可以做得更高。功能的复杂度与结构的复杂度也有矛盾。SOA（面向服务的架构）的方法，就是希望在增加功能复杂度的同时尽量避免系统结构复杂度的增加。所以，在由这几个维度构成的空间中存在一个曲面，稳定有效的系统只能在这个曲面之上。这个曲面就是复杂系统的可实现边界。超出这个边界的系统，或者根本不可实现，或者将会在某些需要其正常工作的条件下发生崩溃，或者其行为表现不在其设计者预期的范围之内。

图 8-17 只以系统构造复杂度、系统功能复杂度与系统功能精度三个维度构成一个复杂系统的存在空间，其中由三条曲线确定的曲面就是一个复杂系统的可实现边界。

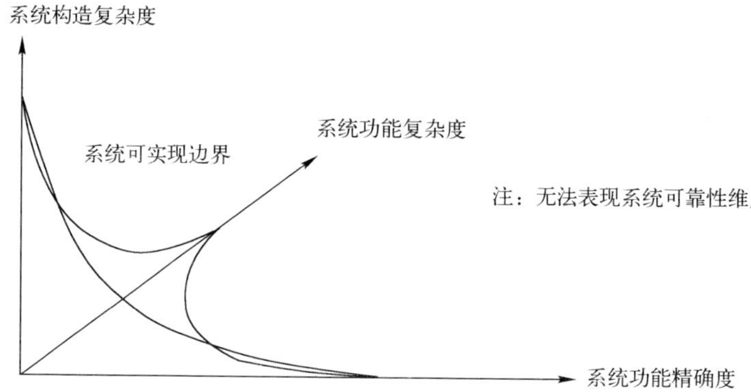


图 8-17　复杂系统可实现边界的示意图

系统可实现边界显然与技术手段有直接关系。技术的发展会不断地外推这个边界。在具体的技术环境下，如何做到极致在于对技术的深刻理解与系统设计的水平。

苏联在20世纪60年代后期研制成功的米格-25飞机曾经是一个传奇，在西方造成了巨大的恐慌。甚至好莱坞在1982年拍摄了影片《火狐》（基于1977年出版的同名小说），想象苏联后续的米格-31可以用人脑思维直接操纵，实现雷达隐身并且超过音速6倍。米格-25是世界上第一种“双三”战斗机（截击机），即可以在接近3万米的高空飞行，最高飞行速度可达三倍音速。西方得知其存在及基本的性能后，判断苏联在技术上有了巨大的进步。因为当时西方难以造出具有同样性能的战斗机，美国只有一种战略侦察机SR-71可以实现“双三”指标。

后来在1976年9月6日，苏联空军上尉维·依·别连科驾机叛逃至日本，西方如获至宝（见图8-18）。但他们惊讶地发现，在这架飞机上并没有他们掌握不了的具体技术：为了应对高速飞行产生的高温，它大量使用了传统的不锈钢而不是先进的钛合金；它功能强大的雷达系统甚至还在使用旧式的真空电子管。苏联工程师通过杰出的系统设计把他们掌握的技术发挥到极致，构造出一个可以可靠完成任务的复杂系统，超出了西方同行有能力实现的系统边界。这是在本章第8.4节中讨论过的在实际应用中通过系统设计超越具体技术局限的一个经典案例。

而航天飞机则是一个相反的例子，它达到或超出了系统可实现边界，在正常使用的情况下发生了系统崩溃的惨剧。

图 8-18　别连科驾驶米格-25 冲出了日本函馆民用机场跑道

抛开主观愿望与意识形态等因素，全计划经济体制的本质问题也在于系统的可实现边界。在一般规模的企业里，实行的都是计划体制。在系统可实现边界之内，计划体制显然是最有效的。但是当把它推广到全社会之后，系统规模的扩大使得系统超出了可实现边界。这个时候全计划体制就没有办法持续稳定地正常发挥作用了，需要引入自发的市场机制来降低系统的复杂度。

随着信息技术跨过关键的门槛而能够提供充裕的基础技术能力，特别是处理能，我们设计的系统正在快速变得越来越复杂。在这个过程中，系统分析设计能力将变得日益不可缺少，否则我们设计的系统的效能与效果都将无法保证。而系统分析设计的方法在计算机科学的理论体系（见图 2-1）中一直没有受到足够的重视。这就是本节讨论的话题的初衷。

技术的发展是否可以无限制地外推人工系统的可实现边界？这是见仁见智的问题。西方的观点倾向于随着技术的进步，这个边界可以无限外推；而东方则有不同的看法，它倾向认为人的能力是有局限的，所以不论技术如何发展，人造出的系统的复杂程度都有一个不可超越的边界。这种限制体现了自然法则，非人力可改变。在步入信息技术产业更加辉煌的时代时，我们需要在这两者之间保持一个合理的平衡。

## 8.7 智能、信息与体能的融合

本书前面的章节一直在围绕信息技术的信息类应用展开分析讨论，揭示了信息技术信息类智能化应用与主体以虚拟映像为基础的全面融合的前景。现在把目光投向计算机的过程控制类应用领域。

随着计算机技术的飞速发展，计算机在过程控制类应用中也取得了惊人的进步。计算机控制类应用涉及了几乎所有的人类辅助与延伸体能类的工具，从单台机械设备到复杂的化工生产线控制，传统工业中到处能看到它的影子。在这五花八门的应用场景中，仿生机器人是最引人注目的一个领域。

图 8-19 所展示的是美国 Deka Research and Development Corp.研发的智能仿生机械手臂。

图 8-19 Deka 智能仿生机械手臂

这个智能仿生机械手臂直接与人的运动神经相连，其动作均由人的大脑直接控制。这个手臂可以在人脑的直接控制下做非常准确精微的动作，比如，轻轻抓起一个葡萄送到嘴里吃，而葡萄不会被捏裂；拿勺子舀汤喝而汤不会洒落。这个手臂在2011年已经达到了可以进行临床试用的程度。

这是一个在计算机强大的处理能力的支持下，人类辅助与延伸体能类工具与人实现基本的“无缝连接”的典型。如果说这个手臂还只是给特定的人使用的特殊产品的话，我们再来看看一些比较通用的产品的情况。

在传统的机械工业中，机床是基本的加工设备。随着计算机技术的发展，在20世纪50年代诞生了数控机床。

数控机床通过计算机的控制，在实现了加工过程自动化的同时，还带来了加工的高柔性、高精度、高效率和高一致性等好处（见图8-20）。它从根本上解决了大规模批量制造与个性化定制之间的矛盾。

图8-20　数控机床中的顶级产品——五轴联动机械加工中心

随着计算机处理能力的持续快速提高，数控机床的智能程度也在飞速发展。不仅机床的加工过程与自身状态实现了可视化监控，而且通过“特征编程”，机床可以根据待加工零件的数字化设计信息，依据知识的积累而自动生成加工工艺程序，机床依生成的程序自动完成加工过程。

由此可以看到，今天的数控机床也在不断缩小与人之间的“缝隙”，在人工干预越来越少的情况下就可以按照人的意愿去完成加工过程。

另一个更加大众化的、与人可以几乎“无缝对接”的产品是自动驾驶汽车。几个大国都在为汽车自动驾驶的实用化做不懈的努力，在美国产品已经开始小规模投放市场。

从以上的例子中能够看出，计算机在过程控制类应用中同样是在追求控制对象与人的“无缝连接”，而且如计算机的信息类应用一样，也已经取得了惊人的成就。

那么，计算机的信息类应用与过程控制类应用在未来会发生什么样的关联？

除机械手臂这个适用于特殊人群的产品外，数控机床、汽车的自动驾驶等与人的连接点都将会发生在信息层面。数控机床接受人提供的产品设计信息而完成自动编程与加工；汽车接受人提供的目的信息与相应的要求而自动行驶到目的地。

所以，我们可以构想出这样一个未来的场景：信息类应用系统以主体的虚拟映像为核心形成了一体化的完整应用体系，然后该体系将与不同的智能化的辅助体能类或辅助感知类工具相连接，为其提供控制指令件信息，使其按照主体的意志完成相应的工作，并从其获得相应的反馈信息。

比如在机械加工企业中，数控机床直接与企业的信息类应用系统连接，信息系统安排机床的加工任务，提供加工零件设计，同时监控机床的加工与自身状态、调配原料的分发，以及成品的运输。而这个信息系统是以企业的虚拟映像为核心一体化构建出来的。各个数控机床的状态等信息也是企业虚拟映像的一部分。

对于个人来说，通过以个人虚拟映像为核心的个人信息应用系统安排自己的日常活动计划，而这个计划将与汽车的自动驾驶系统相连，为自动驾驶系统提供行动目标和相应的要求，而不必去面对两个独立的系统。

这就是信息类应用系统与过程控制类应用系统之间的无缝连接（或者说融合）。在这种融合体中，控制系统是以虚拟映像为核心的信息应用系统的外在物理的延伸。它们一起构成了一个智能化完整的、以信息为基础与核心、由人的意识延展开来的、从抽象的信息空间嵌入到实在的物理世界的复杂系统。而主体与这个融合系统的连接，则以主体的虚拟映像为基本依据（见图 8-21）。

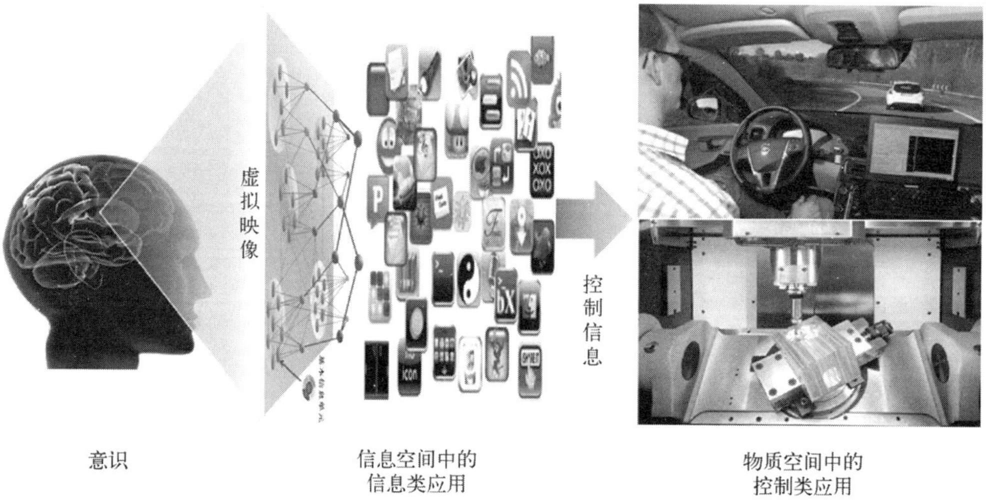


图 8-21　人的意识—信息空间—物质空间的融合

当然，人工系统与人的无缝连接是一个不断逼近的过程，不会是一劳永逸的。这种新的模式不会完全否定并取代已有的应用模式，但会为信息技术产业的进一步发展提供一个极为广阔的空间，让人类的辅助体能与辅助智能的工具融合在一起，综合性延伸人类的体能与智能，由此对社会产生深刻的影响。

这里描述的不是可望而不可及的科幻场景。个人—信息—物质，也就是智能—信息—体能相互融合而实现一体化的时代——人类历史上第四个技术文明“信息文明”正在向我们走来，它将为人类社会带来新的天翻地覆的变化。

而这其中的核心与关键将会是主体的虚拟映像。它是智能化人工系统的重要起点，也是人工系统与主体智能的基本融合点。

## 参考文献

[1] Stuart Russell, Peter Norvig. Artifical Intelligence: A Modern Approach[M]. 2nd ed. Englewood Cliffs, NJ: Prentice-Hall, 2003.

[2] Ray Kurzweil. 奇点临近[M]. 李庆诚，董振华，田源，译. 北京：机械工业出版社，2011.

[3] Gary Marcus. Innateness, AlphaZero, and Artificial Intelligence[Z/OL]. arXiv.org (2018-1-17). https://arxiv.org/abs/180/.05667v1.

[4] 拉斐尔·犹斯蒂，乔治·M·邱奇. 攻克大脑[J]. 环球科学（《科学美国人》中文版），2014,102: 24.

[5] Yoshua Bengio. 深度学习：人工智能的复兴[J]. 环球科学（《科学美国人》中

文版），2016, 139.

[6] 伊恩·古德费洛，等. 深度学习[M]. 赵申剑，等译. 北京：人民邮电出版社，2017.

[7] Gary Marcus. Deep Learning: A Critical Appraisal[Z/OL]. arXiv.org(2018-1-2). https://arxiv.org/abs/1801.00631.

# 第 9 章

## 文明的万年旅程：从与兽争食到自由发展

在本书的最后一章，让我们再回到第 1 章的起点，从人类工具的进步推动文明发展的角度，去感受辅助与延伸人类智能的信息技术所创造的智能化未来，即正在到来的人类文明史上第四个文明形态"信息文明"，来感受它的灿烂、它的冲击、它的挑战。

人类经过几十万年的跋涉，终于历史性地摆脱了"生存"的困扰，正在进入一个"自由"发展的文明新阶段。但是，"自由"并非是轻松无忧的浪漫，它将带来更大的困惑，更深的迷茫，甚至是无助的绝望。

今天我们必须面对的不再是如何才能生存下去，也不是机器是否会控制人类，而是我们为什么目的而活着这个生命的本源问题。

## 9.1 智能化的生存

云计算、物联网、移动互联网、大数据及人工智能等成为当今中国乃至世界信息技术产业最时髦的话题。信息技术产业已经创造了惊人的奇迹，给社会的方方面面带来了重大的变化，信息社会这个提法也已经存在很多年了。那么，今天大家在热切追逐的这些热点是否就是进入信息社会的标志？是否当每个人的吃喝玩乐、衣食住行等都能在手机上用 APP 来完成，就算进入了信息社会呢？

虽然信息技术已经为社会带来巨变，虽然云计算、大数据及人工智能等技术如天外之物降临人间那样浑身披着绚丽而神秘的光芒，但它们还仅仅是智能化信息文明在地平线升起之初射向天际的最初几道霞光。

如在第 2 章第 2.2 节中所指出的："任何一个产业，只有在基础技术不再是瓶颈之后才会进入成熟的繁荣时期，其对社会影响的潜力才真正开始大规模释放。……今天的信息技术产业正是走到了这样一个历史性的转折点。当基础技术能力不再成为应用的瓶颈之后，信息技术产业的潜能才真正开始释放。”之所以如此强调信息技术产业的这次重大转折，就是因为它标志着在经过了二三十年的呼唤之后，今天终于真正开始迈入智能化信息文明的大门。

我们把本书交叉讲述的信息技术产业发展的几条主线总结在图 9-1 中。从该图中可以看到，信息技术产业从 20 世纪 30 年代艾伦·图灵等先驱做理论探索开始算起，大概正好经过 100 年的历程，才算完成了从工业文明向信息文明的过渡。

人类曾经走过三个不同的文明形态：原始的（狩）猎采（集）文明、农耕文明与工业文明。每一次文明的跃迁，人类社会都经历了天翻地覆般的变化，从生产方式到生活方式，从物质消费模式到社会的精神形态，从生产力到生产关系乃至道德体系，人类社会的几乎所有维度都被改变。所以，这一次当从工业文明跨入信息文明的时候，不仅仅是用摄像头代替人工来监测环境；不仅仅是用数字投影机代替胶片放映机放映电影；不仅仅是用手机进行支付，上网聊天；也绝不是仅仅用信息技术在整个社会的意义上做“数字化再造”。我们所熟悉社会的方方面面将受到致命的冲击，被颠覆性地改变。

下面用几个具体的例子来看看信息技术将如何改变社会与我们的生活，以窥探一下智能化信息文明的真颜。

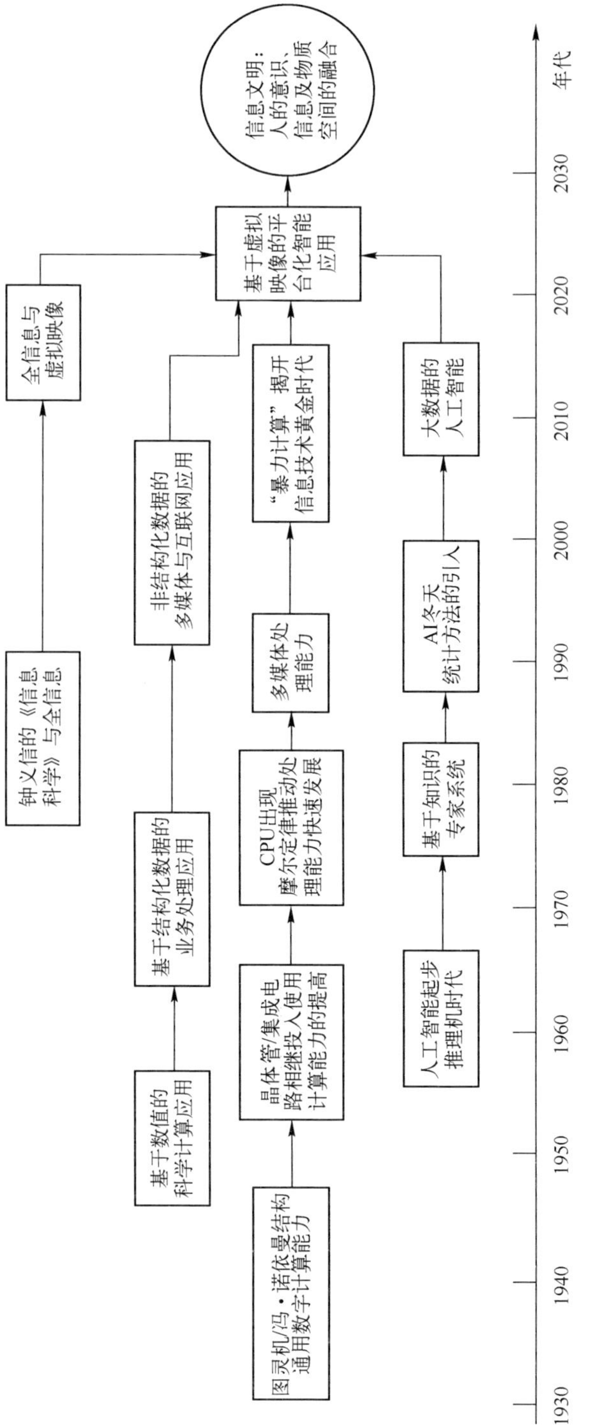


图 9-1 本书讲述的信息技术产业的几条主线

### 1. 信息技术将颠覆许多已有的产业，摧毁传统价值

我们在第 2 章第 2.2 节中曾经引用了电影《阿凡达》的例子。这部电影的出现标志着电影产业将发生颠覆性变化，不仅仅如前面说过的那样，以后电影演员这个职业有可能彻底消失，而是当影像资料库积累完整以后，当云计算能力提高到在云端就可以支撑用全数字合成的方式来完成电影制作之后，普通人都可以像现在编制自己的 Flash 动画那样去拍一部完整的电影。电影产业的结构将被彻底改变，而这些普通人中就可能会出现举世闻名的编剧兼导演。拍摄“大片”也不再是一件需要巨额投资才能做到的事情，它可以被有创意的普通人利用云计算能力廉价地制造出来。

信息技术不仅仅有在第 8 章第 8.2 节中说过的“不可思议的化平庸为神奇的力量”，它还有强大的化传统的神奇为数字时代的平庸的力量，它不断地将传统高价值的创造变得如白菜土豆一样的廉价。

在第 8 章第 8.7 节中介绍了智能数控机床，近年来智能化的 3D 打印机也开始普及（见图 9-2）。由此有人认为传统的制造业将因这些智能化设备，借助互联网而变得扁平化、分散化、家庭（个人）化[1]。我们先把眼光放到信息技术产业自身。在信息技术产业中，曾经有众多的集成电路制造商存在。随着互联网的发展，产业在不断地集中，Intel 公司成为最大的赢家。今天能够用最新工艺制造通用数字集成电路的在全球只有 Intel、三星与台积电三家企业了。产业没有扁平，而是变得高度集中了。在软件服务领域，正在兴起的云计算热潮也没有让产业变得分散和扁平，而是相反，资源更加集中，垄断更加强化。

图 9-2　小型桌面 3D 打印机

我们没有理由相信，互联网会使传统的制造业分散化，乃至家庭化、个人化。更加可能的一个结果，是未来形成一些类似云计算中心那样的大型“云制造中心”。它们拥有丰富的智能化制造设备，具有完整强大的零部件制造能力，从网上接单集中化生产各种零部件。然后这些零部件会被配送到下生产订单的各种专业化的整机组装厂，完成整机的生产。这种模式对传统制造业将产生巨大的冲击，重组传统制造业的价值链，并且使得传统制造业中的大部分企业轻资产化。重资产在很大程度上集中在了大型云制造中心中，就像计算能力正在集中于云数据中心那样。

近几十年来，几乎每一次的技术进步都会引发自由知识分子们对陶渊明式的田园牧歌小农社会的新期望。只是田园牧歌被翻译成了现代的“自由”“扁平”“分散”“去中心”乃至“民主”这些概念。这种去中心、自由和“民主”的状态是自由知识分子内心中永远的向往。但不幸的是，分散化与效率有根本性的矛盾，而效率是人类进入工业化社会后积累财富的核心秘诀。不论技术如何发展，违反效率的做法都难以成为现代社会的主流。事实上，把那些做法将当成未来的希望是对历史的反动。

在20世纪70年代末，“未来学家”阿尔文·托夫勒就兴奋地谈论新技术“将要”给社会带来的分散化、小型化趋势。他认为IBM似的巨无霸将成为历史遗迹，以Intel公司等为代表的中小企业将成为产业的中坚[2]。虽然他说对了不少未来的趋势，但是他关于企业小型化分散化的预言与历史恰恰相反。IBM绝地重生，称霸业界十几年；而在IBM衰败的过程中，被他推崇的中小企业的代表Intel和微软等，借助新技术和互联网成为新的业界巨头；苹果、谷歌等互联网企业不断刷新着上市公司市值的纪录，聚集了惊人的、史无前例的财富，在业界形成了空前的国际性高度的垄断。

事实上，互联网不是让这个世界变得平坦了，而是在产业中催生出了极少数几座我们曾经无法想象的高峰。所以，随着信息社会的到来，最可能发生的不是产业的集中趋势被削弱，而是集约化借助新技术被进一步加强，形成空前的垄断性巨无霸。被互联网消灭的，是那些因传统信息不对称而存在的中间环节。

### 2. 信息技术将改变我们身边的点点滴滴

上面讲的是信息技术如何改变或颠覆传统产业这种比较宏观的社会话题。其实，在信息社会，我们身边的寻常之物都可能会与今天有所不同，就好像今天我们身边充满了电能驱动的、在农耕文明无法想象的物品那样。

在第 2 章第 2.3 节中提到过集众多最新科技于一身的"梦想飞机(Dreamliner)"波音 787 的高科技舷窗。它采用了电致改变透光率的材料，因而取消了我们熟悉的遮光板，见图 9-3。

图 9-3 波音 787 的舷窗

玻璃是有千年历史的材料，今天也被信息技术化了，使得窗户成为智能型产品。加拿大不列颠哥伦比亚大学的研究团队在 2018 年 3 月 8 日发表了他们开发的低成本电控可变色玻璃成果[3]。他们将带有氧化钨的液体涂在玻璃表面，并用紫外线将其转化为玻璃上的一层薄膜。正常状态下，薄膜完全透明，但电流通过时就会变成蓝色。他们还在努力实现将玻璃变成其他的颜色，如灰色。这样的"智能化"电控变色玻璃窗进入普通建筑只是时间问题。到那个时候，整幢建筑从里到外都会使用各种智能化材料，实现"随心所欲"的智能控制。

今天，我们经常能看到一些床垫广告，宣传称由于采用了"智能"材料，因此床垫可以随着用户的体型而变化，提供更好的舒适度，见图 9-4。

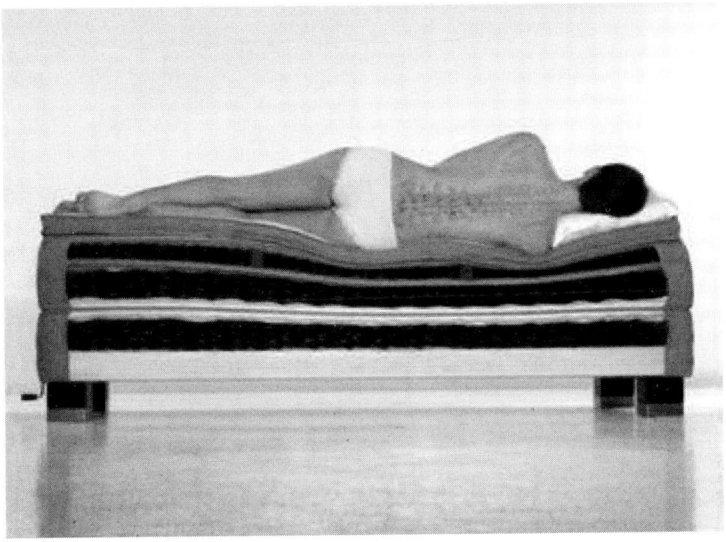

图 9-4　采用新型材料的床垫

其实，利用信息技术完全可以在床下装上传感器与动作部件，使得床可以根据客户的体重、体型、体位及个人喜好自动调整床的形状，真正做到“随型而变”。座椅与桌子也会演变成类似的样子，能够适应不同的体重和坐姿，而减轻很多职业病，如颈椎问题。或许，今天我们觉得这是多此一举，但是今天我们享用的很多产品在几百年甚至是几十年前都被认为没有必要如此费力地讲究。社会的发展有巨大的惯性，人对舒适与方便的追求也从来不会停步。高技术会逐步从重要的、价值高的领域不断地向“油盐酱醋”层面渗透。假以时日，我们的生活就会全然不同了。

### 3. 信息技术将全面冲击社会

最后来看一个全面冲击社会的、典型的信息社会产品——自动驾驶汽车。这些年，新能源汽车风生水起成为社会关注的焦点，但是真正具有颠覆性的产品是自动驾驶汽车，不论它使用什么样的能源作为动力（见图 9-5

和图 9-6）。

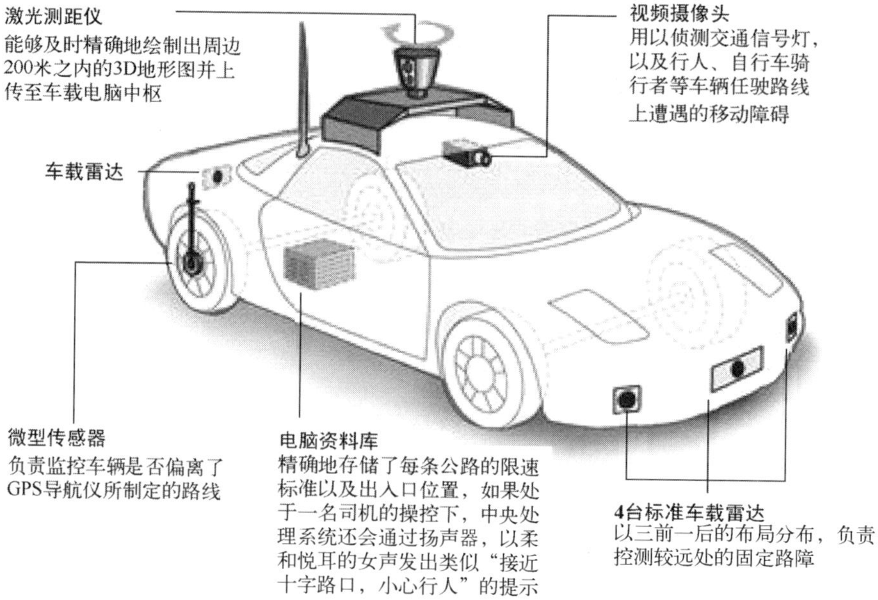


图 9-5　自动驾驶汽车示意图

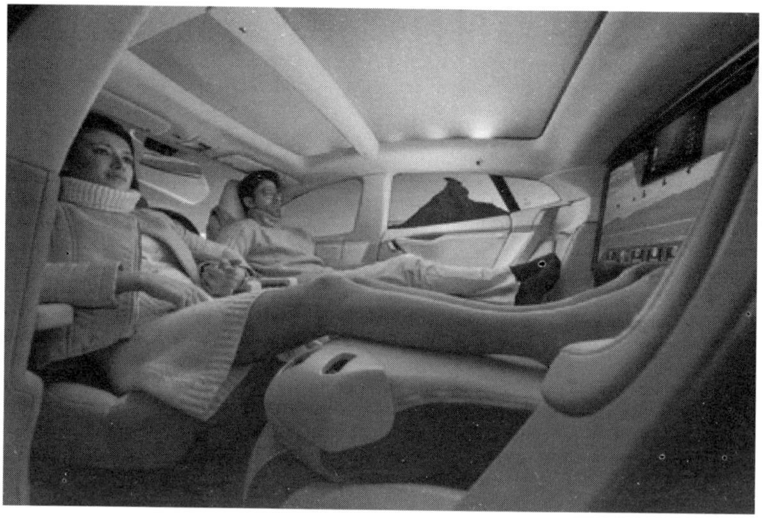

图 9-6　在自动驾驶的汽车中，司机不再存在，大家都是乘客

显而易见，汽车产业自身将因自动驾驶汽车的出现而发生巨大的变化，谷歌这样的互联网公司都积极加入了自动驾驶汽车开发的行列。同时我们不难理解，曾经很重要的一个职业将会消失，即汽车司机。与之相伴的是出租司机的消失。未来的出租车将全部连在网上，随叫随到，所以租车行业将萎缩，变得只提供特定专门需求的车辆的租让。而且拼车将成为常态。这样，出租车与公共汽车的界限变模糊了。甚至城市内固定线路的大型公共汽车可能大量减少，取而代之的是小型的、随叫随到的共享车。这样的公共交通系统，因可以拼车而更加节能环保，利用率也更高；由于不受固定线路限制，因此更加方便乘客的出行。由于车辆使用效率的大幅提高，社会汽车的拥有量将大幅下降，交通拥堵问题将得到极大的缓解。在这种情况下，私家汽车如果没有完全消失，也会在数量上大大减少——既然汽车可以随叫随到，又何必承受养车带来的那些麻烦？汽车因此将回归其作为交通工具的本质，而更少地作为身份地位的象征。

自动驾驶汽车的上路，需要将与之相关的基础设施进行相应的智能化升级改造，包括在道路上与停车场里设置大量的传感器，各种交通标识也要适应自动驾驶汽车的需要而智能化。

由于没有人对驾驶汽车负责，因此对交通事故的责任认定也要发生变化，包括相应的保险赔偿规则。所以，法律与金融相关的内容也将因自动驾驶汽车的出现而改变。为了让自动驾驶汽车上路，这方面的工作可能比技术更为复杂艰巨。

从上述的简单描述中，我们能够感受到自动驾驶汽车对社会产生的全面的冲击。所以，汽车这个工业文明的宠儿将进化为信息社会中一个典型的标志性产品。自动驾驶汽车，这个系统级创新产品的正式上路使用，将成为我们正式进入信息文明的一个最重要的标志。

再回到技术层面上，自动驾驶汽车这个信息文明中的高度智能化工具都利用了哪些具体技术层面的成果。自动驾驶汽车需要极为强大的数字信息处理能力来实时地分析判断及预测环境的变化，并基于此作出及时的反应。正是导致信息技术产业重大转折的计算机处理能力的质变——“暴力计算”，才使得汽车自动驾驶成为可能，否则汽车披挂再多的传感器，也无法应对瞬息万变的路况。

2018 年 3 月 18 日晚，在试运行中的优步自动驾驶汽车在美国亚利桑那州将一名过路女子撞伤后致其身亡。当时在车上有一名司机坐在方向盘后，汽车处于自动驾驶状态。优步因此宣布暂停在美国与加拿大的自动驾驶汽车试运行测试项目。在此之前，特斯拉汽车也在自动驾驶状态下发生追尾事故，导致驾驶员身亡。这些不幸的事故反映了自动驾驶技术的高度复杂性。

在自动驾驶汽车上，有物联网、大数据、人工智能、移动互联网及云计算等现在最时髦的技术成分。但是它依赖的技术又远远不止这些。它需要多模态信号整合、模式识别、智能决策、汽车间动态组网（车联网）等核心技术，需要多种随机过程算法等基础理论的支撑，它更需要高度复杂的系统级的设计将这些具体的技术能力有效地整合在一起完成自动驾驶的任务。它的复杂度与技术含量远远超过了目前大多数时髦的互联网应用，是大数据应用之中所谓的“只关注相关”的做法所无法比拟的。在这个系统中，包括人工智能在内的那些具体的应用技术，将如在第 8 章第 8.4 节中所阐述的那样，找到一个发挥自己价值的系统级平台。

将人类带入信息文明的核心力量是计算机所拥有的“暴力计算”能力，具体的应用技术将会百花齐放，而系统级创新将成为引领潮流的先锋。也只有大量系统级创新的出现，信息技术产业才算进入它的黄金时代，信息文明才会真正地到来。所以，我们不应该只盯着当前的热点技术话题，被眼前的热潮遮住了自己的双眼，而失去了一个极为广阔绚丽的未来。

## 9.2 信息文明的挑战

在上一节中用几个具体的信息技术应用案例，从不同的角度让读者品味了一下即将来临的信息文明社会。我们当然可以展开自己想象的翅膀，去对信息文明社会做更多的浪漫憧憬，比如去找一个网上虚拟恋人谈一场恋爱，甚至娶一个以假乱真、从外貌到心智完全按照个人意愿定制的机器人作为新娘。不过，这些想象即使成真也还仅仅是一些琐碎的小事。下面还是从回顾历史开始，来从更高的层面窥视一下即将到来的信息文明，见图 9-7。

图 9-7 人类文明的万年历程

**猎采文明：与兽争食，石器，随性**

近十万年以前，石器的使用开始了人类文明历程中的原始文明阶段。虽然那些粗糙的石刀石斧让人类相比其他动物有了一定的生存优势，但是人类在这个阶段的基本生存状态还是没有完全脱离动物界，处于一种“与兽争食”的生存状态，过着狩猎采集的动荡生活。面对大型猛兽，人类甚至还处于难以自保的弱者地位。从个体上看，其生存方式可以用“随性”来描述，饿了便去找吃的，饱了就只管晒太阳。

**农耕文明：靠天吃饭，金属工具，苦力**

原始文明在历史中缓慢地前行。经过上万年的历练与摸索，人类终于掌握了青铜以及后来铁的冶炼。金属冶炼的成功，让人类可以制造出远比石器更加复杂、更加强大的各种工具。人类开荒种田，圈养畜禽，终于全面超越了动物，无须再与兽争食。人类开始成为真正的强者，哪怕是在最凶猛的野兽面前。金属工具的使用让人类文明实现了历史性的第一次跨越，人类从原始文明进入农耕文明。

此时的人类虽然全面超越了动物，但是在强大的自然力面前依然几无招架之功。所以处于农耕文明的人类还只能仰仗自然的恩赐而生存，人类处于“靠天吃饭”的生存状态。只要大自然风调雨顺，人类就能够傲视天下其他动物，日出而作，日落而息。但这样的日子时常会被打断，饥寒交迫、颠沛流离成为农耕文明阶段并不少见的场景。就个体而言，这时在大部分时间里是面朝黄土背朝天，可以用“苦力”来描述。

**工业文明：自主生存，动力工具，技能**

人类文明的车轮，进入农耕文明后开始缓慢加速。回响了几千年的田园牧歌终于被英国曼彻斯特城中的蒸汽机的轰鸣所打断。蒸汽机引发的工业革命翻开了人类文明史崭新的一页，人类历史性地开始控制利用自然之力，曾经简单的金属工具进化成为有动力的、复杂的钢铁机械，工业文明以雷霆之势降临人间，横扫全球。

掌握了利用自然力奥秘的人类，早已将其他动物远远地抛在了身后，开始向曾经可以任意蹂躏自己的大自然挑战。征服自然与改造自然成为人类最重要的活动之一。虽然这些活动产生了许多危及人类自身生存的后果，对自然力的有效利用终于让人类可以有效地抵御大自然对人类的肆虐摧残，人类开始了“自主生存”的生存阶段。

进入工业文明之后，在人类可及的时空范围内，人类第一次将自己的生存主动权牢牢地把握在了自己的手中，当然同时还有自我毁灭的能力。人类文明的列车再一次提速。

至此，人类的工具从石器到金属，从无动力到有动力，一直在扮演着辅助强化人类体能的作用，不断增强人类在物质世界中的行为能力。随着工业文明的不断成熟，个体赖以生存的越来越是他拥有的“技能”，而不仅仅是卖“苦力”。

**信息文明：自由发展，智能化工具，创造**

人类是智慧的生物，智能才是体现人类区别于其他动物的根本特质。在进入工业文明不到200年的时间后，人类创造的工具便发生了再一次的质变。在此，我们简要总结一下前面章节已经介绍和分析过的信息技术发展历程的相关内容。

20世纪40年代，现代电子计算机这个辅助强化人类智能的工具，在美国英国等先进的工业化国家诞生了。工具从辅助强化体能到辅助强化智能的飞跃，其产生的深远影响必然超越以辅助体能工具为支撑的工业文明。

事实上，在经历了从电子管开始，到晶体管/集成电路，再到（移动）互联网几次技术跨越之后，计算机所代表的信息技术实现的绝不是工业文明框架内的某一次工业革命。计算机这个辅助强化与延伸人类智能的工具正在推动人类文明进入一个更加辉煌的阶段——信息文明。

由于工具发生了从体能到智能的飞跃，这次文明的跨越对传统的颠覆，将远远超过工业文明对农耕文明的颠覆程度。

随着人类工具在计算机的参与下自动化、智能化的程度不断提高，人类的生产能力有了质的飞跃。虽然人类社会依然存在贫困与饥饿，但是更多的是人类社会管理自身的问题所造成的。在信息文明的时代，人类产出的物品完全可以保障人类的基本生存需要。人类正在历史性地摆脱生存问题的困扰。

人类直到工业文明阶段，还依然是在不断提高自己在物质世界中的行为能力。而计算机这个辅助与延伸智能的工具的出现，不仅进一步提高了人类在物质世界中的行为能力，使得物质产出极大地丰富。更为颠覆性的一点在于，计算机与网络在物质世界之外，正在逐步构造出一个比物质世界还要日益复杂，并且与物质世界有着复杂耦合作用关系的虚拟世界，人类的生存发展空间发生了根本性的重构与扩张。人是精神与物质的复合体，人类的生存空间第一次完整地实现了与人的双重存在的同构化。

在信息文明时代这个双重世界的结构中，物质世界的存在会不断地被以信息形态映射到虚拟世界之中，形成自己在虚拟世界中的虚拟映像。这其中最重要的就是人这个认识主体及由人构成的复合主体的虚拟映像。因为不论这个双重世界有多么地复杂，人终归是这个世界的主宰，虚拟世界既是人的创造物，也是服务于人的附属之物。图 9-8 是在更大的视角下对

图 7-11 内容的更为宏观的阐释。

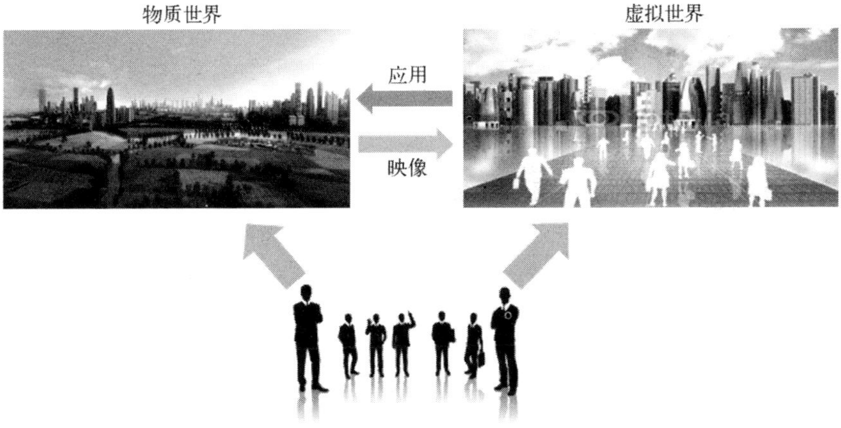


图 9-8　信息文明时代人类生存的双重世界

在虚拟世界中各种物质存在的虚拟映像通过信息应用而发生相互作用，再通过包括虚拟映像在内的各种方式反作用于物质世界。由此，我们能够更清楚地看出本书所讨论的主体虚拟映像及基于它的新的应用系统架构所具有的重大而深远的意义，以及第 7 章第 7.4 节中所揭示的信息类应用的未来在更大的背景下的前景。

除了物质世界存在的虚拟映像之外，在虚拟世界中还会有大量的人类创造出来的纯虚拟存在，包括在第 8 章第 8.4 节中讲到的:“（人的自由创造）将催生更多的、超出我们今天最浪漫的想象边界的、各种不同系统规模的颠覆性系统级创新。许多系统将要实现的功能在整体上将远远超出今天我们对人工智能的期待。它们不会拥有人这样的主体地位，但是在功效上却会极大地超越人在智能上作为一个个体的所能达到的高度与广度——就像辅助与延伸体能的机械性工具在体能的各个方面实现的对人的全面超越。而这些系统所具有的‘智能’是对机器对人的智能的模仿与机器独有的‘智能’的有机融合，在性质上将会与人的‘本有智能’有重大区别，正如区块链系统展示给我们的那样。”所以，虚拟世界的结构的复杂性将远远超过物质世界，它是人类的“外意识”（见第3章第3.1节）。

物质世界具有严格的、不以人的意志为转移的自然法则的约束，使得人类无法为所欲为。信息技术创造出来的虚拟世界则完全不同。它几乎不受物质运动规律的影响，而仅仅是人的意识的直接产物。这是一个游离于“上帝”管辖之外的疆域，不论你心中的“上帝”是耶和华还是宇宙本体。或者说，人就是这个虚拟世界的“上帝”，人按照自己的意愿创造了这个虚拟世界，并按照自己的意愿操控这个虚拟世界，它会不断地产生那些符合人的意愿以及人自己都无法预料的后果。这个横空出世的虚拟世界将给人类带来前所未有的挑战。

物质产出的极大丰富，加上物质/虚拟复合生存空间与人的生理与精神双重存在的同构化，将使得在信息文明中的人类进入“自由发展”的生存状态。但是“自由”并不简单地等于快乐与幸福，它还会带来困惑与迷茫甚至是绝望。当然，人类获得了空前的自由之后，人类的自我约束能力对于人类社会的稳定与发展就具有了更为重要的意义。在这个自由发展的文明中，个体的价值将由他的“创造”力决定。

信息文明之光已经在工业文明远方的地平线上升起。它正在各个方面，从形而下到形而上，对人类社会提出了一系列颠覆性的挑战。这些挑战超越了民族、文化、宗教与意识形态。

下面首先抛开意识形态与信仰，从社会的不同层面，由下向上来看一下信息文明带来的主要挑战。

（1）人类社会的基本单元——家庭，正在由于基本生存问题的解决而进一步解体。在发达国家，家庭的解体已经有几十年的历程了。当今，在全球单身比例最高的四个国家瑞典、丹麦、芬兰与挪威，单身住户的比例达到了40%～45%，日本的这一比例也已达到30%。不仅英国，德国、美国等发达国家的这一比例也在持续走高，全球单身人口比例增长最快的是中国、印度与巴西。家庭进一步解体将对经济政治乃至人类的繁衍模式都带来根本性的冲击。

（2）以企业为代表的社会组织将变得更加弹性，边界更加模糊，内部也更加宽松。工业文明中传统的斯巴达克方阵式的边界清晰、行动整齐划一的组织将成为稀有。由此必然会带来组织的文化、运作、管理模式、组织结构等的重大变革。

（3）在经济上，农耕文明是自给自足的自然经济为主导，工业文明是商品市场经济为主导。很多人也把商品市场经济当成了理所当然，甚至当成了不可动摇的信仰，但是随着生产力的极大提高，我们正在经历几乎所有基本产品的全球性生产过剩，信息文明的主要经济形态还会是市场经济吗？如果不是，那么会是什么样的经济形态？至少这是一个应该探究的问题。近年来，很多人开始谈论经济的计划性问题。那么计划性将以什么形式出现？社会的分配机制是否会有根本性的变化以保证相对的公平以及每一个社会成员的基本生存？

（4）在当今的世界，除了极少数的几个中东国家外，大多国家都是采用代议制的政治体制。随着信息技术的发展，在网络已经畅通无阻地覆盖了几乎所有人的情况下，代议制还是必需的吗？人们有充分的理由发问，在现在的网络环境下为什么还需要别人代表我参政议政？信息文明下的基本政治体制将会演变成什么样子？会出现大众普遍直接参与的政治治理结构吗？大众的普遍参与给社会政治带来的正面与反面的影响是什么？

（5）许多人认为网络导致社会的去中心化。而事实上，网络带来的是社会的扁平化，同时会产生超级巨无霸。它是否会导致少数精英控制社会，导致人不仅在财富上，也可能同时在智力上的两极分化？

（6）随着人类摆脱了基本生存问题的困扰而进入自由发展的阶段，人类社会的道德必然出现重大的变化。求生存的道德观与求发展的道德观必然会有一些根本性的不同。道德的变化将形成新的社会共识。这个过程不会是一个愉快的经历，会有大量的冲撞发生。

（7）随着经济全球化的推进，传统的国家是否会解体而形成一个全球性的“人类命运共同体”？事实上在虚拟世界中，传统国家的概念已经模糊了。被誉为 20 世纪最伟大的历史学家的阿诺德·约瑟夫·汤因比（1889—1975，英国历史学家，哲学家），在 1972 年的时候便认为人类在 21 世纪将实现全球融合，并且认为只有中国这个“文明型国家”有能力、有历史经验来承担起这个责任[4]。如果人类必将融合，那么中华民族复兴的目标又是什么？它是否会超乎所有人在现有的与历史的政治理念与经验的框架内的预期？

如果再往上看，当人类从求生存进入求发展的阶段后，人类的“自由发展”的目标是什么？在几乎没有外在约束情况下的自由发展中，人类的自我约束的意义是什么？自由发展是否会导致人类在不同意义上的、不可逆转的分化？

随着人类技术的发展，绝大多数人越来越依赖于人工环境而脱离自然，被越来越智能化的服务系统隔离在解决问题的具体过程之外。也就是说，绝大多数人越来越远离“真实”，生活在“虚幻”之中。这对于人类意味着什么？是否会导致极少数掌握“真实”、设计工具控制环境的精英控制人类？

从技术的角度来看，人类社会从微观到宏观正在变得越来越复杂。如在第8章第8.6节中所讨论的，当系统复杂到一定程度之后，是否会超出人类的控制能力范围而导致系统失控或崩溃？这种系统限制与具体的技术无关，而是由人的认知能力决定的。也就是说，人类可以让系统无限制地复杂，但是可能不能保证系统按照人的意愿可控地运行。这个边界不是技术的，而是人自身认知能力决定的。也就是由人的智能极限决定的。

如果从最高层来看，当人类进入信息文明这一个全新的文明形态的时候，我们是否需要一个对文明的顶层设计？对文明的“设计”反映了人类集体的智慧自觉性。而人类的文明，正是由智慧驱动的。智慧的自觉性才是人区别于动物的本质特征，而不是生理欲望本能的自发性。

## 9.3 未知的疆域

讨论到这里，我们需要回答一个基本的问题：文明到底是什么？应该如何定义文明？中外的社会学者对此有各种论述。从西方语言上看，文明来源于“城市”这个词，所以在考古学上，只有出现了城镇才被认为是一个文明存在。但是这样来理解文明显然过于狭义了。让我们抛开语言，从历史的真实中去寻找一个准确的定义。如果我们认真回顾人类逐步脱离动物界走到今天的万年历程，下面这段话可能更准确地反映了人类文明的本质。

**文明是人类以集体的方式，依靠自己的智慧自觉，求生存、谋发展的存在形式。而文明的价值体系决定了文明的走向。**

在对文明本质的理解上，中华民族确有独到之处。我们在两千多年前就摆脱了狭隘的族群意识，而在当时技术可达的地理范围内建立起了一个"人类命运共同体"。在近代，这个命运共同体演变成了一个"国家"，但是它与其他"国家"，特别是西方的现代"民族国家"有着根本性的不同，按照汤因比的说法，它是一个独特的"文明型国家"。

随着人类文明的不断向前演进，文明的"集体"性在人类智慧自觉的驱动下，持续向高级形态发展，而形态的提升都伴随着代表着人类集体智慧自觉性的"中心"的强化。这是文明演化的基本主线。期望文明"去中心化""分散化"的想法，本质上就是对这种历史发展轨迹的反动。

而文明形态每一次跨越式的提升都迫使人类去面对史无前例的挑战，这种挑战没有最大，只有更大。我们正在经历的人类由工业文明向信息文明的跨越，正是这样一个空前的挑战。所谓"空前""史无前例"，必然意味着我们不能用一个国家过去几十年的历史经验、理念与框架，不能用西方工业革命之后二三百年的历史经验、理念与框架，也不能用人类几千年以来的历史经验、理念与框架，来简单地推断信息文明的未来。信息文明必将是突破这些经验、理念与框架的。我们面对的是一个必须踏入的未知疆域。

空前的挑战，需要空前的创造力。如果我们面对的确实是一个历史性的人类命运的根本性转折的话，我们需要的不是通晓过去历史的大师，而是能够站在与先贤同样的高度，从原点出发审视当下的"圣人"。回到原点，便与“天道”同在，才能够超越“东”“西”，超越历史，超越过去经验的制约，在一个全新的起点上为人类未来的千年做筹谋。

信息技术正在以前所未有的方式改变着我们的社会，我们需要理解这个巨变背后的推动力量，以及这个巨变所遵循的基本规律，去积极地迎接人类第四个文明形态的到来。这就是本书写作的初衷，也是本书所讨论的内容。

正如人类的工业文明是以动力为标志的那样，“电”作为最方便的动力来源渗透到了社会的方方面面；信息文明将以智能化为标志，智能技术将影响我们周边的一切。工业文明的核心在于对自然更大深度和范围的开发利用，信息文明则以人与自然和工具的更全面的融合为基本特征。在这个人工产物全面智能化的、物质与虚拟双重复合世界中，人将依然是核心与主宰，也是目的。那些智能化的外物都是服务于人这个主体的工具。其“智能”所达到的高度与广度不论对人有多大程度的超越，它的源头依然是人所特有的智慧能力，而不是人造物自身的“自我意识”的“觉醒”。

在可以预见的未来，机器不论以什么样的面目出现，也不论在解决具体问题方面有多“智能”出色的表现，在本质上，它只能具有“机械性”、由人所规定的行为能力；而人所具有的灵性，依然是宇宙对人独有的钟爱。我们无须担忧人类在宇宙中所独有的万物之灵的地位受到挑战，除非外星人真的有一天会光临地球。

**在这个人类自由发展的智能化信息文明阶段，我们真正的挑战，来源于人类自身对生命价值的认识与对人生走向的把握。它既是个体必须回答的问题，也是人类整体必须面对的问题。**

# 参考文献

[1] 杰里米·里夫金. 第三次工业革命：新经济模式如何改变世界[M]. 张体伟，孙豫宁，译. 北京：中信出版社，2012.

[2] 阿尔温·托夫勒. 第三次浪潮[M]. 朱志焱，潘琪，张焱，译. 北京：中信出版社，1980.

[3] Wei Cheng，etc. Photodeposited Amorphous Oxide Films for Electrochromic Windows[J/OL]. Chem, 2018, 4(4):821-832. http://www.cell.com/chem/fulltext/S2451-9294(17)30532-6.

[4] 池田大作，阿•汤因比. 展望 21 世纪：汤因比与池田大作对话录[M]. 荀春生，等译. 北京：中国国际文化出版社，1997.

# 后记

## 超越“东”“西”

自工业革命之后的近二三百年来，东方文明的光芒几乎完全被掩盖在了西方文明近代的辉煌之中。对大多数中国人来说，不论我们持有什么样的立场，在反思历史、分析现实、展望未来的时候，我们其实使用的都是西方的语言与思维框架。区别仅仅在于在这个框架中采用了其中的哪一个角度来看问题。

在信息技术产业发展的几十年来，我们亦步亦趋，紧跟国外潮流，模仿国外产品，为国际巨头提出的各种理念而摇旗呐喊，唯恐自己跟不上“形势”。是否符合“国际”流行的趋势成为从企业界到学术界判断一项工作或业务与研究方向是否具有价值的最重要标准。模仿成为整个社会存在于潜意识中的一种强大的本能性共识。

如果命运注定中华民族将再次复兴的话，我们就需要超越西方的语言与思维框架，但这并不意味着我们要简单地回到中国的传统。人类发展的历史不断地告诉我们，新的辉煌从来不是因为简单的模仿，更不是走回头路而钻入久远的陈年往事。事实上，东西文明体系各有自己的长短。

西方讲究逻辑与实证，习惯抓住一点而不顾其余，所以可以把一件事情做到极致，但常常会迷失在细节之中而使得这种极致有失去意义的可能；中国长于宏观思考与对本质的感悟，但往往止于大概，失于严谨。由此虽然对方向与本质的认识不乏真知灼见，但在操作层面却难以保证理想的效果。

因为我们有得天独厚的条件去理解中华传统文明，既然我们已经与西方，有了百年的碰撞与交流，今天的中国人更应该有能力与自信，超越西方，也超越自我的传统，博采众长而建立一个新的语言与思维框架：宏观指导下的细节穷尽，服务于本质的技巧应用，远谋约束下的近利获取，通向理想彼岸的脚踏实地。

面对信息技术产业正在发生的历史性转折，面对由此触发的人类正在跨入的第四个技术文明——智能化的信息文明，我们应该将中国的传统智慧注入以典型的西方形式化方法支撑的计算机科学体系之中，为冰冷的逻辑植入一个鲜活的灵魂，让信息技术这个辅助与延伸智能类的工具更加体贴可人，让信息技术产业之花开得更加绚丽多彩，让信息文明不再简单地烙上“西方”或“东方”的印记，而是在继承人类全部历史的基础上的一个全新的超越。

超越“东”“西”，中国信息技术产业才有可能独树一帜，乃至引领大潮；超越“东”“西”，中华民族才有可能实现百年复兴之梦，开创人类文明史上的一个新纪元；超越“东”“西”，智能化的信息文明才能为人类开创出一个繁荣、祥和、共存并充满希望的未来。